银忆

上海

老上海银器历史文化研究

胡宝芳 / 著

上海三联书店

序一

上海市历史博物馆副研究馆员胡宝芳女士是上海文化遗产研究领域的后起之秀。她毕业于复旦大学历史系,获硕士学位。1999 年进入上海市历史博物馆工作,从助理馆员开始,一步一个脚印踏实工作,行政上曾担任研究部副主任,现任展教部副主任。

我在博物馆供职期间,曾与胡宝芳等人合作过国家文物局资助的科研项目、美国藏辛亥革命照片的出版及展陈项目、中法文化交流年展览项目等。工作中她表现出的专业素养和业务能力给我留下了很好的印象。后来我虽到同济大学任教,平日里依然关心博物馆年轻学者群体的进步和发展。我欣喜地发现:20 多年来,胡宝芳一直在上海历史文化遗产领域中孜孜不倦地耕耘,除已发表了几十万字上海历史、文物研究的文章外,作为主要执笔人,她还撰写过许多优质的上海历史文化展陈文案。

银器是伴随着上海首饰业一同发展起来的著名手工艺物产,是胡宝芳多年参与保护和传承活动的文物项目。十多年来,她陆续在《文物天地》《收藏家》《复旦大学史学集刊》等知名学术刊物上发表的有关上海银器历史文化的文章达十余篇。她在博物馆行政领导的支持下,将研究成果转化为展陈形式,服务于上海市历史博物馆的发展大局。2018 年国际博物馆日中国主会场上海市历史博物馆银器专题展览项目,2023 年荣获上海市银鸽奖与中华文化走出去专项基金扶持项目——上海市历史博物馆藏银器展览项目,均由她执笔撰写文案。但由于展陈体裁的限制,胡宝芳关于老上海银器更深、更多的研究成果,无法在展览中得以体现。为了与社会各界分享老上海银器文化背后丰富多彩的历史，更好地宣传上海，服务上海社会经济的发展，她将历年来的研究成果做了梳理、补充和集中，撰写成《银忆上海——老上海银器历史文化研究》一书。

本书的一个突出特点是题材新颖和视野广阔。海派银器与海派旗袍、老上海月份牌、嘉定竹刻、松江棉布等上海著名物产同为物质文明的重要载体，但老上海银器及其传承历史远未得到充分的发掘。鉴于此，胡宝芳将个人研究的阶段性重点投向这一专题并取得了不菲的学术成果。她已发现元、明、清三代上海地区都曾有著名金银器匠师留名于青史；她从分析上海地区考古发现的银器之造型多样，工艺精湛，纹饰华美的现象，得出了其足以为日后上海城市崛起、市民物质及审美享受提供物质基础的推论；她认为上海金银器取得成就的背景是在明、清和民国时期上海社会相对平安富裕的状态下，导致的大量财产性需求推动了奢侈品制作和消费的发展和繁荣；她还关注到了外国著名金银器代理商与上海银楼一起成为国际化大都市独立的工商业门类。国产和舶来银器渗透到社会生活的各个领域，使近代上海成为中国乃至世界著名的金银器生产与消费城市，承载着丰富的历史和情感记忆。

通读全书，我发现实物与文献相结合的二重证据法贯穿首尾。作者是一位博物馆资深人员，工作中有大量接触实物的机会，而本身又有扎实的史学理论涵养，她将所见老上海的银器实物与中外史料文献结合，对老上海银器的历史文化进行了深入细致的发掘与梳理。无论是对银器历史的全景式勾画，还是讲述个别银楼、个别银器的记忆故事、历史场景，她都给读者呈现了一场有"物"有"料"、图文结合的视觉宴飨。她的书使老上海银器业链条中的从业者和消费者显得可亲、可近、可感；使隐藏在老上海银器背后丰富的上海历史记忆，更加立体、生动，使深藏在博物馆库房中的银器文物通过图片和文字的叙述活了起来。

本书研究的时段跨越古今，首篇借助上海考古发掘报告与上海地方史志、笔记文献及各博物馆藏银器实物，回顾了古代上海银器的历史文化。后续老上海银器研究的内容一直延伸至1950年国家首届劳模代表潘阿耀获赠银匾。作者不仅关注过往的银器史料与实物，也吸收借鉴了当今海内外学者涉及上海老银器的最新研究成果。本书不仅关注银器的消费使用，也研究古今上海银器的市场供销。作者在对近代上海几家著名银楼进行个案研究之外，还关注到了今日上海银器行业发展的动态与趋势。开阔的研究视野，使我们可以透过闪亮的银器触摸到上海的昔日生活，尤其是近代上海海纳百川、中西合璧的历史文化。

　　木秀于林，风必摧之。望宝芳女士坚之韧之，戒骄勿躁。无旁骛于怀，孜孜
于学术真谛。

　　是为序。

钱尊徽

2024 年 7 月 18 日

序二

人类历史上,白银与黄金一样均属于贵金属,都曾是货币、装饰品和高档用品的原材料,是物质文明的重要载体。古今银器制作工艺传承的则是一种文化。不论银器工艺和装饰、还是文字,都体现出时代工艺水平,呈现出当时人们的社会生活内容,满足当时人的物质与精神需求,折射当时人的审美和时尚。

老上海银器是中国绵延不绝的银器文化中的一个重要组成部分。考古发现上海的宋代金银器清秀典雅,如诗如画。元明清上海历史典籍中已有著名的银器技师的记录。近代以来,上海是世界著名的银器消费、制作、销售市场。老上海银器曾渗透上海社会各个领域,见证过上海诸多荣光与温情。老上海银器是上海历史文化的重要载体,承载着从古至今数不清的上海故事。2008年上海老凤祥金银细工制作技艺被列为国家级非物质文化遗产代表性项目。

《银忆上海》谋篇布局科学合理,详略得当。与世界乃至中国内地比,古代上海银器虽不占优势,但为近代上海银器文化发展奠定了一定社会基础。上海开埠后,发达的经济,海纳百川的气度与胸襟,频繁的中外交往,使近代上海银器大放异彩,银器渗透上海社会各个领域各阶层,承载丰富多彩的上海记忆。因此本书以古代上海银器开篇,以近代上海银器为论述重点。第二到第十三章研究梳理近代上海银器历史文化,论述取先总后分再总的论述逻辑:第二到第四章从不同层次与角度论述近代上海银器概貌;第五到第八章回顾了银器背后的体育盛会、社交礼俗、中外交往、重大政治事件,可视作老上海银器之消费与用途;第九到十一章对近代著名的三爿上海广帮银楼历史进行考证梳理,通过个案分析来透视近代上海外销银器店经营策略及商品供应等;第十二章,对几款银器背后的人与事进行详细考证;第十三章附录1906—1948年上海银楼、外国首饰店名录为学者深入研究老上海银器历史文化提供线索。

《银忆上海》作者来自晋商故里山西平遥，长期在上海市历史博物馆从事研究工作。作者关于老上海银器的研究，缘起于上海世博会前几年在英国古董市场发现的上海外销银器及 1975 年美国学者福布斯(Crosby Forbes)出版的《中国外销银器 1775－1885》(Chinese Export Silver，1775 to 1885)。面向世界的上海外销银器及经营实体，是本书重点。近代上海是中国乃至世界重要的银器消费、制作中心之一。近代上海银器文化的发展离不开古代上海银器历史文化基础，与近代上海社会环境密切关联，携带丰富多彩的上海记忆。为客观、真实研究上海银器历史文化，作者研究视野不局限于上海本地收藏银器实物与信息。本书研究涉及国内外诸多博物馆、民间收藏家所藏老上海银器实物与相关研究论著与展陈信息等。对国内外相关原始文献的旁征博引，体现出作者宏阔的研究视野和深厚的史学素养。

与海派服饰、月份牌、石库门等上海记忆载体相比较，《银忆上海》一书视角新颖。本书以丰富的中外原始历史文献和公私收藏者所藏老上海银器实物为基础，深入挖掘老上海银器实物的历史文化内涵及其多重社会价值，既有资料性、研究性、又有图典性、可读性，雅俗共赏。本书的出版，有利于丰富和促进上海城市物质文明史研究、普及。

本书挖掘老上海银器背后的历史记忆，旨在以史鉴今，启迪未来，助力新时代上海文创产业守正创新，再创辉煌；促进上海文化品牌成为讲好中国故事、上海精彩的物质媒介，成为中华文化走出去的一张闪亮名片。古代上海银器非皇家御制，是宋元以后中国江南富庶平民百姓生活中的典型物证。近代以来，上海发达的经济实力、旺盛的社会需求推动了上海银楼首饰业的发展，上海银楼首饰业成为上海独特的工商业门类。在中外业者与消费群体的共同推动下，海纳百川、与时俱进的海派银器，不仅承载了诸多上海记忆，也是中外游客青睐的上海地方特产。时至今日，不少老上海银器还在国内外默默传递着中国文化、中式审美与中外情谊。挖掘、阐释上海银楼首饰业发展历史及老上海银器背后的历史智慧，对进一步推进国际文化大都市建设，提升城市文化软实力，具有一定现实意义和社会价值。

2024 年 7 月 21 日

目录

第一章　浅谈上海古代银器

银器一般指以白银为原材料经加工而成的典章文物或饰件、器皿。五、六千年前,两河流域就使用银器。中国金银器,发轫于四千年前,相当于夏代,以制作简单的饰品如耳环为主,主要集中在新疆、甘肃河西走廊和北方地区。[①] 商、周到南北朝时期,中国北方草原地带、中原王朝区域、西南古蜀国等地区,均出现过大量各具特色的金银器。隋唐王朝建立,结束分割局面,形成统一帝国后,金银器的风格逐渐走向统一,形成雍容华贵、富丽多彩的金银器。晚唐到宋代,北方遭受战争摧残,民不聊生,金银器生产基础遭到破坏;而南方相对安定,经济繁荣,中国经济重心转移,南方成为中国金银器生产、消费重心,中国南方各大城市和乡镇,均出现大量银器。[②] 上海所在的吴越地区,唐代之后成为银器生产、消费重点区域。江浙一带博物馆珍藏晚唐以来银器为数不少:浙江省博物馆藏吴越国银简、阿育王塔、北宋鎏金舍利银瓶、银龛等银器;南京博物院藏品中,金银器为其重要藏品。北宋银樽、元代银渣斗等为南京博物院馆藏精品。[③] 此外,浙江义乌、江苏苏州、常熟、镇江博物馆等地市级博物馆都藏有不少银器文物。镇江博物馆基本展览中设金银器专题展厅。2016 年 5 月 1 日,"金色江南——宋元明清江南地区藏金银器展"在江苏苏州博物馆开展。展览展出南京博物院、安徽博物院、南京市博物馆、江阴博物馆、江宁博物馆、常州市武进区博物馆以及苏州博物馆金银器藏品一百余件(套)。该展览是江南古代银器精华的一次集中展示。遗憾的是,上海古代银器未能进入此展策展人视野。

一、上海古代银器与经济文化发展

与银器在中国乃至世界的使用、消费历史比较,银器在上海的出现不算早。银器在今上海区域的出现与上海经济文化发展几乎同步。

西汉以前,上海乃至江南地区,虽然自然条件优越,但社会生产力尚不发达。正如《史记·货殖列传》描述江淮以南的某些地区那样,"地广人稀,饭稻羹

---

① 扬之水著:《中国金银器》第 1 卷,生活书店出版有限公司 2022 年 8 月版,第 12 页。
② 参见杨伯达:《富丽华贵的中国古代金银器》,载于《杨伯达论艺术文物》,科学出版社 2007 年 12 月版。
③ 韦正编撰:《金银器——南京博物院珍藏系列》,上海古籍出版社 1999 年 9 月版,第 17、27 页。

鱼,或火耕而水耨","无冻饿之人,亦无千金之家"。1980 年代,上海青浦地区
曾发掘 46 座西汉古墓,出土器物贫乏单一,印证了史料的真实性。① 西汉末年
农民大起义后,中原动荡,人口锐减,而江南人口反倒有所增加,生产力也有所
提高。东汉两晋时期,上海出现了著姓望族,如陆、顾、张三姓。经过几百年的
酝酿,上海地区的经济文化在东晋至五代十国期间初露端倪。两晋时期,上海
地区乃至江南一带,人才辈出。陆机(陆平原)、陆云、顾野王等都曾在朝为官,
声名显赫。《世说新语》中载陆平原"兄弟龙跃云津","陆士衡、士龙鸿鹄之裴
回,悬鼓之待槌"。陆机作为"太康之英",不仅留下百多首诗歌,他的《文赋》对
后世文学创作和文学理论均产生深远影响。今存故宫,被尊为"祖帖"之《平复
帖》,为陆机真迹。陆机去世后,归葬华亭故里。《云间杂志》载:旧青浦地方
一土阜,相传陆平原墓。万历初,墓上时见一金蛇,后被人发其墓,得金简一,
狭而短,金蛇见形,岂为此耶? 陆有身无首,以白金补成。墓中银器甚富,众
竟取之……②

　　唐代,随着太湖经济区域的开发,苏州成为江南地区经济最发达的城市之
一。青龙镇成为以苏州为腹地的浙西重要对外贸易口岸。唐朝在青龙镇设立
镇将和副将。华亭因"鱼稻海盐之富"而富商辐辏。唐天宝十年(751 年)设立
华亭县。③

　　1983—1984 年,上海博物馆考古研究部在青浦福泉山遗址发现唐代墓葬
一座,墓葬中清理出一支银钗。该钗长 15 厘米,由一根细银条折成双股而成,
素面无饰,风格淡雅。④ 此为目前笔者所见上海较早银器实物。

　　宋代是上海地区经济文化快速发展时期。据光绪《青浦县志》记载:北宋时
的青龙镇"海舶百货交集,梵宇亭台极其壮丽,龙舟嬉水冠松江南,论者比之杭
州。"南宋末年,上海"海舶辐辏,商贩积聚",继青龙镇之后,上海在宋代发展为
江南又一个贸易海口。宋朝在上海设立市舶分司、上海镇。元末明初松江府学
训导邵亨贞记载:"华亭,为滨海壮邑。因九峰三泖之胜,而置司官焉。晋陆士
衡、陈顾野王而下,人才辈出。民俗殷富。逮唐宋间,几与列郡抗。以五代南渡

① 参见王正书:《上海福泉山西汉墓群发掘》,载于《考古》1988 年第 8 期。
② 上海市地方志办公室、上海市松江区地方志办公室编:《上海府县旧志丛书·松江府卷》,上海世纪出
　 版股份有限公司上海古籍出版社 2011 年 10 月版,第 11 册,第 481 页。
③ 参见谯枢铭:《青龙镇的盛衰与上海的兴起》,载于上海社会科学院主办《社会科学》1980 年第 6 期。
④ 上海博物馆编著,何继英主编:《上海唐宋元墓》,科学出版社 2014 年 7 月版,第 30 页。

之乱,民有不知兵者。生聚五百年,至宋末而盛剧矣。"①宋代上海地区经济繁荣发达,为文艺昌盛奠定了基础。明代《松江府志》载:"盖自东都以后,陆氏居之,康、绩以行谊闻,逊、抗以功业显,而机、云以词学尤著。国人化之。梁有顾希冯,唐有陆敬舆,至宋而科名盛,故其俗文。"②

经济富裕,追求文雅的宋代社会里,银器得到今上海区域居民的青睐。据元代陶宗仪《南村辍耕录》记载:松江蟠龙塘普门寺侧一无主古墓,为里人所盗。有志石,乃宋时钱参政良仁妹……得金银首饰器皿甚多。③ 一般来说,生前珍宝,死后随葬。从这则史料看,宋朝时松江府富贵人家使用银质首饰、器皿并不罕见。1959年前后,上海市文物保管委员会在宝山月浦发掘南宋赵氏墓,墓内出土金银饰品若干件,其中有盘花金首银簪、涂金银簪、涂金簧形银钏、银罐等物品。④ 1972年上海考古部在宝山月浦镇南塘出土南宋谭思通家族墓,发现了银鎏金鸳鸯戏荷霞帔坠饰、瓜棱型银盒、卧狮银鎏金链饰等多件银质随葬物品。⑤ 谭思通家族墓出土银器工艺精湛,与南方其他地区出土同类银器相比,毫不逊色。如谭氏墓出土银鎏金摩羯耳环一对,制作方法与浙江建德宋墓的金银菊花耳环相同。⑥ 谭氏墓出土之银鎏金帔坠一枚,主体图案满池娇,与江西李硕人墓金帔坠其实仍为一系。⑦ 谭氏墓出土银鎏金卧狮衔环佩与安徽六安花咀出土银卧狮可能为宋代女子流行饰件。⑧ 2016年上海出土北宋银鎏金匙。

元代,棉纺织业、海上贸易运输业成为上海支柱产业,上海经济文化极为繁荣。至元二十八年(1291年),上海升镇为县。明代何良俊曾语:"我松文物之盛,莫甚于元。浙西诸郡皆为战场。而我松僻,峰泖之间以及海上,皆可避兵。故四方名流,汇萃于此,熏陶渐染之功为多。"⑨这样的经济文化氛围中,上海孕育出著名的金银器雕刻制作技师——唐俊卿。元·陶宗仪《南村辍耕录》卷三十载:"浙西银工之精于手艺,表表有声者,屈指不多数也。朱碧山(嘉兴魏塘)

① 《上海府县旧志丛书·松江府卷》第2册,第174页。
② 同①。
③ (元)陶宗仪撰,李梦生校点:《南村辍耕录》,上海古籍出版社2012年11月版,第130页。
④ 参见黄宣佩:《上海宋墓》,载于《考古》1962年第8期。
⑤ 《上海文物博物馆志》编纂委员会编:《上海文物博物馆志》,上海社会科学出版社1997年6月版,第71页。
⑥ 扬之水著:《奢华之色:宋元明金银器研究》,中华书局2010年4月版,第1卷,第124页。
⑦ 同上书,第170页。
⑧ 同上书,第187页。
⑨ 同①。

谢君余(平江)、谢君和(同上)、唐俊卿(松江)。"①崇祯《松江府志》载："松江唐俊卿与嘉兴朱碧山、平江谢君羽、君和齐名。唐制昭君像,琵琶、乘骑、眉发、衣领、花绣及鬘鬣,种种精细,马腹上仅豆许一穴,其中嵌空,真老手也。"②元代朱碧山所制银器,至今存世 5 件左右,被北京故宫博物院、台北故宫博物院、美国某博物馆等珍藏。松江府唐俊卿制银器尚未发现。但从朱碧山银器可推断与之齐名的唐俊卿银器作品之珍贵、技艺之高超。

上海地区出土的元代银器比较罕见。1988 年金山区干巷乡寒圩村村民劳动时挖得束腰形银元宝一只,重 1834 克,长 13.6 厘米,正面铸有"扬州""至元十四年""五十两"等字样,背面有"元宝"两字。经考证,该元宝系元兵平宋次年(1277 年)扬州府所铸。③ 此文物现存金山区博物馆,为馆藏珍贵文物。

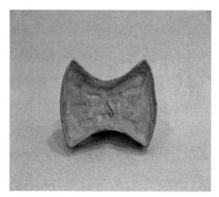

图一　元代　银元宝
上海金山区博物馆藏

图二　元代　银鎏金如意云纹舍利盒
上海博物馆藏

1950 年代上海考古人员曾在青浦县重固乡元代任仁发家族墓地出土银莲瓣口刻花盘、银刻花簪、银小罐、银盆等多件银器。④ 此批银器为上海地区少见的元代银器。其中,银莲花纹菱口盘捶击成型,盘壁敦厚。盘为圆唇、宽平沿、平底,盘沿为莲瓣形,每个莲瓣内阴刻一朵莲花及缠枝纹饰。此盘造型奇特,制

① (元)陶宗仪撰,李梦生校点:《南村辍耕录》,上海古籍出版社 2012 年 11 月版,第 333 页。

② 《上海府县旧志丛书·松江府卷》第 2 册,第 171、172 页。

③ 上海市金山区地方志编撰委员会编《金山县续志(1986—1997)》,方志出版社 2009 年 1 月版,第 884 页。

④ 《上海文物博物馆志》编纂委员会编:《上海文物博物馆志》,上海社会科学出版社 1997 年 6 月版,第 72 页。

作工艺高超,①为我们了解上海地区元代银器提供了实物例证。1996 年,嘉定区法华塔元代地宫银鎏金如意云纹舍利盒一件,为 2023 年"文峰嘉脉——法华塔历史主题展"中唯一的银器展品。盒子直径 12 厘米左右,盒面与周围布满如意云纹,造型圆润,风格典雅高贵。

图三　明代　银鎏金发罩
上海博物馆藏

明清时期,江南财富甲天下,经济繁荣,生活奢侈、考究。这里除承担大量税粮之外,还生产大量手工艺品。"今天下财货聚于京师,而半产于东南,故百工技艺之人亦多出于东南,江右为夥,浙、直次之。"②而松江府"百工众技,与苏、杭等。"③虽然直到同治《上海县志》才出现关于著名银匠张善六的记载,但清同治前,上海考古发掘明清墓葬中,已经有不少工艺精湛的银器实物。

与宋、元时代比较,明清时期,上海地区出土银器数量、品种均明显增加。上海已挖掘的几百个明代古墓中,有不少随葬银器。如浦东新区陆氏明墓中出土银发插、银发罩、银香薰等银质物品 20 来件。

图四　明代　银鎏金凤冠霞帔饰件
上海市历史博物馆藏

明清时代上海出土银器远超宋元时代,除簪锸、发罩、帔坠、银事件等饰件外;明代上海古墓中还出现用银量比较多的餐饮类器皿,如银爵杯、提梁银壶、银钵、银高足杯、银盅、银盘之类;嘉定李先芳家族墓地还出土银盆、银香盒等洗

① 图片见上海市文化广播影视管理局、上海市文物局编:《文化上海·典藏·上海出土文物精品选》,上海古籍出版社 2015 年 6 月版,第 165 页。

② 参见马学强:《明清江南手工业品的制作、市场与消费群体——以苏州织造局特供服饰及上海顾绣为例》,载于上海社会科学院历史研究所主办《史林》2005 年第 4 期。

③《上海府县旧志丛书·松江府卷》第 1 册,第 66 页。

漱、妆奁器具，圆应塔发现明清银器令人惊叹。

金银器是衡量贫富的重要尺度。显然，上海宋元以来古墓中发现的种类繁多、用途多样的众多银器，既是宋元以来上海经济文化发展的产物，也是上海古代经济文化走向繁荣的有力佐证。唐宋元以来上海经济文化的繁荣，为银器在上海的消费使用奠定了社会基础。

二、银器与古代上海社会生活

秦汉以来，封建王朝金银器的使用等级森严，玺印、冠带、服饰、车马及宴乐等诸多方面使用金银器都有明文规定，各级官员不得违禁，广大庶民百姓与金银无缘。如《唐律疏议》《唐会要》等规定，"一品以下，食器不得用纯金……六品以下，不得用浑银"。[①] 到宋代，随着工商业经济的发展，银器的使用逐渐商业化、庶民化。不仅皇亲贵戚或者显宦富豪之家使用银器，一般百姓也开始使用银器。宋元金银器多出自民间作坊，一般百姓婚嫁、庆寿、送礼、设宴，乃至在京城的酒店，使用金银器，特别是银器，已经有一定程度的普及性。以金银器为寿礼是明代普遍的社会风气，对薄有资产者来说，它要比古玩、玉器更易办备。松江府民俗，婚礼必用花髻，明中后期开始，婚嫁时已经有金银冠作为花髻。

从上海考古发掘看，精美或大件金银器物主要出自上海古代官宦富豪人家，少数出自一般百姓。

如：上海宝山区月浦乡南塘村发现的南宋墓中有银器多件：瓜棱形带盖银盒，S形银发饰、银匙、银筷、银执壶，墓主为谭思通及其夫人。谭思通，字志达，所居为嘉定县守信乡，为"宋故承务郎"。

青浦县元代任仁发家族墓地发现银莲瓣口刻花盘、银盆等银质随葬物品多件。任仁发不仅是元代著名画家、水利专家，任家还是上海地区有名的官宦家族。任仁发初为元代青龙水陆巡警，因治水有功，"官累迁"，"后以中宪大夫、浙东道宣慰副使致仕"。[②] 其长子任贤能为"大元故承务郎宁国路泾县尹兼劝农

① 参见齐东方：《汉唐金银器与社会生活》，载于《内蒙古文物考古》2006年第2期。
② 《上海府县旧志丛书·松江府卷》第1册，第441页。

事知渠堰事"、幼子任贤德为"大元故提举"。①

潘氏家族为明代中后期上海名门望族之一。潘恩为明朝刑部侍郎,官居二品。潘恩弟潘惠,任光禄寺大官署署正,阶承事郎。潘惠夫妻墓出土嵌蓝宝石银荷花簪、鎏金银花簪一只,银盘一只。潘惠之子潘允徵墓穴内出土精美银爵杯一只。潘允徵曾任光禄寺掌盐署监事,1589 年卒,从八品。他的妻子赵氏墓地中出土鎏金银簪等。②

今上海市奉贤区宋蕙家族墓出土银鎏金花树簪、银鎏金花朵簪、金银挖耳簪、银事件等精美银器若干。宋蕙为宋贤之父,以子官职封文林郎广西道监察御使。宋贤为宋蕙家族的中流砥柱。宋贤名贤,号定宇,嘉靖甲辰进士。"征拜御史,按甘肃⋯⋯兼督学政⋯⋯继按四川⋯⋯丁父忧归,哭过哀,丧明,家居尝浚钱家壩以便民,买三百亩赡族。胡公抚吴,首谒公。公陈民隐数事,语不及私,年七十五卒。"③

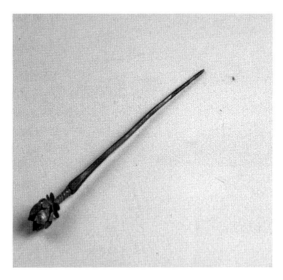

图五 明代 银鎏金花朵簪
上海奉贤区博物馆惠供图片

---

① 参见上海博物馆沈令昕、许勇翔:《上海市青浦县元代任氏墓葬记述》,载于《文物》1982 年第 7 期。
② 上海市文物保管委员会:《上海市卢湾区明潘氏墓发掘简报》,载于《考古》1961 年第 8 期。
③ 参见《云间人物志》,载于《上海府县旧志丛书·松江府卷》第 11 册,第 86、87 页。

图六　明代　银鎏金花树簪
上海奉贤区博物馆惠供图片

　　宋代以来，上海官宦人家妇女喜欢穿金戴银。上海出土银器中，妇女用银质首饰居多。银质饰品成为上海古代妇女喜欢佩戴的饰品，出现在妇女身体多个部位。明末清初上海著名史料笔记《阅世编》载："首饰，命妇金冠，则以金凤衔珠串，隆杀照品级不等，私居则金钗、金簪、金耳环、珠翠，概不用也。以予所见，则概用珠翠矣。然犹以金、银为主，而装翠于上，如满冠、捧鬓、倒钗之类，皆以金银花枝为之，而贴翠加珠耳……簪用圆头金银或玉……"①自宋至清，上海各类古墓中出土银制簪钗、戒指、手镯等首饰繁多。

图七　明代　鎏金楼阁人物纹银发簪
上海市松江区博物馆图

图八　明代　银嵌玻璃耳环
上海市松江区博物馆图

　　在各类首饰中，固定在发髻上的发罩——束发冠在明代有新的发展。已出土的明代束发冠，有金、银、玉、玛瑙、琥珀、木多种材质。戴冠者不止男性，女性

① （清）叶梦珠撰：《阅世编》卷8，北京中华书局出版社2007年9月版，第203—204页。

也戴冠。及明中叶,随着经济发展和风俗的奢靡,兴起以金银丝编织女发罩(鬏
髻)的风俗。与其他区域一样,明清时代上海富贵人家常戴银丝发罩。明末
清初上海文人叶梦珠曾忆:"余幼见前辈冠髻高逾二寸,大如拳,或用金银丝
挽成之⋯⋯其后变式,髻扁而小,高不过寸,大仅如酒杯,时犹以金银丝为之
者,而插梳之制遂废。银丝髻内映红绫,光采焕发,且有别于素色也。""崇祯之
末,髻愈大而扁⋯⋯顺治初,营中眷属,往往纯以金银为之⋯⋯银者珐琅及烧染
紫金色花,饰于髻顶⋯⋯"①

　　明代上海古墓中出土银丝发罩多件。如今浦东新区陆深家族墓出土银丝
发罩2件、顾东川家族墓出土银丝发罩1件、黄浦区原李惠利中学发掘的明代
墓地出土银丝发罩共4件,其中一件鎏金银丝发罩保存完好,精美异常,该发罩
宽9.7厘米、高5.7厘米;发罩上装点20多件发簪,发罩整体造型庄重,结构复
杂,薄如蝉翼,采用极细的银丝精工编织而成。簪首有鎏金蚱蜢、蝴蝶、虾、菊
花、莲花。该发罩制作采用了搓银丝、掐丝、编织、填丝、垒丝、錾雕、焊接等工
艺,充分反映了明代上海地区金银细工的高超水平。②

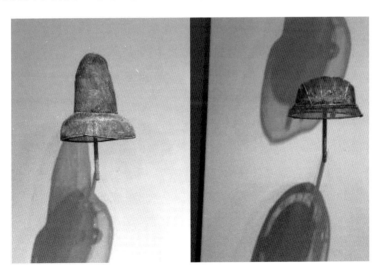

图九　明代　银鎏金发罩、冠
上海市历史博物馆藏

① (清)叶梦珠撰:《阅世编》第8卷,第202—203页。
② 参见何民华:《上海市李惠利中学明代墓群发掘简报》,载于《东南文化》1999年第6期。

除"发罩"外，披在身上的银质霞帔坠饰，也颇受上海古代妇女青睐。霞帔一词初见于唐代，原属命妇之特赐，非恩赐不得服，宋代霞帔披法有所改变。为使霞帔平整下垂，多在霞帔底部垂以金、银、玉等帔坠。吴自牧《梦粱录》卷20，"嫁娶"条载：且论聘礼，富贵之家当备三金送之，则金钏、金镯、金帔坠是也。若铺席宅舍，或无金器，以银镀代之。① 可见南宋民间已广泛使用金银霞帔。明朝对金银霞帔坠子的使用有严格规定：一至五品的命妇可用金帔坠，六至七品者用镀金帔坠，八至九品者用银帔坠。但实际上，这一制度并未被严格执行。

上海出土宋代以来银霞帔坠多件。宝山南宋谭氏墓地出土之银鎏金鸳鸯戏荷霞帔坠精美雅致。该霞帔银坠长8.3厘米，宽6.6厘米，毛重20克。"银坠用两片银片锤压成鸡心形，并镂空錾刻交颈鸳鸯衔绣球图。图下部正中为一片荷叶，左右两侧各伸出一朵盛开的荷花，两只鸳鸯分立于盛开的荷花上，张嘴、交颈共衔绣球的花形结带，绣球垂在鸳鸯交颈下，被荷花瓣叶托住，上部是一朵怒放的荷花……充满吉祥气氛的荷花鸳鸯图案"，含"百年好合、鸳鸯比翼、莲生贵子"之意。②

明代御医顾东川家族墓出土银鎏金嵌宝镶白玉松鹿绶带鸟牡丹纹帔坠一套。帔坠用银片打造边框，边框两角嵌宝，边框内边透雕缠枝菊花，花蕊中间有石碗嵌宝。中部有椭圆形和菱形开光，开光内透雕玉花片，上层为松鹿纹，下层为绶带鸟牡丹纹。③ 该帔坠造型别致，工艺精细，寓意吉祥，是上海地区出土银霞帔坠饰中的佼佼者。该霞帔的银坠在方寸间展示着元末明初上海地区银器工艺发展水平，同时显示出古代上海地区官宦女眷的审美情趣。

需要指出的是，金银器上"镶玉嵌宝"，到了明代大为兴盛，是明代金银首饰最奢华的一种装饰方式。④"明代皇家、亲王所用金银器往往镶嵌红蓝宝石，后妃所用金银首饰也多用累丝镶宝石工艺"。⑤ 上海地区明代出土器物中，银器镶玉嵌宝频频出现。杨四山家族墓地出土宝石菊花簪，宋蕙家族墓地出土银嵌海蓝色料石花蝶簪，潘惠王氏墓出土银嵌蓝宝石花簪，朱守诚夫人墓地出土银

---

① （宋）吴自牧著：《梦粱录》，浙江人民出版社1984年2月版，第187页。
② 参见孙维昌：《上海出土宋明两代金银器珍品鉴赏》，载于北京市文物局主管《收藏家》2011年第6期。
③ 《文化上海·典藏·上海出土文物精品选》，第203页。
④ 扬之水著：《奢华之色：宋元明金银器研究》第2卷，第193页。
⑤ 杨伯达：《富丽华贵的中国古代金银器》，载于《杨伯达论艺术文物》，科学出版社2007年12月版，第122页。

图十 明代 银鎏金嵌宝镶白玉松鹿绶带
鸟牡丹纹帔坠
上海博物馆藏

图十一 明代 银质帔坠等
上海市历史博物馆藏

嵌珍珠宝石花枝簪、银嵌宝石钿花、银嵌玉花鸟簪，黄浦区李惠利中学明墓出土银嵌蓝宝石蜻蜓饰，黄浦区永郡孙氏墓银嵌玉寿字簪……镶玉嵌宝银器的频频出现，某种程度上物证明代上海经济的发达和社会生活的奢华。上海考古发现的镶玉嵌宝银器的主人，虽非皇亲国戚，但也非小门窄户，大多墓主非富即贵。如："银鎏金嵌宝镶白玉松鹿绶带鸟牡丹纹帔坠"出土于御医顾东川家族墓地。顾东川家族即为明代上海"邑中巨室"。其祖顾英曾任广西知府，其父顾澄善于理财。顾东川 40 岁前继营三世家业，后担任明朝御医，任职圣济殿药房 14 年，"时赏金绮，进修职郎"。顾东川去世前五年返沪居住。其子有六，个个声名显赫。顾东川长子顾从礼官至太仆寺臣，光禄寺少卿，加四品服。嘉靖年间，倭寇侵犯上海，缙绅倡议修筑城墙，顾从礼率先"发粟四千余担以助"。[①] 顾东川次子顾从义收藏古玩甲天下，其家所出顾绣冠绝天下。几代人积累的富饶家财，不仅使顾氏家族生前享受奢华的生活；去世后，镶玉嵌宝的金银器物等还将他们生前的奢华带往阴间。

① 朱丽霞著：《明代江南家族与文学——以上海顾、陆家族为个案》，河南人民出版社 2012 年 2 月版，第 16、27 页。

　　古代上海地区官宦人家的奢华生活不仅从其家眷穿金戴银可见，从其饮食器具及妆奁用具也可见一斑。宝山南宋谭氏家族赵氏墓地就有银罐出土。南宋谭氏家族除了精美的霞帔坠饰、卧狮银鎏金链外，还有一只工艺精湛、图案精美的瓜棱型银盒，该银盒可能为谭夫人所用粉盒。元代青浦任仁发家族墓地出土的银盘、银勺、银罐，应该是墓主生前用银质餐饮器具。明代，上海官宦人家餐饮时依然热衷银质器皿。明代曾任吏部尚书的朱恩，其家族墓出土银壶、银勺、银高足杯、银盅、银双鱼纹盘一套，为后人了解明代上海官宦人家的餐饮用具提供了实物例证。万历年间，嘉定人李先芳，先任刑科给事中，负责弹劾百官、建言献策，后任四川省参议。他的坟墓中竟然发现银盆一只。潘允徵在明朝官阶不高，他的墓地出土精美银爵一尊。

　　宋元以来，上海地区习俗奢靡，志书多有记载。松江府志载"习俗奢靡，见于旧《志》，大率指宋元时，入国朝来一变而为俭朴……成化来渐侈靡，近岁益甚，然其殷盛，非前日比矣"。[①]上海地区陆续出土的宋元以来各类精美银器，为今人透视上海古代官宦富豪奢华生活提供了独特视角。

图十二　明代　银香盒

上海博物馆藏

① 《上海府县旧志丛书·松江府卷》第 1 册，第 66 页。

三、银器与古代上海人的佛教信仰

上海出土银器中，有不少银器出自古佛塔建筑。1993—1994 年，上海市、区考古工作者在松江区维修圆应塔（俗称西林塔，明正统年迁建现址）时发现文物多件。其中银器数量多，内涵丰富；有银鎏金无量寿佛像等鎏金银片造像以及银鎏金金刚般若波罗蜜经盒、银鎏金魁星像、银塔等。[①]

图十三　明代　银鎏金地藏菩萨座像
圆应塔地宫发现，上海博物馆藏

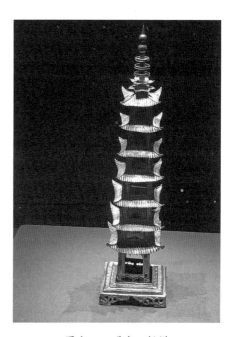

图十四　明代　银塔
圆应塔地宫发现，上海博物馆藏

松江李塔（又名礼塔）为明代天顺年间重建的佛教建筑。1995 年上海市考古工作者在修缮李塔时，出土明代洪武年间银鎏金罗汉像、银佛坐像、银鎏金舍利方塔等多种银质供品。松江秀道者塔始建于北宋年间，明万历年重修。1997年上海市文物管理委员会在复原修缮该塔时，在塔内发现银鎏金供养人像等银器。2016 年 12 月，上海考古队在发掘青浦隆平寺塔地宫时，发现了银阿育王

---

① 《文化上海·典藏·上海出土文物精品选》，第 257、293 页。

塔、银函、银勺等银质文物。近年来,上海考古队在修复金山区松隐寺内的华严塔时,在塔顶发现了银鎏金人像一尊。银像头戴冠帽,高鼻突目,耳环夸张,手执官笏,衣褂袖口及下摆皱褶明显。银像体积不大,比例协调,造型流畅,表情生动,制作工艺十分精湛。

图十五　明代　银鎏金人像
华严塔发现,上海金山区博物馆藏

上海佛塔内发现银器不过是古代上海诸多佛教建筑物内遗存至今的少数物品。古代上海佛教建筑物内还有更多银器未能留存至今或者还未被发现。

银器毕竟是贵金属,古代上海人为何愿意施舍这么贵重的器物给佛教建筑呢?这似乎与古代上海人对佛教的信仰有关。相传早在三国时期,佛教就传入上海。南朝梁武帝佞佛,吴地始兴佛寺。唐朝扶植佛教,沪地佛事颇兴。今松江城内国家级文物重点保护单位,上海地区最古老的地面建筑——陀罗尼经幢,即为唐代兴建的佛教建筑。五代十国吴越钱氏虔信佛教,广建寺塔。宋元期间,上海佛教发展迅猛。宋《云间志》载:"浙右喜奉佛,而华亭为甚。一邑之间,为佛祠凡四十六,缁徒又能张大其事,亦可谓盛矣……"①明初经历短暂挫折,万历年间佛教又兴,上海佛教寺庙遍及除崇明之外各地。② 明代正德年间《松江府志》载:"云间夙壮县,崇尚梵教,虽地里广袤,风俗淳庞,管下十有三乡,寺院大小几四十六所,有如井邑阛阓之地,檀那辐辏,殿宇鳞差,金碧交辉,固不

---

① 上海市地方志办公室、上海市松江区地方志办公室编:《上海府县旧址丛书·松江县卷》上册,第25、26页。
② 张化著:《上海宗教通览》,上海古籍出版社2004年10月版,第6页。

费经营抄注之力。"①有好事者曰"浙右松江,巨刹相望,号为佛地"。② 佛教的兴
盛,往往出于封建王朝统治者政治统治需要。明朝人在修建兴圣寺塔时曾有
《修塔记》一篇,该文指出"夫以塔身山立,巍巍然万物之表。崇善避恶,揭迷途
而有归,使表正欲从之心,一以破邪见稠林之惑,兹非政化者之所助乎"? 正德
《松江府志》记载松江普照寺时指出,"皇明混一以来,选为祝厘之所,恭遇圣节,
必预习仪。冠带晋绅,嵩呼于是。偃偻提携,观礼于是。一其向善之心,启其尊
君之意。"③松江府所属州县佛教发展得到当地政府官员支持的一个例证是,松
江府所属佛寺碑文大多由松江府、县官员撰写。如,普照寺元朝重建时,立碑
《藏殿记》,该碑文由翰林院讲学士、除朝列大夫、松江知府张之翰写,赵孟頫
书篆。

　　统治者鼓励百姓信奉佛教,旨在利用佛教教义鼓励人民行善积德,从而启
发他们对统治者的尊敬、顺从。在统治者的倡导、支持下,上海地区出现了大量
虔诚的佛教信徒。为表示对佛祖的信奉,上海佛教徒对佛教寺庙慷慨施财。信
徒无论男女,在施财方面都比较大方。银器是佛教徒施舍财物之一。如,西林
塔遗址内曾出土奉佛女弟子曹氏贵一娘舍银鎏金立佛像,奉法弟子俞庄、俞坚
施银鎏金菩萨像。松江李塔内有奉佛信女闵氏妙善施舍银佛坐像。古代上海
地区佛教信徒不仅有一般百姓,不少官员或家眷也在向佛寺施财之列。松江西
林塔出土的银塔为山东济南府德州任城关外祖居信官高任松江府同知妻苏氏
喜舍。有些佛教供品为一家几口共同捐献,说明供奉者一家信奉佛教。如松江
李塔地宫的银佛坐像为松江府华亭县四十三保深字圩奉佛信士金守中同妻陆
氏妙正造施。李塔地宫出土的银鎏金罗汉像为云间十一保霜子圩居奉佛弟子
曹文俊及其祖母、妻子、弟弟、儿女等共同施给。

　　古上海人信奉佛教,大方施舍,灵魂深处实际上是将世俗的各种希冀或愿
望寄托在佛祖身上。赋情于物,赋意于物。这点从出土的银器铭文中可见一
二。云间十一保霜子圩居奉佛弟子曹文俊施银鎏金罗汉像上刻铭文"为荐小公
仲(仕)名处陈公往生福境"。李塔地宫出土两件钟形银片,均为华亭县四保佛
教徒郑琛施予。银片上铭刻郑琛施予银片的原因:一为希望佛祖保佑家人"身

---

① 《上海府县旧志丛书·松江府卷》第 1 册,第 312 页。
② 同上书,第 303 页。
③ 同上书,第 299 页。

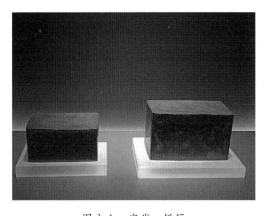

图十六 宋代 银匣
方塔地宫出土，上海博物馆藏

安寿永福长灾消"，一为死去的亲人超度亡灵。① 松江方塔地宫出土银匣两只，银匣底部分别镌"郭春年舍银匣追荐亡母赵氏超生""蔡溥舍银造匣追荐亡妻俞氏超生"。② 松江圆应塔地宫出土的六瓣葵花纹圆形银盒造型，正中内部嵌刻的牡丹花，外区花瓣錾刻如意卷草纹饰，显示出施物者内心对生活圆满、吉祥富贵的向往与追求。圆应塔出土装有银片与银像的铜盒上嵌着的"福禄寿喜"四个字，将古上海地区佛教徒对佛祖的世俗希冀表白无遗。

除了向佛塔施舍的银质器物，古代上海人的一些银质日用器皿、首饰上，佛教影响也随处可见。上海博物馆藏宝山南宋谭思通夫人银瓜棱盒上，盖内錾刻水月观音坐像，背有佛光环绕。③ 上海市历史博物馆藏一枚发簪，簪脚为银质，簪头为金镶小玉佛龛。龛外树叶婆娑，龛内观音端坐，安然肃穆。

四、古代上海银器的市场供应

同其他地区一样，古代上海，金银器主要由金银作坊及金银匠人制作。宋代随着城市的繁荣与商品经济的活跃，各地金银器制作行业发展兴盛。杭州曾有数目繁多的打造金银器的作坊。一般来说，金银器作坊同时打造金器、银器。不少作行、工匠在金银器上錾刻行名、匠名、成色等，以示信誉。④ 元代沿用此俗。宝山南宋赵氏墓银罐及一件压发上均刻"万百一郎"，应为宋代金银器制造

---

① 蒋文光、夏晨主编：《中国古代金银器珍品图鉴》，知识出版社 2001 年 2 月版，第 484 页。
② 《上海文物博物馆志》编纂委员会编：《上海文物博物馆志》，上海社会科学院出版社 1997 年 6 月版，第 166 页。
③ 《上海唐宋元墓》，科学出版社 2004 年 7 月版，第 66 页。
④ 参见上海文物管理委员会编：《上海考古精粹》，上海人民美术出版社 2006 年 12 月版，第 316 页。

工匠之名号。① 2002 年上海电视大学松江分校出土的两枚元代金簪,分别阴刻"王贰□□□造""余贰郎"戳记,此应为金银工匠名号。宋元时上海地区已有金银器作坊或金银器工匠制作金银器,供应市场,满足当地人民需求。元代松江府出现与浙江著名银工朱碧山齐名的银匠唐俊卿。明代正德《华亭县志》中,银器已经被列为华亭本地土产之一,说明华亭地区的银器生产与供应已经形成一定规模,产生一定社会影响。② 在明代重建的松江李塔地宫,出土"云间四十一保⋯⋯奉佛弟子曹文俊等"捐银鎏金罗汉像,造像某处刻"银匠陆原震造"。③ 李塔内出土的银鎏金舍利方塔,基座底有铭文"罗壹郎□□参军造"。松江圆应塔地宫出土银鎏金立佛像也为民间银匠制作。④

明代松江人孙克弘(字允执,号雪居),为上海金银细工发展史上不可忽略的大家。孙雪居本为松江画派代表性人物,他所绘山水、花鸟、竹石、兰草以及仙释佛像,无不精巧。孙雪居书法仿宋仲温,隶篆上追秦汉。他传承"宋嵌"技艺,在紫梨笔筒、界方、香盘、砚匣等器物上,用银丝镶嵌成回文边或香草边,中作八分小篆铭赞,精雅工致。一时文人名士,相率仿效。明《云间杂志》云:"吾松紫檀器皿,向偶有之。孙雪居始仿古式,刻为怀斝、尊彝,嵌以金银丝,系之以铭,极古雅,人争效之"。⑤ 清末民初上海县名流秦荣光曾记"回文小篆八分书,创嵌银丝孙雪居。合是有人传得法,笔筒砚匣价璠玙"。⑥ 北京故宫博物院藏明孙雪居紫檀木嵌银丝福寿六方杯一只。⑦

沪市在清中叶前只有小规模金银作坊。乾隆年间始有银楼成立。上海最早出现在文字记载上的银楼为老杨庆和银楼。老杨庆和银楼开业于乾隆三十八年(西历 1773 年)。⑧ 老庆云银楼,也是上海开埠前就存在的一个银楼。《上海县志》曾载老庆云银楼设于乾隆四十八年(1783 年),店址在小东门内庙前大街长生桥逸,业主姓郭。1900 年,《申报》载老庆云银楼广告,称该银楼开张百

① 参见《上海唐宋元墓》第 82、83 页。

② 明正德《华亭县志》卷 3,载于《上海府县旧志丛书·松江县卷》上册,第 117 页。

③ 《文化上海·典藏·上海出土文物精选》,第 303 页。

④ 同上书,第 286、307 页。

⑤ 邓之诚著,邓珂增订点校:《骨董琐记》,中国书店 1991 年 7 月版,第 299 页。

⑥ 顾炳权主编:《上海风俗古迹考》,上海书店出版社 2018 年 1 月版,第 249 页。

⑦ 李经纬等主编《中华医药卫生文物典·竹木卷》,西安交通大学出版社 2017 年 12 月版,第 148—149 页。

⑧ 江南问题研究会编印:《上海黄金市场与钱兑、金号、银楼》,1949 年 3 月编印,内部发行,第 22 页。关于上海最早银楼,学界有多种说法,此处采用了 1949 年江南问题研究会调研结论。

有余年，1932 年《上海老庆云银楼新屋落成迁移广告》载，该银楼已历时一百五十余年。

与老庆云银楼差不多时间开设的是宝成银楼和裘天宝德记银楼。老宝成银楼于乾隆五十八年创始于大东门。[①] 宝成银楼北市分号 1897 年在开业广告中称，宝成银楼"在上海大东门开张百有余年"。[②] 裘天宝银楼于道光九年始设于大东门，该银楼 1901 年在《申报》广告中称，该店在上海大东门城内"开张百年"。上海庆福星银楼 1924 年广告中自称"本楼创始百有余年"。今上海老凤祥股份有限公司历史可追溯至清道光年间，原在大东门，光绪十二年搬迁至南京路望平街。1914 年上海银楼公所广告载，同业创设沪上，向只九牌，皆百有余年。[③]

图十七　凤祥银粉缸　　　　　　　图十八　1924 年上海庆福星银楼广告

古代上海银器作坊、银器工匠乃至银楼的出现，满足了古代上海居民对银器的消费需求，同时也影响和推动古代上海人对银器的需求。清末，上海滩"大小银楼数十家，装修步步斗奢华。各般首饰多花样，能创新奇利倍加。层楼高耸匾高悬，为广招徕故斗妍。引得妇人多爱买，满头金饰费盈千"。[④]

① 潘吟阁编著，潘仰尧校阅：《银楼业概况》，载于《职业教育概况丛辑》第 22 辑，中华职业教育社 1930 年 3 月刊行，第 1 页。

② 《申报》1897 年 1 月 30 日。

③ 《申报》1914 年 5 月 27 日。

④ 顾炳权编著：《上海洋场竹枝词》，上海书店出版社 2018 年 1 月版，第 136 页。

古代上海人消费的一些银器,部分可能来自外地甚至外国。毕竟唐宋朝时代,青龙镇即为著名的对外贸易大港口。北宋年间,青龙镇内外贸易频繁:"自杭、苏、湖、常等州月日而至,福、建、漳、泉、明、越、温、台等州岁二三至,广南、日本、新罗,岁或一至。人乐斯土,地无空闲。"①元朝时,上海港成为著名的对外贸易港口。其时,进出上海口岸的不仅有日本、朝鲜、东南亚等外国海舶及国内闽广等地的贸易商船,同时还有庞大的上海本邦海商船队,其中最著名的就是朱清、张瑄的海商船队。② 明朝时,有文字记载"近来中国人都从海外商贩至吕宋地方,获利不赀,松人亦往往从之……"③1832年东印度公司船主胡夏米在给上海道台的公函中曾道:"……贵国的船及上海县的货船年年进我大英国属地方之埠头,受好款待无余。其买卖大为赚钱……"。

对外贸易的发达,使得外地、外国的物品在古代就流入上海。元朝大德年间,松江府就有来自西亚的"回回石头"。回回石头种类不一,价格不同。"红剌"为"回回石头"之一种,松江府本地富商曾"卖红剌一块于官。"④明末清初,上海市场就有西洋、苏杭制造的"眼镜"流通。⑤ 因此,古代上海人消费之银器产地不排除外地甚至外国。

结语

虽从世界范围、全国视角看,上海地区银器的历史相对较短;但就上海历史发展而言,银器在上海的消费使用和生产制作历史悠久。唐宋以来,上海经济文化的发展为上海人使用和消费银器奠定了社会基础。宋元以来,上海考古发现的工艺精美、品种丰富的银器,反映出艺术家们的智慧、工匠们的超凡技能,是古代上海富豪权贵豪华生活的一个缩影,也是他们审美情趣的见证。诸多银质佛教供品的出土,折射出古代佛教在上海的兴盛以及上海佛教徒的精神追求。从宋代银器作坊到元、明、清著名银匠,再到清代银楼的登场,古代上海在银器设计、制作、销售方面,已经积累了丰富的技能和经验。古上海某

---

① 《上海府县旧志丛书·松江府卷》第1册,第343页。
② 吴仁安著:《明清时期上海地区的著姓望族》,上海人民出版社1997年9月版,第34页。
③ 《上海府县旧志丛书·松江府卷》第11册,第491页。
④ 《南村辍耕录》,第76页。
⑤ 《阅世编》,第185页。

些社会群体使用银器的习俗、风尚，为近代银器业在上海的辉煌提供了良好的社会基础。近代上海银楼首饰业的勃兴，并非空穴来风。

（原作发表于国家文物局主管：《文物天地》2018 年第 4 期，修改于 2023 年 12 月）

第二章　近代上海银器掠影

宋元以来精致典雅的古代上海银器，承载丰富的江南历史文化记忆。近代上海银器，传承江南文化基因，荟萃中西文化，承载开埠后上海历史文化信息，凝聚近代上海中外业者的智慧与心血，为海派物质文化重要组成部分。近年来上海银器已引发文博、收藏界关注。2012 年国家文物局主管《文物天地》刊《中国银器》一文中，上海近代银器得到高度评价。

1850 年代中期起，襟江带海的上海代替广州成为中国对外商业贸易中心。1862 年，上海在日本使团眼中"实为中国诸港中第一繁华之处"，"此处之繁盛，遥胜于米利干之华盛顿、纽约等处"。[1] 1920—1930 年代，上海发展为中国多功能经济中心及国际大都会。伴随经济迅猛发展及城市化进程的加速，上海人口急剧膨胀。来自世界各地的人们不仅为上海带来了财富，也将各地的器物、技艺以及不同的社会习俗、风尚带到上海。发达的经济基础为近代上海人享受物质生活提供了条件。具有保值、实用和欣赏价值的贵金属银器，得到近代上海各阶层青睐。

银器被广泛使用于近代以来上海社会各个领域。五花八门的家居用银，工艺精湛的社交银器，为我们了解近代上海普通人的社会生活、百姓情怀打开一扇窗户。林林总总的银质奖品再现近代上海体坛风云；中外居民之间互赠的各类银器，默默诠释着上海这座国际化大都市中、外交往的生动细节；重大事件、重要人物的银质纪念品背后是上海滩跌宕起伏的风云往事……为满足上海中外居民的庞大需求，除本地银楼继续提供各种银器外，上海开埠后，江浙银楼纷纷抢滩上海，欧美及广东等地金银首饰店接踵而至。各地银楼首饰业者在竞争激烈的上海滩为谋生存、求发展，开拓创新，锐意进取。近代上海成为中国最发达的银器中心之一。银器点缀着近代上海历史星空，承载丰富的上海历史文化记忆。透过近代上海银器，可触摸近代上海城市的温情与温馨，重温近代上海风云往事，领略海派文化的博大与精深。近代上海国际化大都市昔日辉煌与荣耀，在上海银器中隐隐闪烁。

一、近代上海银器的制售

如前文所述古代上海已有银器历史文化积淀。开埠后，除上海本地银楼首

---

① ［日］日比野辉宽、高杉晋作等著，陶振孝、阎瑜等译：《1862 年上海日记》，中华书局 2012 年 8 月版，第 315 页。此处米利干即美利坚，美国。

饰业者外，中外首饰、银楼业者也纷纷到上海开业。

清同治年间张善六是上海本地人。他是一名优秀的外科医生。工作之余，雅好制造精巧的银质指环和酒具。他将外科医生的技术与中国古代山水画、银珐琅器制作技艺融会贯通，制作出的银器精巧绝伦，备受青睐。上海市历史博物馆库藏张善六银珐琅寿桃一对，为目前笔者仅见张善六存世银器作品。该器形为桃状，上下可分，中空容物。器物顶部及周边有篆体"寿"字。每个寿桃沿中缝上下饰十只翩翩飞翔的蝙蝠。寿桃器表镂空，四周刻花叶，把柄竹节造型，俯视如奔鹿。此对寿桃通过梅、竹、桃、鹿之造型、纹饰以及篆体"寿"、蝙蝠纹饰等元素，传递"福、禄、寿、喜""节节高升""十全十美"等吉语祝福。张善六银桃，构思新奇，设计巧妙，寓意于物。开埠初期上海人高超的银器制作技艺由此可见一斑。

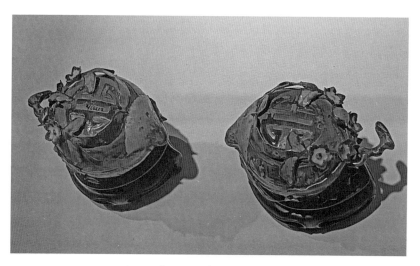

图一　清代　张善六　银珐琅寿桃
上海市历史博物馆藏

十九世纪五六十年代太平天国运动期间，曾经富庶的江浙一带，深陷战灾。为逃避战乱，江浙一带银楼首饰业者纷涌至沪。如上海早期著名的"景福元记"银楼就是宁波裘姓老板 1856 年迁沪。"恒孚"银楼总行本在苏州，太平天国时期迁移上海，战乱结束后返回苏州，1917 年苏州恒孚银楼在上海南京路集益里口开设分行。

1914 年，上海银楼业九大牌号同业公会组织——上海银楼公所在一份紧要广告中,称"沪上向只九牌,皆百有余年。现今南北市连分设共计一十六家,诚信交易,久邀各界所信孚……宝成振记、凤祥裕记、杨庆和福记、凤祥德记、杨庆和发记、裘天宝德记、北庆云、凤祥和记、老庆云、方九霞、杨庆和久记、裘天宝礼记、景福、费文元、宝成裕记、宝成德记公启"。[①] 除十六家银楼外,上海开埠后中小银楼如雨后春笋,日新月异。到 1906 年,仅上海英、美、法租界内就有银楼 80 余家。[②] 上海银楼大多为江、浙人开设。如杨庆和发记银楼为江苏洞庭山人席云生、浙江慈溪冯清庵经营;庆福星银楼为浙江宁波人傅声茂打理;裘天宝德记、礼记的经营者应贤三、姚联芳、姚国华为浙江人;方九霞永记、新记两牌号经理人方子章、桂瑞芝都是浙江宁波人……[③]银楼业工人多为宁波籍,苏沪人数极少。[④]

浙江宁波人在上海银楼首饰业地位从 1922 年上海银楼首饰业职工罢工风波可见一斑。1922 年 10—11 月,上海银楼首饰业职工罢工,轰动一时。因上海银楼首饰业中宁波人最多,劳资双方特地选择宁波旅沪同乡会作为谈判场所。[⑤] 本次谈判出场的银楼首饰业资方、劳方代表基本为宁波人。浙江宁波人在上海银楼首饰领域的地位由此可见。

中国传统银楼所制、售银质首饰、器皿,开始时以中国传统技艺式样为主。后来为适应上海社会风尚,开始吸纳西方首饰、器皿技艺,所造金银器中西兼顾。

试看上海庆荣银楼 1878 年广告:"本楼开张上洋老北门外大马路抛球场南首,座东朝西石库门内,精制金银时款,满汉首饰,朝顶束带,凤冠霞帔,堆垒镶嵌,搜挑人物,博古酒器,奇艳花卉,镀金法蓝,包金点翠,浑金兼仿西法镀金镀银,玲珑细巧,花色一应俱全……"

从这则广告可以看出,十九世纪 70 年代,上海银楼就突破传统制作工艺,熟练应用"西法镀金镀银"。

老凤祥银楼本为上海著名老字号。开埠后在销售中国传统金银首饰、器皿的同时,也开始制作、销售西式银器器皿。民国时期老凤祥银楼橱窗

---

① 《上海银楼公所紧要公告》,载于《申报》1914 年 6 月 12 日。

② 1906 年上海租界银楼名录,见本书附录 1。

③ 参见谢俊美、谢建骁著:《海上银楼简史》,上海人民出版社 2008 年 7 月版,第 28—31 页。

④ 《职业概况丛辑》第 22 辑,中华职业教育社 1930 年 3 月刊行,第 2 页。

⑤ 《金银业罢工已告解决》,载于《申报》1922 年 11 月 2 日,第 14 版。

中招徕顾客的商品,既有中式爵杯,也有西式银盾。民国时期老凤祥银楼发票,中英文对照。费文元、杨庆和等老字号银楼,在近代上海这座城市,无论出于主动还是被动,都在一点点改变。杨庆和银楼1916年迁移到南京路虹庙东首五福弄口,"自建四层楼洋房,精制时式玲珑金银首饰,华洋器皿,……一应俱全"。①

图二　民国裘天宝银炉

图片由牟健惟先生惠供

图三　近代凤祥款　西式银茶具

上海老凤祥银楼有限公司捐赠,上海市历史博物馆藏

图四　近代上海费文元银楼广告单

彭学伟藏

---

① 《上海商业名录》编辑处编:《上海商业名录》,商务印书馆1918年5月版,广告插页商(117)。

图五 清末上海 南京路宝成裕记银楼　　图六 清末上海 南京路杨庆和银楼

　　江浙银楼外,近代广帮银楼(又被称为西式金银首饰店、外国首饰店、洋装金银首饰号等等)在上海势力不可小觑。在五口通商之前很长一段时间内广州是中国唯一得到清政府批准的对外开放城市,因此,近代广州外销银器也较早出口到欧美市场。1880 年代左右,上海出现了一批专门制作、销售外销银器的广帮银楼,如联和号、鸿昌号。1920 年代初至 1930 年代,上海广帮银楼越来越多。德祥、时和、联生、长盛、和盛、联兴等等都是上海滩显赫的广帮银楼。广帮银楼的广告常常出现在上海外文报纸、外文杂志上。显然居住在上海的外国人及来上海旅游的外国游客是这些银器店的主要销售对象;当然广帮银楼消费对象还有不少国内中、上层人士。民国时期,广帮银楼在上海与外国同行并肩而立,其影响力有时甚至超过外国同行。

　　上海广帮银楼主要聘请广东来的技师和工匠从事外销银器、洋装首饰业。1918 年南京路专门制作洋装金银首饰的联生公司在其广告中曾言:"本公司经理人寓沪三十余年,从事洋装首饰业已久,已熟能生巧,所聘工师皆属粤中有名人物……"1980 年代初,美籍华人余士渭与美国犹太人合作在上海创办外销银器公司——海星公司(现为上海老凤祥珐琅艺术有限公司)时,曾对上海银器技师做过调研,并聘请当时尚居上海生活的民国银器技师到公司工作。调查结果印证了史料记载,在沪制作外销银器的技师主要是广东人,他们居住在上海虹口一带（民国时广东金银工业会会所就在虹口北四川路）。广帮银楼银器融中西文化于一体，深受上海本地中外人士青睐，曾被广泛使用于近代上海社会生活、中外交往、体育竞赛、家居陈设、宗教场所等。为维护上海广帮银楼同行利益，1902 年到 1941 年，旅沪广帮银楼成立同业工会，制定同行规例、维护会员权益。

近代上海银器，除国人自造外，尚有大量外国银器通过一些洋行进口到上海。鸦片战争前一二十年，在上海一些杂货店里已经可以见到少量西式金银器物。1832 年非法到上海调查的东印度公司职员报告说："上海城内的店铺都很小，陈列着不少货品，其中也有西洋货。"这是闽粤商船从海上运来的洋货，包括棉毛织品、金银金属器用物、玻璃制品、各色珍玩器、钟表等。[①]

上海开埠后，外国银器大量入沪。开埠后最早的外国银器何时入沪，现在尚无确证。1843 年中英议定上海等五个通商口岸进出口货物应完税则中有从英国进口各样金银首饰等税率规定。[②] 不过，开埠初期外国银器并不是出口到上海的大宗货物，它们往往夹杂在玻璃器皿或钟表等洋杂货中而来。早期外国钟表行常销售外国银器。1848 年底法国钟表商人雷米（Montigny Remi）向法国领事敏体尼申请购置地皮，建造洋行。[③] 很可能雷米洋行在销售外国钟表的同时，就在销售外国银器。

少数外国钟表首饰公司未确定在华代理公司前，曾自行通过上海外文媒体直接在上海发放钟表、金银器等销售广告。如 1865 年《北华捷报》就曾刊载英国伦敦麦平公司广告。

老上海历史悠久的几个著名外国钟表行，如利威洋行、亨达利洋行、美记洋行、乌利文洋行等，在销售钟表的同时，一直在销售外国金银珠宝首饰、银器等洋货。如著名的亨达利洋行是大家熟知的钟表店，该行 1859 年起就在上海开设分店。鲜为人知的是，该行销售物品不仅仅是钟表。早在 1886 年该洋行就可根据顾客需求定制各种首饰。1908 年上海著名的社交杂志《上海社会》在介绍亨达利时称其为南京路上著名的珠宝银器店。直到 1918 年，英大马路"亨达利"还在销售全球风行钟表各货，包括"西式银器"。

---

① 上海百货公司等编：《上海近代百货商业史》，上海社会科学院出版社 1988 年 9 月版，第 10 页。
② 中英签订《附粘和约附海关出进口货物税则分类》（中文本），载于：海关总署《中外旧约章大全》编纂委员会：《中外旧约章大全》上册，中国海关出版社 2004 年 6 月版，第 113，116 页。
③ ［法］梅朋、傅立德著，倪静兰译：《上海法租界史》上海社会科学出版社 2007 年 4 月版，第 24 页。

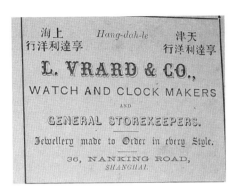

图七 1886年亨达利洋行广告插页

1879年南京路14号美记洋行,既是钟表制造商,又是首饰与眼镜代理商。永昌洋行既是著名的钟表店,也是金银珠宝店,1907年该行在《申报》的一则广告中写道:"本行开设四十余年,专售各色金银首饰、各色钟表,千里镜、眼镜、打样量天尺机器,一切俱全。"

图八 1917年上海南京路1号永昌洋行首饰部内景

南京路118号的乌利文洋行,总部位于巴黎,在中国香港、上海、北京、天津等均设立分行。该洋行运输欧洲各种洋货在中国销售。1894年乌利文广告:"本行自运英法金银表钟、金银首饰、金钢钻、自来针、风雨寒暑表、千里镜、新式百音琴、法国放绸洋伞、洋刀剃头刀,各式俱全,每礼拜有新到货物,在河南路全亨南首,上洋乌利文洋行。"

西伯利亚首饰公司是俄罗斯人在上海开设的公司,起初在虹口,后在南京路开设门店。新利洋行1908年前后成为英国人在上海开设的著名钟表首饰商店,长期作为英国皇家指定珠宝供应商麦平公司代理商,在上海销售钻石珠宝、金银器皿等。2014年,上海拍卖行曾出现日本内外棉株式会社上海分公司员工赠川邨兼三银杯。该银杯所配红木底座上铭文为新利洋行英文。从银杯形制、款式看,该银杯为新利洋行从英国定制器皿。

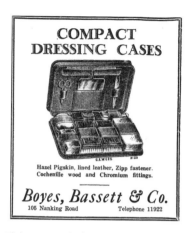

图九　1930年代上海新利洋行广告

图十　近代新利洋行银珐琅梳妆具及标识
上海市历史博物馆藏

图十一　近代上海　康茂洋行门面　　图十二　1903年康茂洋行广告插页

　　康茂洋行，是清末民初上海滩著名的古玩、银器店。该洋行在上海南京路的展示空间琳琅满目。

　　清末一些外国洋行销售金银器皿，曾经成为沪江著名商业市景之一，进入清末文人竹枝词内。各国洋行在上海直接销售来自各国金银首饰、器皿外，租界当局或居住上海的各国侨民也会从国外带银器到上海。

　　如 1912 年上海校际足球赛的奖杯是英侨从英国直接带进来的，设计风格也是英国的。1911年上海高尔夫俱乐部锦标赛比赛奖品是一个银碗，银碗底部有日本著名银器商鸿池款。[①] 该银杯流落海外多年，现已被上海历史博物馆收藏。1910 年前后，上海洋枪总会(gun club)一年一度

图十三　近代租界万国商团非洲杯赛奖品

的锦标赛奖品——银盾来自英国人捐赠。[②] 公共租界万国商团非洲杯赛奖品，来自离开上海的工部局某官员捐赠。

图十四　1911 年上海高尔夫俱乐部锦标赛比赛后摄影

①　1911 年上海高尔夫俱乐部比赛银碗，为上海市历史博物馆藏品。
②　*Social Shanghai, A Magazine for Men and Women*, Vol. XII, Jul–Dec. 1911, p.231.

图十五　1911年上海高尔夫俱乐部锦标赛银碗

上海市历史博物馆藏

开埠后，中外银器业者及银器汇集上海滩。近代上海银器业者在互相竞争、互相学习中工艺水平不断提高，上海银器形成了"中西荟萃、工艺精细、装饰华美"的海派特色。19世纪末20世纪初，上海银器已经得到社会关注。近代上海指南类书籍、报刊中，常常将银器作为上海著名特产向游客推荐。南京路上以出售金银首饰、器皿为主业、装饰豪华的银楼首饰店富丽堂皇，成为上海繁华都市的标志之一。清末洋场竹枝词描绘上海大马路："满街装饰让银楼，其次绸庄与匹头……大小银楼数十家，装修步步斗奢华……层楼高耸匾高悬，为广招徕故斗妍。"清末上海外国金银器皿号"金银器皿最精良，外镀金银灿有光。雕饰禽鱼花草美，玲珑工巧价高昂"。①

图十六　清末上海社交杂志中的老凤祥银楼

---

① 参见顾炳权编著：《上海洋场竹枝词》，上海书店出版社2018年1月版，第125、136、174页。

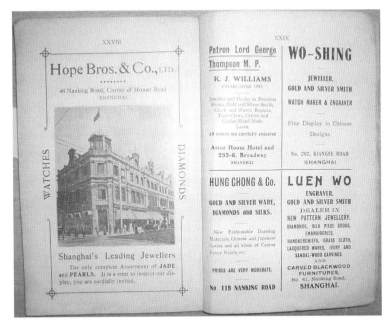

图十七　1908年亨达利、和盛、联和、鸿昌等广告

二、近代上海银器造型与纹饰

开埠后的上海银器,造型与纹饰同古代比,更加丰富多彩。传统中国器形,如银筷、银粉缸、银瓶、银碗、银塔、银盘、银杯等依然存在。与此同时,新的器型不断涌现。近代上海银器突破传统窠臼,迈向创新发展时代。日新月异的上海与世界,为上海银器造型与纹饰带来创作灵感。

近代上海银器市场古风犹存。1920—1930年代上海银器市场上爵杯非常流行。爵杯是先秦礼器中的酒器,在祭祀中用于敬神,在宴饮中用于敬客,也用来做贺寿的礼物。器物主体部分如敞口大碗,两侧是形状不一的耳柄,耳柄高度超过碗沿,碗沿有时会有各种动、植物造型纹饰。银质爵杯在上海地区尚存实物标本10只左右。如上海闵行区博物馆藏1924年上海总商会、上海县商会赠法国驻沪总领事韦礼敦银爵杯;浦东彭学伟先生藏民国上海永安有限公司郭乐等贺仲良寿辰银爵杯、1937年上海青年会组织象棋比赛银爵杯;上海市历史博物馆藏1930年上海浚浦局张姓工程师晋升所得银爵杯;上海市普陀区收藏家黄振炳先生藏1939年大中华火柴公司同人象棋锦标赛银杯;宁波中国港口博物馆展出

1935 年中国明星公司总经理张石川赠潘有声、胡蝶结婚纪念银杯……

图十八　1939 年大中华火柴公司同人象棋锦标赛银杯
黄振炳先生藏

十多年前,今老凤祥珐琅艺术公司总经理余士渭曾通过笔者将上海大同行之杨庆和银楼一套近代银盘捐赠上海市历史博物馆。银盘用中国传统纹饰装饰。银盘边缘为花边,盘中央装饰日月、动物纹样,寓意喜庆吉祥。

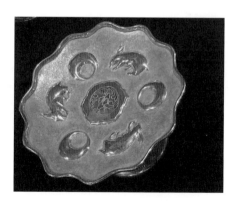

图第十九　近代银盘
余士渭捐赠,上海市历史博物馆藏

壶是中国传统器型,近代上海银壶不少。2021 年上海市历史博物馆"上海味道·美好生活"展览中的裘天宝银壶表面饰中国传统的"松鹤同寿""花开富贵"纹样。

中国传统的银瓶、银塔摆件,有借器型表达"平安""驱邪"之意。上海市历史博物馆近代史展厅中有庆云银宝塔一座,小巧玲珑,精工细作。无论官方还

是民间,银瓶都是近代上海社会送礼佳物。史料记载,1929 年底,意大利皇子
与比利时公主结婚时,南京国民政府赠送的贺礼是大银鼎一座与古式银瓶一
对。当年,这些贺礼,国民政府特地委托外交部驻沪办事处在上海定制。①
1933 年,法国驻华公使韦礼敦离开上海回国时,全国经济委员会常务委员宋子
文特地来外滩法领署欢送并赠韦使以银瓶一只。遗憾的是,这些礼物至今未见
实物。前几年,笔者意外地在上海浦东收藏家吕振欣女士那里见到一款银瓶。
银瓶为 1917 年上海著名娱乐场所——大世界开张时,法国驻沪领事甘司东赠
送贺喜之礼(实物见第 173 页)。2018 年国际博物馆日上海历史博物馆银器展
览中也有两款银瓶,一为广帮银楼和盛款银珐琅瓶,一为凤祥款银瓶。

　　银粉缸为中国妇女传统美妆器物,民国银粉缸尚存多件。银碗,在近代上
海与其说是实用器,还不如说它是礼品、奖品或陈设用具更为妥当。上海市历
史博物馆藏不同用途近代上海银碗多只。上海宋庆龄故居纪念馆藏 1915 年孔
祥熙题赠宋庆龄结婚纪念银碗一只。2023 年上海历史博物馆"梅绽东方—梅
兰芳在上海展"中有 1931 年银碗。

　　传统器形之外,近代上海银器市场出现了不少前所未有的器形。如银盾,
本来是西方常见器形,它们随着外侨来到上海。早期上海外侨活动中,银盾常
常作为奖品或纪念品出现。如 1895 年 11 月,上海万国商团救火队某项竞赛的
奖品是一座银盾。② 后来,银盾成为上海社会上经常出现的银器器型。1911 年
起,上海圣约翰大学华文辩论赛就使用银盾作为奖品。1912 年沪军都督府陈
其美颁发过银盾纪念品。1914 年江湾赛马场万国运动会上的奖品有银盾。
1916 年上海南洋公学、圣约翰大学足球比赛时,团体第一名的奖励即为一座银
盾。③ 辛酉年(1921 年),上海粤侨商业联合会赠送参加远东运动会的粤港选手
礼物为两枚银盾。笔者所见遗留至今的上海银盾实物有多枚:私人收藏家藏民
国"冠道履仁"银盾,上海韬奋纪念馆陈列室内陈列"教不倦"银盾。④ 1927 年蒋
介石与宋美龄结婚时,山西省都督阎锡山题赠蒋宋的结婚礼物有一枚大银盾。
上海铁路博物馆珍藏 1929 年沪杭段工程处员工赠光华先生临别礼物——"惠

① 《意大利皇子结婚国府赠银鼎银瓶,今日装包寄义京》,载于《申报》1929 年 12 月 11 日,第 13 页。
② *The North-China Herald and Supreme Court & Consular Gazette (1870 – 1941)*; Nov 8,1895.
③ 《学校比赛足球记》,载于《申报》1916 年 12 月 10 日,第 11 版。
④ 李东:《馆藏文物介绍:银盾》,载于韬奋纪念馆编:《邹韬奋研究》第二辑,上海学林出版社 2005 年 11
　　月版,第 382—383 页。

图二十 "冠道履仁"银盾
周先生藏

及劳工"银盾。民国时期上海著名足球队——东华足球会 1931 年成立时的纪念银盾尚存上海收藏家手中。①

近代各式银质西式餐饮器具,如:西餐用各种银质刀叉、七星架、酸果架以及茶壶、栲非壶、水壶、牛油盅等,在古代上海前所未闻。近代它们伴随西方侨民及西方餐饮方式传入上海。1860 年代上海传教士文字记载中,曾提到家中招待客人时使用银餐具。1872 年,义泰洋行在上海广告出售各式银器,包括大餐用银质刀、叉,吃鱼用刀、叉、银杯……②1879 年上海丰裕洋行特地广告:"本行今有新到新式银器各种计开:七星架、酸果架以及茶壶,栲非壶,水壶,牛油盅、大小各样花篮、花瓶、银杯、银盒、刀、叉、羹匙等件……"③1930 年代国际饭店开业初曾从国外进口大量银质餐具。如今国际饭店文史馆陈列该店早年使用西式银餐具。

马克杯是英语 mug 中文译名,西方社会普遍使用的器物造型。杯身一般为标准圆柱形或类圆柱形,杯身一侧带有把手。西方人常用马克杯喝啤酒,以及牛奶、咖啡、茶类等热饮甚至喝菜汤。上海开埠后,马克杯也漂洋过海,来到上海。早在 1860 年代上海猎纸比赛时,就有一只银质素纹马克杯奖品。联和号当年制销马克杯近年来屡有发现。长沙博物馆现藏马克杯,把柄龙形,杯身刻山、树、人物宴饮图。上海市历史博物馆藏 1904 年上海公共租界警务处巡捕房自行车比赛二等奖银质奖杯,为马克杯造型,把柄也是一条龙,杯身透雕云龙纹。

银质雪茄烟盒、画框、相架、名片夹、蛋杯、银飞机、银地球仪等大多为开埠后上海出现的新银器器型。这些银器,既是实用品,又是艺术品。艺术来源于生活。近代上海银器创作灵感来源于现实生活,反映出上海社会乃至世界的变化与发展。在近代上海银器店里,此类新式银器司空见惯。如 1925 年闵行路百

① 《七十八年前东华足球会银盾》,载于蓝翔编:《蓝天飞翔文集》,上海社会科学院出版社 2012 年 4 月版,第 298 页。
② 《申报》1872 年 9 月 10 日。
③ 《新到各式银器》,载于《申报》1879 年 3 月 1 日。

老汇路角,广帮银楼德祥号销售的银器中,就有银质水果盘、面包盘、盐或胡椒粉瓶、男士用雪茄烟盒、名片夹等。银质雪茄烟盒、银质名片夹,实物留存不少。

托盘是中外都使用的餐饮用具。近代上海,银质托盘不仅出现在中高档饭店中,还常常被当作礼物赠送。上海市历史博物馆藏联和款银托盘多件。其中一件为1900年一对旅沪外侨夫妇银婚纪念品。托盘由外而内分三个层面。最外围以竹节装饰,中间一层上下两侧装饰二龙戏珠图,左右两侧装饰人物故事纹。四角装饰有"梅、兰、竹、菊"纹饰。最里面一层装饰有梅竹双清、花开富贵、祥龙吐珠等中国传统吉祥纹饰。托盘中央是英文字母,表明盘子的用途为外侨银婚纪念礼品。1925年上海英商好华洋行董事好华先生所得银质托盘,也是联和出品。[①] 该托盘中央主题装饰中国传统吉祥纹样:牡丹蝴蝶,祝福受赠者"富贵长寿"之意。盘子中央有英文铭文,记录了此款银盘的赠受历史信息。

近代上海银器不但器型出现中西融合之势,银器纹饰、图案也如上海石库门一样,中西元素融于一体。中国器物上的梅、兰、竹、菊、山水风景、中国历史人物故事、龙凤等传统纹饰图案依旧在近代上海银器上流行。

中国传统纹饰——龙纹是近代上海银器最常见纹饰。上海历史博物馆藏老凤祥龙纹银盒一只。该盒正面装饰图案即龙。上海拍卖行曾出现美国总领事署全体华职员赠送高斯总领事银雪茄烟盒,烟盒顶部及四周都浮雕龙纹。

图二十一　民国老凤祥龙纹银盒
上海市历史博物馆藏

① 《上历博举办民国联和号银盘捐赠仪式　老上海历史文化记忆不断汇入馆藏》,见"上海市历史博物馆(上海革命历史博物馆)"官方微信公众号,2019年8月10日。

图二十二　近代上海锦江饭店银餐具
陈春明捐赠，上海市历史博物馆藏

民国时期锦江饭店银鎏金餐具，体积不大，小巧玲珑。该器如饭店自助餐菜锅缩微版。两个半球扣在一起，上半球顶部祥云朵朵，中间接缝处饰"龙凤呈祥"图案。脚部支架饰竹叶纹。

2010年2月美国旧金山亚洲艺术博物馆举办"上海展"中有两件上海外销银器。其中一只银碗碗沿为爬行的龙，四周装饰中国传统的梅花、竹子、菊花图案。另一件银质咖啡壶的壶盖上方是象征"多子多福"的石榴，壶嘴龙形，壶身装饰图案为人物故事。上海历史博物馆展厅中1904年巡捕房体育运动比赛银杯，主体装饰龙纹。长沙市博物馆藏上海联和款号"云龙纹口沿山水人物故事纹银碗"，口沿二龙逐日，祥云朵朵。[1]

除龙纹等中国传统纹饰外，上海一些景点或交通工具也常被用来作为上海外销银器的装饰图案。20世纪初，上海市内的诸多交通工具如人力车、轿子、舢板等都曾作为外销银器的纹饰图案或造型出现。市民收藏家陆联国曾收藏1930年代银质烟盒一个，盒表錾刻上海跑马厅建筑图。上海市历史博物馆藏民国银盒表面錾刻外滩建筑纹饰图案。

从世界各地进入上海的银器，装饰图案充满世界风情。上海体育博物馆藏1878年春上海划船总会银杯，最上方为一个手持赛艇划桨站立的西方绅士造型，奖杯底座由三支捆绑在一起的叉型划桨组成，造型别致，充满欧陆风情。1943年美国校友会赠宋庆龄之银质圆盘，美式装饰风格。1870年上海工部局赠租界万国商团挑战杯，也是西方造型与图案。而1911年上海高尔夫俱乐部锦标赛银杯，为日本著名银器公司鸿池造，银器表面装饰花纹为东方人常用的植物纹样。

近代上海银器丰富多彩的造型与五花八门的纹饰，传递信息更加多元。某

---

① 王立华编：《白银时代——中国外销银器特展》，湖南美术出版社2017年2月版，第23页。

种程度上,近代上海银器多样造型与纹饰,折射着开埠后上海社会海纳百川、中西交汇的社会实景。

三、近代上海银器的消费、流通

近代上海银器大多产生、流通于这片土地,与这片土地上的人、事密不可分。国际化大都市——上海发达的经济基础,中外居民庞大的市场需求,是促进上海银器业发展的强大内在动力。与金器比,银器价格不高。与纺织品比,银器经久耐用,且有保值、升值作用。与房地产等不动产比,银器小巧玲珑,便于携带……无论是在公共空间,还是在私密空间;无论是在职场,还是在家庭;无论是学校,还是在社会;无论是体坛,还是文坛,银器在近代上海几乎无所不在。银器也因此成为承载上海城市记忆、珍藏市民情感的载体之一。

近代上海银器是近代上海体坛风云的见证物,上海是近代中国体育文化最大的舞台。[①] 银器作为近代上海各类体育比赛中常见的一种奖品,曾经不绝如缕。目前,笔者所见史料中记载上海体育运动最早的银质奖品是 1864 年上海外侨进行"猎纸"比赛奖品:银质马克杯。[②]

此后,在各种体育比赛中,银质奖品时常出现。史料记载 1926 年 10 月在上海举办的万国运动会结束后颁发各项奖品大小银杯、银盾 80 余只。西方人在体育活动中颁发银器奖品的做法,在华人中传播开来。中国大型体育比赛中也常有银质奖品颁发。1935年 10 月 10 日至 20 日,国民政府第六届全

图二十三　1864 年上海猎纸会比赛奖品银质马克杯

---

① 参考郎净著:《近代体育在上海》,上海社会科学院出版社 2006 年 5 月版,第 3 页。
② Noel Davis, M.D., *A History of the Shanghai Paper Hunt Club, 1863 - 1930*, Kelly And Walsh Limited, Shanghai.

图二十四　1900年代上海、新加坡等
埠际射击比赛银盾

运会在上海进行,比赛结束后颁发的纪念品中,各类银质奖品超过150件。[1]

近代上海体育比赛银质奖品不计其数,但大量上海体育比赛奖品只留存在文字记载中。如上海外侨足球联合会史考托奖杯,在上海颁发半个世纪左右,如今却只见于史料。近20年来,少量近代上海体育比赛银质奖品实物陆续被发现、收藏。如1900年代上海、新加坡等地射击比赛银盾等。

上海市历史博物馆、上海体育博物馆是收藏近代上海体育比赛银质奖品最多的机构。此外,部分高校校史馆及上海民间收藏家手中也藏有少量体育比赛银质奖品。

上海体育博物馆藏1878年上海赛艇比赛冠军银质奖杯,是笔者目前所见最早的上海体育比赛银质奖品实物。上海市历史博物馆藏1897—1901年英国人记洛克在沪所得"猎纸"赛银质奖杯一套近10件。上海市历史博物馆藏1904年上海租界巡捕自行车比赛银杯、1911年上海高尔夫锦标赛银杯、1930年代埠际游泳比赛奖杯、1917年法国球场总会比赛奖品等曾于2018年国际博物馆日展出。上海体育博物馆近年来从国内外征集到不少老上海体育比赛银质奖品。民国时期上海著名运动员钱行素1930年代参加体育比赛所获银质奖杯,为钱行素之子陈世和先生捐赠上海体育博物馆之物。民国万国运动会银杯,上海体育博物馆、复旦大学校史馆各存一件。其中复旦大学校史馆藏为民国时期体育明星——黄炳坤1926年万国运动会所得奖杯。近代上海射击比赛、游泳比赛、高尔夫比赛银质奖品在上海市历史博物馆、上海体育博物馆都有收藏。浦东收藏家彭学伟先生收藏1937年青年会象棋比赛银杯、上海市普陀区收藏家黄振炳先生藏1939年大中华火柴公司同人象棋锦标赛银杯。1930年

[1] 根据《申报》1935年10月23日第13页《全运会奖品分配一览》统计。

上海万国竞走比赛冠军周余愚夺冠奖品为一套银茶具,然而历经岁月沧桑,只剩红木银把托盘一只……

如今所见实物虽然只是近代上海体育运动银质奖品之一鳞半爪,但也透露出近代上海体育文化的特质,为上海近代体育文化载体。

图二十五　1900 年前后上海猎纸总会比赛记
洛克所获银杯
上海市历史博物馆藏

图二十六　1933 年第五届全运会钱行素
所获银杯
上海体育博物馆藏

近代上海银器是海派餐饮文化的重要载体。解放前,上海富贵人家或高档饭店用银餐具招待客人的记载屡见不鲜。早在 1863 年上海出版的英文著作中,就有上海外侨家中使用银质餐具,主人督促仆人在饭后清洗、收拾银餐具的对话。1876 年华人在二洋泾桥新开番菜馆内就用银质餐具招徕顾客。1934 年 12 月南京西路国际饭店开业时,器皿设备精巧奇丽,多为沪上前所未有,如奥国本道尔厂之纯银餐具。[①] 不过,多数饭店所用银器为镀银餐具。1900 年代,上海洋场外国饭店"西商菜馆建高房……辉煌器具镀金银,钿柄刀叉异样新"[②]。民国期间,上海中高档饭店、酒楼用银器餐饮器具已为风尚。上海鸿运楼镀银餐具、新雅饭店民国时期用镀银餐具、国际饭店银茶壶、一家春镀银餐具等为近代上海公共场合银质餐饮器具中的少数遗物。更多私人空间所用银质餐具可能还在民间。最近上海市民赵红宇向上海市历史博物馆捐赠其家传银台面一套约 80 件镀银餐具。

银器珍藏了近代以来上海莘莘学子的美好记忆。近代上海各大名校进行

---

① 《申报》1934 年 12 月 1 日,第 21 页。
② 顾炳权:《上海洋场竹枝词》,上海书店出版社 2018 年 1 月版,第 153 页。

图二十七　宋美龄用银质把柄水杯

图二十八　上海国际饭店银质茶壶
上海国际饭店藏

图二十九　近代上海鸿运楼镀银餐具
上海市历史博物馆藏

体育比赛、演讲比赛或学生毕业、师生临别纪念等,常赠银质奖品或纪念物品。1915 年 10 月 13 日《申报》报道:"江苏省教育会对于体育极为注重。兹为第二次全省省立学校运动会开会在即,特制银质大爵一座,预备赠予最优胜学校,以资鼓励。"1918 年 4 月中旬,神州女界协济社社长兼神州女学校长张默君女士奉教育部指派往欧美日本各国调查职业教育,在神州女学内备具茶点开话别会,藉资欢聚,并由全体社友职教员学生公赠银牌银爵等以为纪念。[1] 聂中丞同学会为表扬名誉会长叶谋祺对该会的贡献,特于 1921 年赠他银盾一座。上海沪江大学 1927 年 1 月典礼上,向部分优秀毕业生发放了银杯、银盾奖品。[2] 1934—1935 年圣约翰大学得社会各界资助,共给优秀学生发放银盾 8只,银杯 3 个,奖励国语辩论赛、网球辩论赛等优秀者。[3]

图三十　1930 年沪江大学辩论赛奖杯图

透过留存至今的一些校园文化记忆的银器实物,仿佛看到上海学子们努力奋斗、朝气蓬勃的青春岁月:1910 年清末竞化女子师范学堂学生参加南洋劝业会获得银质奖章,上海市私立新生小学校奖给三年级乙组第一名俞逸铭先生的成绩优良银盾,1936 年上海中西女中杨帼英高中毕业时郭杨芳女士持赠"是已大成"银盾,1936 年上海中西女中毕业银戒指,[4]雷士德学院毕业生周怀恩在校时所获银奖杯,1936 年交通大学校长黎照寰给科学学院乌凤仙女士的念珠奖品"学行俱优"银盾,1939 年复旦大学毕业生的银珐琅戒指……这些校园时代银质奖品、纪念品,大多带着老师、长辈对学生优异成绩的认可、鼓励,它们犹如一盏盏明灯,指引着优秀学子们为推动社会进步奋斗不息,也影响着银器得主的后裔们。

还有一些银器,是学生或校方赠送老师的纪念品。上海交大校史馆藏1919 年南洋公学技击部全体敬赠刘震南先生六秩大庆"南山之寿"银盾,上海韬奋纪念馆陈列室中的"教不倦"银盾,少年宣讲团"苦心孤诣"银盾……珍藏着

① 《申报》1918 年 4 月 12 日。

② *The China Press (1925-1938)*;Jun 28,1927.

③ 熊月之、周武主编:《圣约翰大学史》,世纪出版集团 2007 年 5 月版,第 446—447 页。

④ 郑建华:《听母亲说中西女中往事》,载于《上海滩》2007 年第 5 期。

近代上海校园中莘莘学子对老师的感恩或祝福，也是中华民族传统美德的载体。1932 年复旦大学校长李登辉给校庶务主任齐景贤先生银盾，保存着抗日战争时期复旦师生抗日救国记忆。

图三十一　上海雷士德学院　周怀恩银质奖杯　　　　图三十二　"教不倦"银盾
上海市历史博物馆藏　　　　　　　　　　　　　　　　上海韬奋纪念馆藏

　　银器是近代上海社交礼俗的一种见证物品，留存近代上海中外居民岁时节庆、人情往来的重要信息。作为礼品的银器，深深扎根于近代上海人的日常生活中，比其他场合银器礼物更有人情味，是研究近代上海社交礼俗、人情往来的重要实物资料。

　　近代上海，不少人生辰节日，都曾收到亲朋或职场友人赠送银器礼品。这类银器礼品在史料记载中屡见不鲜。如，1931 年社会各界为虞洽卿举办旅沪五十周年纪念，各界送银杯、银盾不下数百件，[1]其中包括宋子文送银盾，工部局送银鼎。[2] 再如上海名流李征五君五十寿辰，亲朋等假座宁波旅沪同乡会为之祝寿。来宾有八百余人，寿礼有无量寿佛、诗轴、寿屏、金银盾之属。[3] 1932 年荣宗敬及其德配陈夫人六旬双庆时，海上闻人林康侯、刘鸿生、蔡元培等纷纷祝寿。荣宗敬及夫人这次寿辰所得金银鼎、爵等不下百余件。

　　目前笔者所见比较有名的银器生辰礼物有：浦东收藏家彭学伟藏 1930 年代上海永安公司领导郭标、郭乐等送给同乡仲良寿辰礼物——"天纵遐龄"银爵

① 《申报》1931 年 7 月 12 日，第 13 页。
② 同①。
③ 《申报》1923 年 7 月 30 日。

杯。上海宋庆龄故居纪念馆藏 1928 年宋母倪桂珍 60 大寿时宋嘉树友人赠送银盾一座。1936 年虞洽卿七十大寿中国银行上海分行赠银寿杯一只。上海市历史博物馆藏民国时期裘天宝银楼、老凤祥银楼定制款寿礼银壶、银酒杯。

图三十三　1930 年代"天纵遐龄"银爵杯
彭学伟藏

婚礼或者结婚纪念日赠送银质礼品早期在上海外侨圈比较流行。如 1907 年一份历史图文中所示，外侨结婚时亲朋好友会赠送很多礼物，其中不少礼物为银器。1900 年外侨结婚礼物银质托盘现存上海市历史博物馆。后来，上海中上层华人结婚时也常互赠银碗、银盾等银质礼物。宋庆龄、孙中山 1915 年结婚时孔祥熙赠送银碗至今保存在上海宋庆龄纪念馆。据民国时期上海文人邵洵美夫人（盛宣怀孙女）回忆，1926 年她结婚时，陪嫁礼品中有不少亲友赠送的银摆设。她送给男方的礼物有一盘银器文房四宝。[1] 1927 年蒋介石、宋美龄结婚时阎锡山赠银盾，2016 年 4 月 28 日至 7 月曾出现在上海朵云轩展出的"她们·风华绝代——宋氏三姐妹特展"上。上海徐汇区收藏家徐恒皋先生、已故浦东收藏家吕振欣女士均有收藏民国时上海医学界名流牛惠林结婚时银质礼品。上海静安区郭女士保存 1940 年代末母亲陪嫁物品——永安公司银梳妆具一套……这些银器大多錾刻吉祥喜庆纹饰，带着亲友美好祝福，陪伴银器得主走进婚姻生活。

---

① 盛佩玉著：《盛佩玉的回忆：盛氏家族·邵洵美与我》，人民文学出版社 2004 年 6 月版，第 74—75 页。

图三十四　1927年阎锡山送蒋介石、　　　图三十五　1924年"天成嘉偶"银杯
　　　　　宋美龄结婚礼物银盾　　　　　　　　　　　　　　　　　吕振欣藏

　　亲朋好友迎来送往时，常有赠礼之举。漂亮、体面的银器常常伴随着一场场聚会。1925年上海好华公司职员迎接公司英国董事莅临上海，赠其礼物为银质托盘。1924年法国驻扎上海总领事离开上海时，上海市商会、县商会为其举办欢送会，并赠银爵杯。该杯现为闵行区博物馆展品。上海铁路博物馆藏1929年银盾上密密麻麻地刻录着92人名字。1931年江海关税务司梅维亮离沪时，江海关全体职员敬赠其梅兰竹菊银碗一只从英国回流，并被上海市历史博物馆收藏。抗战胜利后上海第一任市长钱大钧1946年5月辞职时，上海市临时参议会赠银钥匙一柄近年回归大陆，入藏上海市历史博物馆。

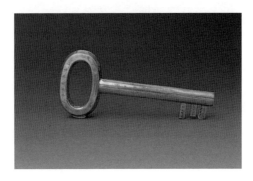

图三十六　1946年上海临时参议会赠予上海市长钱大钧银钥匙
上海市历史博物馆藏

有时，上海人在职场晋升也会得到同事及亲友的银器礼物。如 1930 年张承惠荣升上海浚浦局水理科工程师时，得到同事奉赠的银爵杯一只，现存上海市历史博物馆。1940 年美国驻沪领事高斯荣升驻澳大利亚总领事时，高斯在沪的中国同事赠他一只银盒，曾出现于上海拍卖行。民国时期周翼华敬赠胡治藩"大展鸿才"银匾，见证了上海文艺界两位名人的真挚友情。

为满足市场需求，上海各大银楼首饰店八仙过海，各显神通。如老凤祥银楼以良好的服务和适时的款式顺应顾客需求。如有人造房子，她就有"金玉满堂"大银盾供送礼之用；祝贺生子，打个银麒麟锁片，刻上"麒麟送子"纹样；恭贺寿庆，可打一只大寿桃；庆贺婚礼，可特制"百年合好"屏风。当时上海社会名流、达官显贵到老凤祥定制饰品、礼品者络绎不绝。[①] 位于河南路的广东银楼老字号时和号广告其制作婚丧喜庆各式华洋礼品，颇具代表性。

图三十七　1917 年《申报》载时和号广告

银器还是近代上海一些重要事件、重要活动的纪念物品。如 1911 年 1 月，英国驻沪总领事霍必兰爵士开启上海总会使用的纯银钥匙，见证了外滩上海总会新建筑开幕时的盛况。"光绪三十三年九月初二日大美国兵部尚书莅华，寓沪绅商雅集愚园以礼欢迎，谨制银觥，用志纪念"中的银觥，是 1907 年的 10 月 8 日上海绅商迎接美国陆军部长塔夫托访沪的永久纪念。目睹 1911 年沪军都督府颁发银质纪念章等，辛亥风云如在眼前。南京西路 325 号上海市历史博物馆藏"勿忘五卅"银戒，铭记着 1925 年波及全国的那场反帝爱国运动。1930 年上海天蟾舞台全体艺员赠少山先生参加鄂豫皖三省赈灾义演纪念银盘现存上海市历史博物馆。

① 刘守敏、徐文龙主编：《上海老店、大店、名店》（上），上海三联书店 1998 年 5 月第 1 版，第 30 页。

近代上海银器受到上海本地居民、社团热诚欢迎,上至盛宣怀、吴铁城、王晓籁等政商名流,下至小富的上海市民,都是上海银器的消费者。外地居民甚至外国游客也常到上海来购买或定制银器。如:1894 年万国商团德国队队友赠送德国长官临别纪念银盘,前几年从国外回流国内,现藏长沙博物馆。1897 年汉口俱乐部高尔夫圣安德鲁斯奖杯由上海鸿昌号定制。1897 年 6 月 6 日香港上海某场体育比赛颁发奖杯船艇人物龙纹奖杯,来自上海鸿昌号。1912 年前任东海税务司安君文卸任回国时,烟台商会特地在上海定制银碗一只赠送,以示感激、留念。[1] 1924 年厦门海关税务司职员赠副司长李度银壶由上海宝成裕记银楼定制。

四、近代上海银器的收藏

近代银器生产、消费不计其数,但遗留至今数量有限。几乎每次战争发生后,有关方面发动市民捐金、捐银,用于购买救国公债等,被视为爱国之举。如:1937 年八·一三事变发生后,上海市成立救国捐筹募委员会,呼吁市民捐献金银饰品、器皿等,指出输纳救国捐和金银物品,是民众报国救亡的最大武器。上海市商会主席王晓籁带头将历年来亲朋好友赠送的银器捐献,用于购买救国公债券,"移友朋爱我之心以爱国"。[2] 1937 年 11 月 4 日《新闻报》直接发广告,号召"爱国的妇女应把金银首饰来调换救国公债"。同年 8 月底,上海金城银行将该行成立 20 周年时社会各界赠送 76 件银器礼品悉数交给中央银行评估折价后捐献充作救国捐款。[3]

由于种种原因被带往国外的近代上海银器,1960 年代以来,得到英、美学者关注。流落在国外的这些中国银器,被称为外销银器,其中有一部分为上海银器。遗憾的是,长期以来,流落国外的近代上海银器在国内湮没无闻。直到 2007 年左右,大英博物馆文物修复专家邱锦仙女士偶然间在英国古董市场上发现了一批铭刻"Shanghai luen-wo"、"Shanghai TC"等字样的银器,经由上海市历史博物馆征集鉴定,才逐渐揭开了近代上海外销银器尘封的历史。

---

① 《申报》1912 年 9 月 6 日。
② 《民报》1937 年 9 月 19 日。
③ 《大公报》1937 年 8 月 26 日。

上世纪六七十年代,英国、美国一些著名博物馆就开始收藏、研究留存欧美的中国外销银器(包括上海银器)。美国中美贸易博物馆收藏的上海外销银器比较多。同一时期,一些闻风而动的外国收藏家也以低价购进不少上海银器。国内近代上海银器收藏单位中,专注于上海地方历史文化遗产的上海市历史博物馆,得天独厚。上海历史博物馆现藏银器主要是本帮银楼银器、广帮银楼银器,及少量外国洋行留存上海银器。从器型看,上海历史博物馆藏近代银器以碗、壶、杯、盘、瓶、盾为主,蝉、塔、钥匙等挂件、摆件为辅。上海历史博物馆收藏银器大多带底款、錾刻铭文,留存了近代上海政治、经济、体育、教育、外交、礼俗等方面诸多信息,有较强的证史、补史之用,历史价值较高。

上海宋庆龄纪念馆、上海孙中山故居纪念馆、复旦与交大校史馆、上海体育博物馆、上海铁路博物馆等专业博物馆以及民间收藏家手中,保存少量近代上海银器。此外,长沙博物馆、广东省博物馆、宁波中国港口博物馆、香港海事博物馆等藏中国外销银器有部分出自上海。

近年来,上海外侨后裔或国外收藏家不时会抛售一些有价值的近代上海银器。收藏一些有艺术价值、历史价值的近代上海银器,不失为明智的投资。但收藏时需具备近代上海银器考辨能力。

近代上海银器的市场价格逐渐升高。据上海民间收藏家介绍,1980 年代上海市场上,一座银盾价格人民币 200—300 元,现在上海老银器动辄上万元。有特殊历史价值或纪念意义的上海老银器价格更高。沪军都督府陈其美 1912年赠送某社团的一枚银盾,2007 年时价值 5 万元,2011 年升到 10 万元左右。英国、美国市场上近代上海银器市场行情同样如此。2007 年时,英国伦敦市场花几百英镑可买一件上海银器,近年行情攀升。

疫情过后,世界经济疲软,对老上海银器收藏爱好者而言,也许是一个收藏机会。

(原作发表于《文物天地》2012 年第 2 期,修改于 2023 年 9 月)

第三章　清末民初上海外国首饰业初探

研究近代上海西式（又外国、洋装）银器，"外国首饰业"是不得不探讨的一个话题。近代上海西式银器主要供、销企业在工商业门类中属于"外国首饰业"。外国首饰业是民国初年上海新兴工商业门类之一。开埠后外国首饰（包括外国银器）作为洋货之一种，通过外国洋行、洋（广）货店进入上海。在中外业者共同推动下，外国首饰业在清末民初逐渐从一般洋货业中剥离，发展为上海独立工商业门类。清末民初，外国进口首饰器皿、与中西合璧之上海华人造外国首饰器皿在上海市场相映生辉。面向世界、兼顾中西的营销策略，促进了上海外国首饰业的繁荣与发展，推动了上海与世界的交流、互动，并对今天上海首饰业发展产生深远影响。清末民初上海外国首饰业的生发，既是近、现代中西交流、交融的产物，又是近、现代上海中西交流的一个缩影。梳理清末民初上海外国首饰业历史，也可为我们研究中外关系史提供独特视角。

清末民初的上海是中外交流、交往的重要舞台，中外交流、交往内容丰富。外国首饰业生发历史是上海中西交流、交往内容的组成部分，以往学界关注甚少。本文拟从外国首饰店器皿这类器物入手，探索器物背后的人文历史，梳理清末民初外国首饰业在上海生发之历程，浅析上海外国首饰从业人员结构，探讨外国首饰业在沪营销策略等，以期初步勾勒清末民初上海外国首饰业发展概貌，并透过外国首饰业这一特殊视角，透视清末民初中外在上海的交流与互动。

一、清末民初上海外国首饰业生发背景

上海外国首饰业起源于鸦片战争后的洋货业。1843 年上海开埠后，随着国内外贸易的发展，上海市场日趋繁盛。洋货输入，不但数量与日俱增，品种也不断增多。外国金银珠宝钻石首饰往往随同钟表等洋货进口到上海，如宣统年"西人所开最著名之洋货行'亨达利'专办钟表、珠宝杂货"。[①]

与此同时，随着开埠后中外贸易中心北移上海，1850 年前后广东洋货商纷纷北上。广东人在沪经营之洋广货中，模仿西洋首饰风格、利用西洋首饰工艺制造的洋镶（西式）首饰、银器为其中重要物品。1900—1920 年间，外国首饰业逐渐从一般洋货业中剥离，发展为上海独立工商业门类。

---

① 《上海指南》卷五，商务印书馆 1909 年版，第 7 页。

　　开埠后外国洋行进口外国首饰、器皿到上海最早始于何年何月,现尚无确证。很可能 1840 年代末法国人在上海开设钟表行时,外国首饰就已入沪。1860 年代,外国首饰通过洋行,尤其是经营钟表、眼镜之洋行进入上海已有据可查。1863 年《北华捷报》有广告称某商店最近又从欧洲进口到上海一批钟表及精心挑选的珠宝首饰。① 此为笔者目前所见外国首饰最早在沪销售记录。闻名遐迩的亨达利早期是百货商号,该行的金银珠宝首饰同钟表一样有名。直到 1912 年,亨达利依然被上海社交生活类杂志称为上海著名首饰号。同亨达利情况类似的还有瑞士人在上海开设的永昌洋行。该行 1860 年代进入上海。1906 年 12 月 21 日永昌洋行在《申报》第 15 版刊载广告称:"本行开设四十余年,专售各色金银首饰、各色钟表、千里镜、眼镜、打样量天尺机器,一切俱全,代理有喊金银各表并修理打样机器钟表等物,向系久远驰名。凡仕商赐顾者,请至英大马路黄浦滩第一号便是。"

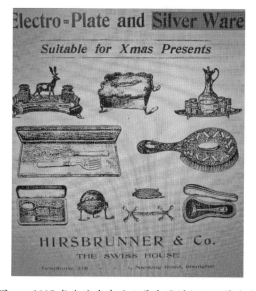

图一　1915 年上海南京路 1 号永昌洋行圣诞节广告

　　光绪元年(1875 年)德商在沪开设美记洋行,为瑞士日内瓦百丽美达钟表首饰商号在华独家代理商行。② 1886 年南京路德商双龙洋行(Agthe&Ismer)

---

① *The North-China Herald*；Sep 19, 1863.
②《行名录》,字林洋行 1879 年版,第 194 页。

专营"钟表、眼镜、首饰进口和销售"。法商利喊洋行、乌利文洋行分别于1870年代、1897年前后出现于上海,它们同样经营钟表、眼镜、首饰等。[①] 外国洋行同时经营钟表、首饰、眼镜的商业习惯一直延续到民国初年。民国初年商务印书馆版《上海旅游指南》中,外国首饰与钟表店常被归为一类商号予以介绍。

外国杂货号售卖外国银器,在清末民初上海文人眼中,也是上海洋场商业胜景之一。曾有竹枝词:"外洋各物胜中华,制造精良蔑以加。化学通时心巧出,陆离光怪尽人夸。纷纷制器利争营,木器多佳铁器精。磁器琉璃光皎洁,金银器皿莫知名"。[②]

图二 清末上海英商安康洋行广告

以销售银制器皿闻名上海的新利洋行,在1900年代是英国著名的皇家首饰指定供应商、伦敦麦平公司在华总代理商,该公司在沪销售英国银器品种丰富,详见下图中表格。

Sterling Silver
THE FINEST SILVER FOR ALL REQUIREMENTS

DINING ROOM	DRAWING ROOM	GENERAL	STUDY	BEDROOM
Butter Dishes	Bowls	Belts	Ash Trays	Brushes
Cake Baskets	Bronzes	Buckles	Blotters	Hot Water Jugs
Claret Jugs	Candelabras	Card Cases	Calendars	Manicure Sets
Cruets	Christening Mugs.	Chatelaine Bags	Cigar Boxes	Mirrors
Cutlery	Cups	Egg Stands	Cigarette Boxes	Pin Trays
Coffee Sets	Flower Stands	Fruit Stands	Clocks	Scent Bottles
Entree Dishes	Paper Knives	Spectacle Cases	Inkstands	Scissors
Liqueur Sets	Photo Frames	Sweet Dishes	Letter Wallets	Shaving Mugs
Sardine Dishes	Tankards	Tea Caddies	Stamp Boxes	Toilet Sets
Tea Services	Vases	Toast Racks	Writing Sets	Trinket Boxes

High Class goods of every description made to order. Special designs and quotations obtained at the shortest notice.

Direct from MAPPIN & WEBB, LTD.
By special appointment to His Majesty the King   SHEFFIELD and LONDON

Agents for China, KUHN & Co., Show Room 35 Nanking Road

图三 1900年代上海新利洋行银器广告

---

① 参考曹胜梅:《晚清时期法商在沪经营活动述略(1847—1910年)》,载于上海市档案馆编《上海档案史料研究》第一辑,上海三联书店2006年3月版。

② 顾柄权校:《上海洋场竹枝词》,上海书店出版社2018年1月版,第142—143页。

洋行之外，早期在沪经营外国首饰业的尚有广东人开设之洋货（又称洋广货、洋广杂货、广洋杂货等）号。1870 年代，洋广杂货在上海已取代京广货地位。"广洋杂货粤人开，灯镜高悬布匹堆，排列繁多装饰丽，五光十色映楼台"。① 广帮商人在上海经营的洋广杂货铺，主要从事外国货物及南方货物的输入和供应。② 洋货号"既有高档奢侈商品，又有一般日用商品"。③ 广东人最早在上海经营外国首饰的洋货号，究竟是哪一家，目前无考。不过，1872 年著名的洋货号"全亨"1872 年 9 月新建筑造成时称，该号在九江路、河南路转角开办已经十多年了。那么早在 1860 年前后，广东人的洋货号就开到上海了。④ 1870 年代，广东人在上海开设洋货号已经成气候。有百货业史研究者认为，洋货号实为后期百货业前身。

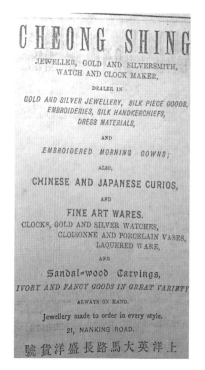

图四　1902 年上海长盛洋货号广告

尽管 1860—1870 年代上海就出现经营外国首饰业的洋行、洋货号，但 1890 年代以前，上海经营外国首饰业务的商家很少自称外国首饰号。华人开设、经营外国首饰器皿业务的商家大多自称洋货号、洋广货号。洋货号其实是统称。"纷纷洋货号争开，各有专门定办来"。也就是说洋货号各有侧重。其中有些广东人开设的洋货店中，经营金银首饰、西式银器等。如清末民初南京路著名的外国首饰店——联和号，1886 年广告中就以联和洋货号呼之。民国初年著名的外国首饰店长盛号，1902 年在《行名录》广告中，依然自称洋货号。四川路 100 号亨昌洋货号，1912 年业务范围涵盖首饰、金银器皿、广货、刺绣等。销售外国首饰等货物的外国商号一直称为洋行，如亨达利洋行、永昌洋行、双龙

① 顾柄权校：《上海洋场竹枝词》，上海书店出版社 2018 年 1 月版，第 142 页。
② 朱国栋、王国章主编：《上海商业史》，上海财经大学出版社 1999 年 8 月版，第 130 页。
③ 张仲礼主编：《上海近代百货商业史》，上海社会科学出版社 1988 年 9 月版，第 19 页。
④《全亨建造落成搬原铺》，载于《申报》1872 年 9 月 5 日。

洋行。1890 年以前，在沪经营外国首饰的中外商号名字中鲜少出现外国首饰字眼，某种程度上表明：1890 年前，外国首饰业在上海尚未成气候，它们的地位不及钟表、呢绒等洋货，后者已经以独立工商门类出现。

1890 年后，大众媒体以外国首饰店（铺）、西国首饰店等称呼一些经营外国首饰业务的洋货号。1894 年 9 月—1895 年初，三菱商号从新金山为上海汇丰银行运送银条被盗，英租界和盛号涉案。《申报》报道此案件时，多次以外国首饰店、西国首饰店等称呼和盛商号。清末民初以经营外国金银首饰、银器闻名的鸿昌商号，1897 年在《申报》中被称为"西国首饰店"。同年被《申报》称为西国首饰铺的还有汇立洋行。1890 年代外国首饰商号得到上海最具传播力、影响力的大众媒介——《申报》之认可，可视为外国首饰业在上海工商界地位之转折点。

图五 1897 年上海鸿昌号广告

1900—1920 年代，外国首饰业务在上海稳步增长，并逐渐从一般洋货业中剥离，发展为独立工商业门类。这一时期，上文所述经营外国首饰业务的中外商号大都继续营业。此外，新的外国首饰商号不断出现。德祥、时和、时新、利生、联生、联兴、升发、和升、珍光、久记、昌亨、朱煜生等外国首饰商号基本出现于 1900—1920 年代。这些商号业务范围广泛，除经营各种材质首饰外，兼制金银器皿，甚至制、销钟表、眼镜，因此店名中除外国首饰、洋装首饰字眼外，有时还被称为眼镜店、银器店等。

图六 1902 年上海联兴号广告

图七 1930 年上海朱煜生号广告

图八 民国上海朱煜生款银器

现藏于长沙博物馆

图九 1920年代上海时新号广告

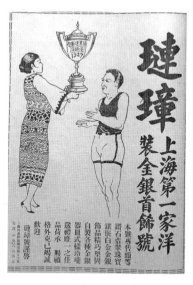

图十 1927年上海琏璋号广告

　　早在1880年代，上海外国首饰业便得到外侨关注。1886年专为旅沪女性外侨编辑印刷的上海指南类册子——《小红本》中，即刊印经营外国首饰业务的中外商号广告。1902 年前后，刊载上海外国首饰店广告的书刊逐渐增多。如：1902 起字林西报社（字林洋行）出版之《行名录》，出现上洋英大马路长盛洋货号（Cheong Shing）等广告插页。1900 年代，上海法租界金隆宾馆编《上海指南》一册，长盛号再次出现并被作为专业首饰店

图十一　清末上海外侨杂志中的中国银器

予以介绍。① 显然，这三份为外侨编制的书刊中，首饰商号均为外国首饰商号。因为同一时期，经营本地首饰业务的众多上海传统银楼无一被它们列为首饰店予以介绍。

　　外国首饰业在上海工商业中的地位得到华人认可最迟在 1914 年。这年，外国首饰号作为工商业门类之一出现在商务印书馆编辑出版之《上海指南》中。不过，外国首饰业最初被华人视作钟表业之附庸。1914 年至 1917 年，上海商务印书馆多次编印《上海指南》。指南中，"钟表、外国首饰"类商号被合并列为同类商号予以介绍，而且钟表于前，外国首饰列后。1918—1920 年，外国首饰业摆脱钟表业附庸地位，发展为独立工商业门类的迹象越来越明显。1918 年上海商务印书馆统计上海 200 余种商业门类时，经营外国首饰业务的商号被单独列入外国首饰一类。当年，经营外国首饰业务、影响较大的商铺有 19 片。② 到 1925 年，上海代表性的外国首饰商号达 33 片。③ 外国首饰业作为独立工商业门类出现的另一依据是：1920 年字林西报社编发之《行名录》开始将上海商号分类介绍，首饰被作为单独的工商业门类列出。当时，《行名录》将亨达利、永昌、乌利文等中外 11 家经营外国首饰业务的商号列入"首饰"条目之下。④ 同 1900 年代广告插页一样，1920 年《行名录》中的"首饰"条目中所指首饰店均为经营外国首饰业务的商店。上海众多传统银楼、珠宝店并未被收入。

---

① Hotel Metropole, *Guide to Shanghai*, Oriental Press, 1903.
② 徐柯主编：《上海商业名录》，商务印书馆 1918 年印行，第 1—4 页、226—227 页资料统计。
③ 林霞主编：《上海商业名录》，商务印书馆 1925 年 3 月印行，第 329—331 页资料统计。
④《行名录》，字林西报社 1920 年版，第 233 页。

商务印书馆与字林西报社出版《上海指南》《上海商业名录》《行名录》是研究近代上海工商业史的指标性、权威性较高的工具书。上海外国首饰业在这几份出版物中被列为单独的工商业门类，某种程度上说明，经历半个世纪的发展，外国首饰业终于能在 1920 年前后发展成为上海独立的工商业门类。这得益于诸多因素。

首先，外国首饰进入上海得到中、外国政府的政策许可与支持。1843 年中英议定上海等五个通商口岸进出口货物应完税则。税则中规定，从英国进口各样金银首饰等税率为：论价值若干，每百两抽银五两；珍珠宝石类的税率分别为："玛瑙石片每百斤五钱""玛瑙珠每百斤十两"。① 1844 年中美签订《五口贸易章程附海关出进口货物税则分类》（中文本）、1844 年中法签订《五口贸易章程附海关出进口货物税则分类》（中文本）中的规定，美国人、法国人为上海等五口进口各样金银首饰、珍珠宝石类抽税规则，与上述中英税则约定基本一致。② 1881 年中俄改订《陆路通商章程》第十四条规定：凡进口出口免税之物如金银、外国各银钱、各种麦砂谷米……外国首饰捴银器……以上各物由陆路进出口皆准免税。惟由章程内载各城及各海口运往内地者，除金银外国银钱行李三项，仍无庸议外，其余各物皆按每值百两完纳税银二两五钱。③ 从以上中外商约可知，开埠后外国金银首饰、器皿及珍珠宝石类进入上海等通商口岸城市只要按照约定交付 10% 左右的低额税率，甚至免税。直到 1902 年中国与各国续修增改各国通商进出口税则时，相关税则依然没有改变。显然，上海开埠后中外关于外国金银首饰、器皿及相关材料进入上海等通商口岸的这些商约、规则，有利于外国金银首饰、器皿及相关材料在中国的倾销。

其次，外国首饰、器皿在上海乃至全国日益受到青睐，与鸦片战争后中国、尤其是沿海地区社会风尚日趋洋化有关。有报人言："道光季年，中外通商，而后凡西人之以货物运至中国者，陆离光怪，几于莫可名言，华人争先购归以供日用。初只行于通商各口岸，久之而各省内地亦皆争相爱慕，无不以改用洋货为

---

① 中英签订《附粘和约附海关出进口货物税则分类》（中文本），载于海关总署《中外旧约章大全》编纂委员会：《中外旧约章大全》上册，中国海关出版社 2004 年 6 月版，第 113、116 页。
② 中美签订《五口贸易章程附海关出进口货物税则分类》（中文本），载于《中外旧约章大全》上册，第 149 页、152 页。中法签订《五口贸易章程附海关出进口货物税则分类》（中文本），载于《中外旧约章大全》上册，第 191 页、195 页。
③ 《光绪七年改定中俄陆路通商章程》，载于《中外旧约章大全》下册，第 1059、1060 页。

奢豪。厌故喜新人情大抵如此也……"①上海人在使用外国首饰方面也开风气之先。1898 年《申报》记者发表专栏文章,指出"近年来泰西人则不重珠玉而重宝石,一时风气所趋,靡然相应"。上海"豪华子弟斗富鸣奢不惜重资争相购买"。富家眷属若以饰物之中无钻石为可耻。②光绪三十年间,"全昌"号主刘冬生见"洋镶金银器之流入中国也,而女界争购乐用者过多",于是"仿造洋镶纯金银首饰",而"喜好时尚者往购者众"。③光绪末年,"男女手指竟带金钢钻戒指",甚至以无金钢钻戒为耻。④因妇女争相购买外国首饰,导致外国首饰进口增加,利权外溢。1919 年上海某刊曾载《妇女尚首饰其害烈于鸦片》一文。作者痛斥:"吾国之妇女……即中人之家,亦常御金钢钻珍珠宝石之类,富人之家首饰动至一二十万……况金钢钻宝石皆舶来品,吾国妇女多不惜重资购之以炫耀同群而不计利权之外溢……鸦片烟者,吾人痛恨之若蛇蝎,今已逐渐肃清,而首饰之风尚有加无已,上蠹国家,下蠹社会,吾故昌言曰其害烈于鸦片也……"⑤

再次,外国首饰业在上海的发生、发展,离不开中外相关从业人员的不懈努力。从 1860 年代起,亨达利、双龙、美记等洋行以及广东人开设洋货店开始在上海销售外国首饰,到民国时期外国首饰商店林立,外国首饰业总体发展势头不错,但某些商号因经营不善等原因倒闭的情形时有发生。中外首饰业者前仆后继,克服艰难险阻,经营外国首饰。直至 1900—1920 年左右,外国首饰业终于在上海商界崭露头角。

二、上海外国首饰业从业者

近代上海的外国首饰业是上海中外人士共同经营的工商业。经营外国首饰业者以欧美人、广东人居多,少数业者来自其他国家和地区。同其他企业一样,近代上海外国首饰店的数量、地址等一直在变动。

1914 年一份资料表明,上海代表性钟表外国首饰店共 14 爿,其中只有 3

① 《申报》1892 年 1 月 18 日,第 1 版。
② 《宝石说》,载于《申报》1898 年 4 月 20 日,第 1 版。
③ 《上海著名之商场全昌号》,载于《图画日报》第 1 册,上海古籍出版社 1999 年版,第 67 页。
④ 《男女手指竟带金钢钻戒指之炫耀》,载于《图画日报》第 3 册,上海古籍出版社 1999 年版,第 535 页。
⑤ 呆:《妇女尚首饰其害烈于鸦片》,载于《广肇周报》1919 年第 29 期,第 2—3 页。全国缩微胶卷编号 J-0040,帧 0207。

刖为华人所设，其余 11 家均为外国人所设。日本人在南京路、四川路西开设的
日商金银制作所也为其中之一。1920 年字林西报社《行名录》中列出首饰店共
11 家，其中 5 刖商号经营者为华人，6 刖为外国人经营。在沪经营外国首饰业
的外籍人士，以欧美籍人士为主。据 1924 年 3 月 23 日《申报》载："本埠数十年
前，有大钟表首饰店四家：为乌利文、亨达利、有喊、双龙等。"其中乌利文为法商
创办，该行总行在巴黎，钟表制造厂设于瑞士，香港、上海、北京、天津、汉口等地
设立分行。1924 年乌利文在沪总经理为法国励相君（Mr. L. Blom）。双龙洋行
创始人为德国人伊斯默（C. Ismer）。1864 年（一说 1865 年）在上海设立亨达利
钟表首饰行的为德商。[①] 有喊洋行行主国籍不详。此外，长期在南京路 1 号经
营外国钟表首饰及洋酒的永昌洋行行主为瑞士籍。民国初年沪上著名的西比
利亚珠宝店店主为俄国人 Lipkovsky。1920 年代倍来亨首饰店的名字来自于
该店主人——西班牙商人倍来亨。1906 年前后新利洋行行主为英国人博伊
（G. M. Boyes）。博伊于 1906 年接管日英商人共同经营的古玩美术商号，并将
该商号总部从日本搬迁至上海南京路，大力发展珠宝首饰业务。[②]

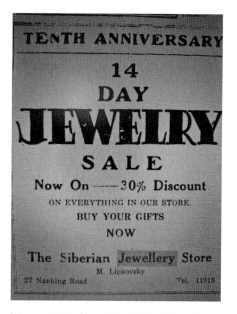

图十二　民国上海乌利文洋行广告　　图十三　1929 年上海西比利亚首饰公司广告

① 《近代史资料文库》第 8 卷，上海书店出版社 2009 年 1 月版，第 578 页。
② 夏伯铭编译：《上海 1908 年》，复旦大学出版社 2011 年 1 月版，第 288、289 页。

　　以下为根据 1918 年上海商务印书馆版《上海商业名录》整理的上海外国首饰商号表格一份：

1918 年上海外国首饰商号

序号	店名	店主或经理	店主或经理籍贯
1	永盛	林宽廷	广东
2	全昌	刘东生	苏州
3	利盛	林宽廷	广东
4	和盛	潘诚轩	广东
5	和兴隆	李作严	广东
6	明华公司	待查	待查
7	珍光公司	潘声甫	广东
8	升发公司	唐仪三	广东
9	时和	佘仲乔	广东
10	祥和	钟道生	广东
11	梁天兴	梁文谦	广东
12	新利洋行	G. M. Boyes,买办郑建勋	英国
13	诚昌电镀号	沈成仁	待查
14	德祥公记	邓志扬	广东
15	兴和	郑信夫	广东
16	兴昌	李孝问	广东
17	鸿昌	沈麟生	广东
18	联生公司	沈麟生	广东
19	联和	江祝三	广东

根据上海商务印书馆版《上海商业名录》(民国七年)第 226—227 页及 1918 年前后《申报》《上海粤侨商业联合会征信录》《广东旅沪金银首饰工业会月刊》等资料整理。(2. 全昌号店主刘东生有时被写作刘冬生;1、3. 林宽廷又被写作林宽庭;5. 和兴隆号经理《申报》1917 年 1 月改为李次岩;15. 郑信夫为 1915 年兴和首饰店老板。)

　　需要注意的是,商务印书馆此份资料重点关注华人在沪经营之外国首饰店,对外籍人士在沪经营外国首饰的洋行关注甚少。从此表可见,在沪经营外

图十四 1925 年上海新利洋行经销银器

国首饰业之华人，以广东人为主体。表中 19 爿外国首饰店中，店主已经确认为广东籍的计 14 位。即商务版商业名录中，上海外国首饰店近 80％店主为粤籍人士。

华人开设的外国首饰店不仅店主以粤籍人士居多，店内所聘工艺技师也以广东籍技师为主。如：早期外国首饰店鸿昌主要聘请广东银匠制作金银洋装首饰。1910 年兴和首饰广告：本号精制中外金银首饰，聘请广东名师巧镶钻翠珠宝……1915 年 1 月 3 日利盛金银外国首饰号在其广告中称"本号开设十有余年，精制外洋各种金银首饰、眼镜，专镶金钢钻石、珠宝、玉石等件……所聘皆吾粤高等名匠"。1918 年 5 月经营洋装首饰之联生商号广告中强调："所聘工师均属粤中有名人物。"1923 年四川路 105 号时新商号指出"特聘广东优等技师，精制洋装首饰、白金弹簧耳圈、手镯、别针、项链等品"。

在上海外国首饰行业从业的人数究竟有多少，目前缺乏有效统计数据。1920 年 6 月 28 日广东旅沪金银器工业会（又名广东旅沪金银工会）正式成立。该会主要领导分别是在沪经营永盛、利盛的总经理林宽庭、上海老牌外国首饰号宝珍经理严春生。当年该会有会员 250 人左右。1931 年 8 月 27 日《申报》刊登"上海市洋镶金银器业职业工会筹备会"启事一份。该启事指出：民国十年在上海市洋镶金银器业谋生的工友已经增至六七百人。

粤籍人士之外，在上海从事外国首饰业的还有其他省籍人士。如著名的钻石首饰行全昌店主为江苏苏州人刘冬生。

在沪经营外国首饰业的中国人，由广东人占据优势地位，不足为奇。五口通商前，广东一口对外通商，外国首饰洋镶技艺随之传入广东。开埠后，上海凭着地理优势和发达的经济文化，在首饰业方面，迅速超过了鸦片战争以前的广

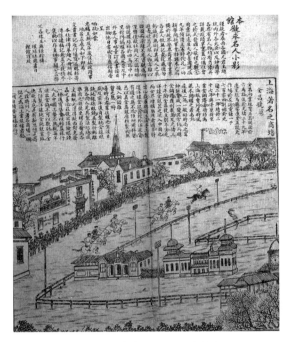

图十五　清末上海全昌号广告

州,部分广东省首饰艺人,迁移上海谋业。① 一直到解放初,"洋镶老艺人多数是广东籍"②。

　　上海外国首饰业是由中外人士共同经营的工商业。不仅外国首饰店铺老板既有外籍人士,也有中国人;同一爿外国首饰商号由中外人士共同经营管理的情况也非罕见。同其他洋行一样,永昌、新利、乌利文等外国人在上海开设的首饰商号长期雇用中国买办或其他中国雇员为他们在中国打开商品销路。1924年《申报》报道:龚侍麟、周馥泉担任乌利文洋行华人经理30余年,与上海珠宝钟表商家非常熟悉。位于南京路的法国著名首饰商利喊洋行,到1930年代时,设法国经理2名,华人职员4名,跑街1名。永昌洋行行主为瑞士人,其职员既有瑞士籍,也有华人。亨达利洋行1900年代的经理有西总理山君,中总理胡、孙两君。新利洋行1918年由英国人与中国人郑建勋共同经理。

　　一些华人开设的外国首饰店,还雇佣外国人帮忙经营,体现出外国首饰业

① 马学新、曹钧伟等主编:《上海文化源流辞典》,上海社会科学院出版社1992年7月版,第446页。
② 《镶嵌饰品概况》,上海市档案馆档,B241-1-35。

中国经营者的锐意进取、海纳百川精神。如著名的广帮银楼"长盛"号外国首饰店,1900 年代曾雇用"西经理美掰尔""华经理方省三"两位经理。① 创始于民国二年,总店位于上海的外国首饰商号"美记华珍公司"为开拓法国市场,在巴黎开设分号,并聘请法国人为该商号经理。②

  经营外国首饰业的欧美商人、较早接受西方影响的广东人等,在清末民初,共同推动上海外国首饰业的发生、发展。正因为上海外国首饰业从业者既有外籍人士,又有以粤籍人士为主的华人,清末民初的上海外国首饰业呈现中西交融、多元开放之格局。

图十六　清末上海南京路上的亨达利与乌利文

  近代在上海经营外国首饰业的洋行或洋货号当年制售首饰,湮没无闻者居多。即使有部分留存于世,大多还未被发现。而当年被这些外国首饰店作为副产品销售的部分外国(西式)银器,幸运地留存至今。近年来上海外国首饰店制售外国银器,不断从海外回流国内,被国内多家博物馆及私人收藏家收藏。上海市历史博物馆、广东省博物馆、中国港口博物馆、广东十三行博物馆、中国茶叶博物馆、长沙市博物馆等都珍藏部分上海外销银器。留存至今的新利、联和、

---

① 《申报》1908 年 8 月 28 日,第 19 版。
② 《美记华珍公司致曹慕管君函》,载于《国货月报》1924 年,第 5 期。

时新、鸿昌、时和等西式银器,揭开了近代上海外国首饰业的神秘一角。

本文关于近代上海外国首饰业的研究只是初步探索阶段,期待更多上海外国首饰店遗物能被发现,学者能将遗物携带信息与文献史料相结合,进一步深入研究,会有更多惊人发现。

(原作收录于复旦大学历史系编《变化中的明清江南社会与文化》,复旦大学出版社 2016 年 7 月版,修改于 2023 年 12 月)

第四章 近代上海广帮银楼、银器探幽

　　广帮银楼是近代上海首饰业、银楼业发展的重要组成部分,这部分历史长期被忽略。无论在 2008 年上海人民出版社的《海上银楼简史》,还是在 2012 年上海文化出版社的《老凤祥金银细工制作技艺》中,对上海广帮银楼均着墨不多,一笔带过。清华大学出版社 2015 年版《中国银楼与银器·外销》对上海广帮西式银楼史料做了一些挖掘、整理。但该著作以实物及图片为主,对近代上海广帮银楼史料的挖掘深度、广度,研究的高度,还有不少提升空间。本文在前述相关研究基础上,结合所见史料与实物,对近代上海广帮银楼、银器再做探讨,不当之处,敬请方家指正。

　　鸦片战争后部分广东洋货商移居上海。1860 年前后,广东人在上海开设的洋货号已经有一定知名度。广东旅沪商人开设的部分洋货号中销售金银首饰等。1900—1920 年,一些主营西式金银首饰、器皿的广东洋货号逐渐从普通洋货号剥离,发展为外国(西式)首饰店。广东人经营的外国首饰店(又称西式首饰店、洋装首饰店等),被视为"广帮银楼",近年被称为外销银器店。它们与部分外国洋行一起在上海经营西式首饰、金银器皿等。民国时期,广帮银楼在上海与外国同行并肩而立。在上海,广帮银楼影响力有时甚至超过外国同行。上海广帮银楼银器不仅深受上海本地中外人士青睐,被广泛使用于近代上海社会生活、中外交往、体育竞赛等场合,有时外埠居民也定购上海广帮银楼之银器。为维护上海广帮银楼同行利益,1902 年到 1941 年,旅沪广帮银楼成立名目不同的同业工会,制定同行规例、维护会员权益。

　　上海广帮银楼,伴随着开埠后上海的开放与发展。某种程度上,上海广帮银楼比本帮银楼更具有海派文化特征,对今天上海银楼首饰业、乃至工商业的发展更有借鉴价值和现实意义。

一、广帮银楼在近代上海的兴起与发展

　　上海广帮银楼其实是广东人晚清民国时期在上海开设的西式金银首饰店,又名广帮银楼、外国首饰店、粤帮银楼、洋装金银首饰号等,近年被称为外销银器店。

　　上海广帮银楼的前身多为广东人在沪开设的洋货号,又称洋广杂货铺,上海

百货业基本上是上海洋广杂货铺演变转化而来。①

1843 年上海开埠后，随着国内外贸易的发展，上海市场日趋繁盛。零售商业店铺，也从开埠前规模较小的杂货店演变为规模较大的广货店、京广杂货铺、洋广杂货铺，经营的商业品种也大为增加。其中被称为洋货店的洋广杂货铺，规模大的拥资一二万两银，小户也在二三千两银之间。② 洋货输入，不但数量与日俱增，品种也不断扩大。外国金银珠宝、钻石首饰等随同钟表等洋货进口到上海。如宣统年"西人所开最著名之洋货行亨达利，专办钟表、珠宝杂货"③。与此同时，随外贸中心北移而来的广东洋货商也越来越多。1860 年前后，广东人已经在上海开设不少洋广杂货店。1870 年代，洋广杂货在上海已取代京广货地位。上海棋盘街及四马路一带，已成为洋广货聚集地。1872 年前后上海洋广货号约百十家左右，广东人开设的全亨、悦生洋广货号，同洋人开设的亨达利一样，为洋货业翘楚。洋广货号"既有高档奢侈商品，又有一般日用商品"。④

广东人经营的洋广货号经营范围广泛，其中有些洋广货号经营西式金银首饰、器皿。如被人称为广帮银楼的长盛号、和盛号、联和号、昌享号等。它们早期基本上为洋货号，经营物品除西式金银首饰外，还有其他商品。江西路和盛为旅沪广东人在沪创办的洋货号，它"专办上等钻石、珠宝、翡翠、钟表、精制中外时新首饰、金银器皿，定价甚廉……"南京路鸿昌号，1897 年时经营：丝绸、刺绣，金银首饰，象牙雕刻红。联和号，1884 年开张时自称洋货号，1902 年联和在广告中依然以"洋货号"自称⑤。四川路 100 号昌享洋货号，也是广帮银楼之一。1912 年它的业务范围涵盖首饰、金银器皿、广货、刺绣等。

1890 年以前，在沪经营外国首饰的中外洋货号，名字中鲜少出现"外国首饰"字眼，某种程度上表明：1890 年前外国首饰业在上海尚未成气候，它们的地位不及钟表、呢绒等洋货，后者已经以独立工商专业门类出现。1890 年后，大众媒体以外国首饰店(铺)、西国首饰店、洋装首饰店等称呼一些经营外国首饰业务的洋货号。1894 年 9 月—1895 年初，三菱商号从新金山为上海汇丰银行

---

① 张庶平、张之君主编：《中华老字号》第 1 册，中国轻工业出版社 1993 年 6 月版，第 482 页。
② 上海市上海县志编纂委员会编：《上海县志》，上海人民出版社 1993 年 7 月版，第 1239 页。
③ 《上海指南》卷五，商务印书馆 1909 年版，第 7 页。
④ 张仲礼主编：《上海近代百货商业史》，上海社会科学出版社 1988 年版，第 19 页。
⑤ 《行名录》内广告，上海字林洋行 1902 年版。

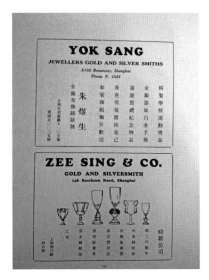

图一　民国上海广帮银楼鸿昌号等广告　　图二　民国上海广帮银楼朱煜生号、
时新号广告

运送银条被盗，和盛号涉案。《申报》报道此案件时，多次以外国首饰店、西国首饰店等称呼和盛号。清末民初以经营外国金银首饰、器皿闻名的广帮银楼鸿昌号，1897年在《申报》中被称为西国首饰店。1890年代外国首饰商号得到上海最具传播力、影响力的大众媒介——《申报》的认可，应视为外国首饰业在上海工商界地位之转折点。1902年广帮银楼在沪同业组织"崇本堂"出现，说明在上海主营外国金银首饰的广帮银楼数量和规模已经不容小觑。

1900—1920年代，外国首饰业务在上海稳步增长，并逐渐从一般洋货业中剥离，发展为独立工商业门类。这一时期，上文所述经营外国首饰业务的广帮银楼大都继续营业；新的广帮银楼又不断出现。德祥、时和、时新、利生、联生、升发、和升、珍光、朱煜生等广帮银楼基本出现于这一时段。这些商号业务范围广泛，除经营各材质首饰外，兼制金银器皿，甚至制、销钟表、眼镜，因此店名中除外国首饰、洋装首饰字眼外，有时还被称为眼镜店、银器店等。

值得一提的是，无论是在中国人编辑出版的商业名录中，还是在外国人出版的商业图书中，当年的广帮银楼都被视为外国首饰店，同经营外国首饰业务的洋行一道被列入"外国首饰"商业类。在上海中文版商业图书中，最晚在1910年代开始有外国首饰这一商业类别。在英文出版物中，广帮银楼同经营

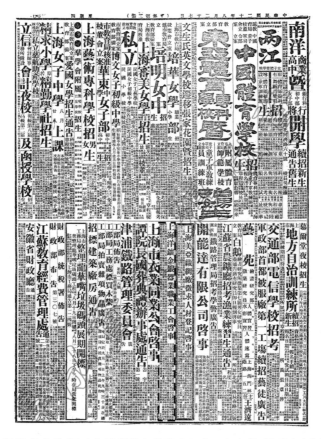

图三　1931 年 8 月 27 日上海洋镶金银器业职业工会启事,提到清末"崇本堂"

外国首饰业务的洋行一道被列入称为"jewellery"商业类别中。如 1928 年,时和号、德祥号、福康号,中国首饰公司及先施、永安、新新等同双龙、新利等洋行一道被《行名录》列于"jewellery"条目之下。[①] 当年的先施公司、永安公司都设有银器或首饰部,销售广帮或外国银器。在近代上海中外人士视角、视野中,广帮银楼与外国同行,地位不相上下。

广帮银楼"顾客以外人居多,沪上巨室姬妾趋之若鹜"。在一些中国人心目中,广帮银楼地位高于外国同行,有"沪上西式金银首饰店均为粤人所设"之论。[②] 广帮银楼是经营"外国首饰"业务的主力,但并非全部。

---

① 《行名录》,上海字林洋行 1928 年版,第 292 页。
② 《西式金银首饰店》,载于陈伯熙编著:《上海轶事大观》,上海书店出版社 2000 年 6 月版,176 页。

1918 年上海商务印书馆内的外国首饰商号名录中,19 家外国首饰店中,店主已经确认为广东籍的计 14 位。广帮银楼在上海外国首饰行业的商业地位由此可见一斑。同年这份商业名录中,近 20％外国首饰店为江苏人或外籍人士开设。

广帮银楼不仅店主或经理以粤籍人士居多,店内所聘工艺技师也以广东籍技师为主。如:鸿昌号主要聘请广东银匠制作金银洋装首饰。1915 年 1 月 3 日利盛金银外国首饰号在其广告中称"本号开设十有余年,精制外洋各种金银首饰、眼镜,专镶金钢钻石、珠宝、玉石等件……所聘皆吾粤高等名匠"。① 1918 年 5 月经营洋装首饰之联生商号广告中强调:"所聘工师,均属粤中有名人物。" 1923 年四川路 105 号时新号"特聘广东优等技师,精制洋装首饰、白金弹簧耳圈、手镯、别针、项链等品"。②

广东人在上海西式首饰业中占据优势地位,不足为奇。五口通商前,广东一口对外通商,外国首饰洋镶技艺随之传入广东。上海开埠后,凭着地理优势和经济文化的发达,在首饰业方面,迅速超过了鸦片战争以前的广州,部分广东省首饰艺人迁移上海谋业。③ 1930 年代,上海的外国首饰店依旧是广东人主导的商业门类。1931 年商务印书馆出版的《上海指南》中,外国首饰店 18 爿,其中 13 爿为广东人所有,占总数的 70％以上。1930 年代,广帮银楼广告频频在上海主要英文媒体中出现。1934 年 1 月的一份外文广告中,将百老汇路 67 号德祥号称为"银器之家"。④ 1936 年 12 月初,《大陆报》(The China Press)曾刊载四川路 464 号时新号(Zee Sung & Co.)广告。1939 年《行名录》(英文版)刊载上海河南路 353 号时和金银首饰号广告。直到 1950 年代,上海金银首饰行业仍旧有"洋镶老艺人多数是广东籍"的说法。⑤ 解放后一些广帮银楼依然存在,不过,大多被归入珠玉业商业门类。如南京东路 80 号福康、南京东路 125 号中华、山西南路元彰、淮海中路鸿昌等。值得一提的是,直到 1956 年,这几爿

① 《申报》1915 年 1 月 3 日。

② 《时新公司之新货品》,载于《申报》1923 年 7 月 16 日,第 5 张。

③ 马学新、曹钧伟等主编:《上海文化源流辞典》,上海社会科学院出版社 1992 年 7 月版,第 446 页。

④ Display Ad, In: *The North-China Herald and Supreme Court & Consular Gazette* (1870–1941); Jan 24, 1934.

⑤ 《镶嵌饰品概况》,上海市档案馆档,B241-1-35。

广帮银楼商品销售依然为"出口"。^①

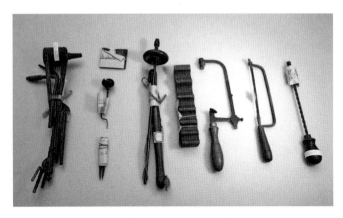

图四　近代上海元彰号银器用具

上海市历史博物馆藏

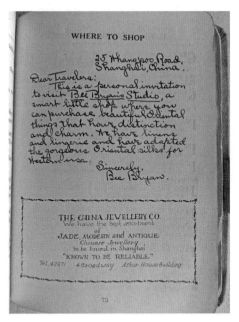

图五　1929 年时和金银首饰号广告　　　图六　1930 年代中华首饰公司广告

---

① 上海市档案馆档：C48-2-1707。中华首饰公司 1939 年时位于南京路 125 号，见《申报》1939 年 5 月
18 日中华首饰公司紧要启事。

二、近代上海生活中的广帮银器

1850 年代中后期,上海取代广州成为中国外贸中心。1930 年代,上海发展为中国多功能经济中心、世界著名港口城市。1930 年上海人口已经突破 300 万,达 314.5 万人。[①] 中西合璧、制作精美、价格实惠的广帮银器深受众多上海中外人士的青睐。广帮银器既是上海社会中、上层重要社交礼物和生活用品,又是中外友情的重要载体。在体育赛事频繁的上海滩,广帮银器常被作为体育奖品颁发,见证了近代上海体育文化的发展。

广帮银器在近代上海,常被中上层人士用作实用器皿使用。留存至今的广帮银器主要有餐具、茶具、酒具、咖啡用具、梳妆用品和摆件等。陈志高先生著《中国银楼与银器》一书中曾收录广帮银楼琏璋号龙纹茶具,上海联兴号圆托盘、茶具四件套等。[②] 上海市历史博物馆收藏有时新号银茶壶、奶壶,时和号黄油碟等日用器皿,联和款银质整装四件套等。长沙博物馆现藏上海联和号之菖蒲纹茶具,朱煜生款梅花纹茶具[③]。

图七 A、B 民国上海时新款银壶
上海市历史博物馆藏

---

① 忻平著:《从上海发现历史——现代化进程中的上海人及其社会生活》,上海大学出版社 2009 年版,第 29 页。

② 陈志高著:《中国银楼与银器·外销》,清华大学出版社 2015 年 5 月版,第 91 页,第 96—97 页。

③ 王立华编:《白银时代——中国外销银器特展》,湖南美术出版社 2017 年 2 月版,第 86、100 页。

　　不少银器也许只是摆设、陈列用。1908 上海一份英文社交杂志在介绍上海中国银器时指出,时下最流行是:微型黄包车、独轮车、轿子、水管、舢板、平底帆船……①早在 1900 年代,联和号出品银质摆件就出现在上海外文期刊中。一些作为摆设、陈列用的近代上海广帮银器一直保存至今。如长沙博物馆现藏上海时新首饰公司人物故事纹纪念碗,上海和盛号镂空花瓣口沿龙纹银碗,上海历史博物馆藏和盛号银珐琅梅瓶。陈志高著作《中国银楼与银器·外销》中有朱煜生银制花插。摆设、陈列用银器,通常会有红木或黄花梨木底座或支架。

图八　民国时新款银碗
现藏长沙博物馆

　　广帮银器,在近代上海社会中的另一重要用途是被当作中外人士社交馈赠礼品使用。民国时期上海联生洋装金银首饰公司一份广告中称:“银器礼品,花样时时翻新,无论达官贵商庆诞或西国冬至令节本公司一切花瓶、花插、茶壶、茶杯、藏小照架子、大餐器具均为最美……”圣诞节,是西方人重大节日,被中国人称为西节冬至。上海广帮银器店常会在圣诞期间,隆重推出各种银质礼品,供人们选购。1923 年 12 月 21 日《申报》载联和号广告:“南京路联和洋装银器号,专造各种新式银器,销售外国人,今当西节冬至期,特将精工监制各件,陈列

① To Friends across the Sea, In: *Social Shanghai, A Magazine for Men and Women*, Vol. V, January-June, 1908, Shanghai: Printed at the Office of the North-China Daily News &Herald Limited for the Proprietor, Mina Shorrock, 1908.

橱窗，以便剔选馈赠；其中以仿古花樽、新式茶具，尤为夺目，西人餐具、儿童玩具亦多，并将砌成坚城一座，上架银制快炮二门，俨然有商战独立之精神云。"

广帮银楼银器，也是近代上海人婚礼优选。上海历史博物馆藏 1900 年联和号银制龙纹盘一件。从银盘中央铭文看，此盘为上海外侨赠送 Thomas & Lucy 夫妇银婚礼物。广帮银器不仅被外侨选作结婚礼物赠送，中国中上层名流也喜欢用广帮银器作为结婚礼物。如 1915 年孙中山、宋庆龄结婚时，孔祥熙赠送他们的礼物中有一只银碗，该银碗为上海广帮银楼时和号出品。1927 年 12 月蒋介石与宋美龄结婚时，山西王阎锡山赠送他们的结婚礼物也是上海某广帮银楼出品的一只银盾，宋美龄珍藏终身。[1] 1940 年代末作为结婚礼物的永安百货公司银质梳妆用具一套尚在民间，笔者有幸目睹。

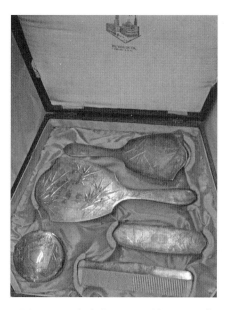

图九 1947 年永安公司银质梳妆具一套
私人收藏

除作婚礼纪念，广帮银器还常被中外人士作为临别留念或重大活动纪念品赠送。1907 年，上海名流沈仲礼向广帮鸿昌银楼定制银牌，欲赠予积极参加禁烟活动的英侨。上海闵行区博物馆藏 1924 年 11 月上海总商会、上海县商会赠

① 银盾现存美国宋氏家族手中，2016 年 4 月 28 日上海朵云轩开幕"她们·风华绝代——宋氏三姐妹特展"展出。

法国总领事韦德礼临别纪念物"公正和平"银爵杯，为广帮银楼琏璋号商品。[①] 1926 年江南造船所员工赠英国工程师毛恩之银碗边沿有广帮银楼朱煜生英文款。1927 年上海浦东大英烟公司工程部赠英国人格鲁夫妇的银器礼物为德祥号出品。1936 年 3 月上海最著名的西洋乐器商号——谋得利行总经理 W. S. Watson 离开上海时，他得到该行中外员工赠送的礼物为朱煜生款银盘。1930 年代上海、汉口日本东棉洋行职工送日本人裴已先生的银爵杯为元彰号商品。1940 年 3 月美国驻华领事馆华人赠美国总领事高斯的一款银器礼物有时和底款。

图十 A、B　1926 年江南造船所员工赠英国工程师银碗及朱煜生号边款

不但在沪华人喜欢广帮银器，旅沪外籍人士或机关团体也对广帮银器青睐有加。1894 年 11 月 2 日，慈禧太后 60 岁生日，女基督教徒(应该是外籍)选择南京路联和号银篮装《新约全书》作为太后生日礼物。[②] 长沙博物馆现存堆焊葡萄藤果盘一件，从器物底座铭文看，该盘为 1894 年 12 月上海万国商团德国队长官在上海时所得，银器为上海联和号出品。1895 年 11 月 8 日，万国商团救火队举行比赛活动，上海外国火险公司代理商捐赠银盾作为挑战赛奖品。银盾上面刻录众多外国火险代理商名字及获奖团队名字等。该银盾即为鸿昌出品。[③] 1907

① 王旭艳，龚丹：《银器中的上海记忆——以闵行区博物馆馆藏银爵为例》，载于《文物鉴定与鉴赏》2018 年 2 月 1 日，第 64—67 页。

② Readings for the Week, In: *The North-China Herald and Supreme Court & Consular Gazette (1870 - 1941)*; Nov 2, 1894.

③ The Shanghai Volunteer Fire Brigade, Presentation of the Challenge Shield, In: *The North-China Herald and Supreme Court & Consular Gazette (1870 - 1941)*; Nov 8, 1895.

年上海德国邮政局某活动纪念物银制果篮，底有 luenwo 款，即联和英文。1904
年 1 月，开平矿务有限公司外籍管理者文尼（T. R. Wynne）先生离任时，该行外
籍职员特地向上海鸿昌号定制银福船模型赠送文尼。[①] 1915 年上海华洋德律
风洋行外籍职员赠送该公司高管银茶具一套，也是上海广帮银楼银器。1920
年维林洋行经理离开上海时，上海瑞士侨民团体向他赠送的银盘为联和号商
品。租界政府部门工作人员，定购广帮银器自用的文字记载与实物不绝如缕。
近年来，工部局、万国商团等向广帮时和号、时新号定制的银器实物不断回流。
上海历史博物馆藏近代上海工部局银盒有时和款；1937 年上海工部局赠 A.
Tajima, esq. 银盒外包装盒上有上海郎生首饰公司字样。1931 年江海关全体
职员敬赠梅维亮税务司的梅兰竹菊鎏金大银碗，碗底圈外部錾刻上海永安公司
英文名字。

图十一 A、B 1931 年上海江海关全体敬赠银碗及永安公司边款
上海市历史博物馆藏

　　上海是西方近代体育文化传入中国的主要扩散地。[②] 广帮银楼的银器，是
上海体育文化的重要载体。随着近代体育运动在上海的输入与传播，西方人在
体育竞赛后颁发银质奖品的做法也在上海华人圈逐渐流行起来。早期上海赛
马、猎纸等体育比赛奖品主要从国外定制。约 1900 年前后，上海广帮银器开始
进入近代上海体育世界。如外侨喜欢的猎纸比赛。上海历史博物馆藏 1897—
1901 年间上海猎纸比赛银杯近 10 件，每件均刻有联和款。1897 年上海高尔夫

---

① The Departure of Mr. T. R. WYNNE, In: *The North-China Herald and Supreme Court &*
　Consular Gazette (1870 - 1941); Jan 22, 1904.
② 参考郎净著：《近代体育在上海》，上海社会科学院出版社 2006 年 5 月版，导言部分。

图十二　1915 年华洋德律风洋行外籍职员赠送高管银茶具
上海市历史博物馆藏

俱乐部赠汉口高尔夫俱乐部银壶一座,为上海联和号制销。[1] 1899—1901 年万国商团德国队射击比赛的几只奖杯有上海联和号、鸿昌号款。1905 年上海保龄球总会比赛安德森杯银质奖品为鸿昌号出品。1917 年法国球场总会网球比赛奖品为和盛号出品。1926 年中国公开赛(中学生乒乓球赛)单打亚军奖杯刻上海永安款。1934—1935 年上海游泳同乐会组织的埠际游泳比赛奖杯有的为时新号出品。中国华人传统体育比赛项目也会以广帮银楼定制银器作为奖品。上海收藏家协会会员彭先生藏 1937 年上海青年会象棋比赛委员会题识"锦亭杯"奖杯,为广帮银楼时新号出品。

　　上海广帮银器不仅受居住在上海的中外人士好评,就连外埠侨民、游客有时也选择上海广帮银器。1891 年 4 月,汉口俄国侨民就曾向上海南京路联和号银楼定制过一个银托盘,赠送俄罗斯某亲王。[2] 1897 年汉口高尔夫球俱乐部,香港—上海某场体育比赛的银质奖品都来自上海鸿昌号。1910 年英国驻防长江的海军曾向上海高尔夫总会赠送一只银盒,盒子部分由联和号提供。1921 年汉口赛马会的银奖杯为上海百老汇路德祥号出品。[3]

---

[1] 邢文军、克里斯托佛迈斯特:《中国高尔夫年谱》,载于 *GOLF MAGAZINE*, APRIL, 2023。

[2] Summary of News, In: *The North-China Herald and Supreme Court & Consular Gazette (1870 - 1941)*; Apr 17, 1891.

[3] 上海中国贸易促进会编撰:《远东购物与娱乐指南》,上海贸达公司 1923 年发行,第 52 页。

图十三 清末民初上海万国商团某项 图十四 1937年青年会象棋比赛时新款银杯
比赛银盾
鸿昌号出品 彭学伟藏

　　广帮银楼在近代上海乃至外埠深受青睐,产销两旺,影响深远,主要原因在于:近代上海或汉口等城市经济发达,为广帮银器提供了坚实的消费基础。银器毕竟是贵金属,银器礼品的消费对象需要有一定经济实力。无论文字记载,还是实物信息,都显示银器主要被洋行职员、政府官员、社会名流等经济基础较好的个人或团体作为礼物赠送。如1915年宋庆龄结婚银碗的赠送者孔祥熙,1927年蒋介石宋美龄结婚银盾赠送者阎锡山,都非等闲之辈。1931年赠送税务司梅维亮的永安公司款银碗的江海关全体职员和1932年向京沪杭甬铁路局局长赠送银塔(时价1300元左右)的该局赡养储蓄金会同人,都是收入相对比较高的社会团体。银质体育奖品频频出现,同样离不开近代上海经济条件。近代上海很多的体育项目参与者本身就是经济条件不错的外侨,体育比赛奖品多为上海著名企业或者名流捐赠。如著名竞走运动员周余愚1930年代参加万国竞争比赛奖品一套精致的银茶具,为盛宣怀四子盛恩颐特赠。其次,辛亥革命前后,沿海一带崇尚西俗,上海作为鸦片战争后首批对外开放城市,近代中外交流、交往的重要舞台,受西方影响程度之深、范围之广,远超外地。以西式风格著称的广帮银器,与上海社会慕西需求相契合。再次,物美价廉是吸引顾客购买广帮银器的一个重要原因。与洋行进口或外国市场银器比较,广帮银器价格低廉,工艺精湛,这点许多外文报刊、杂志在为广帮银楼做广告时都不曾避讳。如1925年英文版《大陆报》向外国游客介绍德祥号银器时,直接指出:德祥号可以复制你心仪已久的任何款式银器,价格比国内镀银价格还要便宜。① 最后一点,广帮银楼店开放、包容、创新的营销策略,对广帮银器的崛起和发展,起了重要作用。广帮银楼无论是商品设计、制作还是销售等,都中外兼顾,机动灵活。时和首饰号、华珍公司等多家广帮银楼老板曾赴欧美学习考察西方技艺,②除引进先进设备以制洋装首饰器皿外,还在《申报》《字林西报》等面向大众的中外书刊杂志做商业广告。广帮银楼还常常在大型体育比赛特刊中做广告。

图十五　上海先施公司银质运动奖品广告

　　广帮银楼在塑造公众形象、资助体育活动、慈善事业等方面,走在时代前列。清末上海慈善组织"沪北栖流公所"在报刊的致谢名单中,联和、长盛、鸿昌、鸿发等著名广帮银楼常常榜上有名。近代上海体育竞赛项目奖品捐赠名单

---

① Display Ad 11, *The China Press (1925－1938)*; Mar 29,1925.
② 参考《双双十节开幕广告》,载于《申报》1921年10月5日。

中,广帮银楼身影时时可见。如 1902、1907 年,上海租界万国商团年度射击赛奖银杯中,就有部分为联和号、德祥号提供。清末以来,广帮银楼通过资助慈善、体育等活动,赢得"广帮乐善"的美名,广帮银楼长期以来塑造的良好公众形象无形中为广帮银器增添了魅力。

三、上海广帮银楼同业组织

鸦片战争后,广东不少旧行商、通事及其他商人,紧随外商来到新开的通商口岸。粤商还到上海开设广货店,经营广货及从广州进口的洋货。① 咸丰年间开始至民国早期,广州银器行会的洋装行——立本堂的一些成员来到上海,开设"洋装金银首饰号",从事他们一直熟悉擅长的西式金银首饰、西式银器生意。清末民初,广东人在上海开设的西式银楼已经形成一定规模。

但粤帮银楼在上海自成一体,不入当地的行业组织。如上海银楼业大同行、新同行、小同行等。那么,广帮银楼在上海有行业组织么?它的行业组织是哪些?对广帮银楼发展作用如何?这点以往论著鲜有论及。

从笔者目前掌握史料看,近代上海历史上,广帮银楼同业组织 1902 年后一直存在,但名称多变。清光绪壬寅年(1902 年),广帮银楼同业组织出现,名"崇本堂",全称"上海粤侨洋庄旅沪金银首饰工业崇本堂"。成立之初,技工只有七、八十人。关于这一组织,目前所见史料不多。

1919 年 6 月 25 日《申报》曾载"上海粤侨旅沪洋庄金银首饰工业崇本堂"广告。在这份广告中,该堂声称"原以振兴国货、抵制劣货为职志",并要求堂内同仁坚持志向,请顾客"时加策励"。广告发布时,正值五四运动如火如荼进行时。广帮银楼同业会的政治敏感度由此可见一斑。日后广帮银楼将政治形势与其会内商业活动相联系的做法,初露端倪。

1919 年 10 月前后,"广东旅沪金银业首饰工业会"成立。② 工业会地点暂借上海虹口区崇明路某号。该会成立后首先筹划事务所建筑与办学事。最先见效的是"广东旅沪金银首饰工业会"附属夜校。1919 年 12 月"广东首饰工业

---

① 张晓辉著;岭南文库编辑委员会,广东中华民族文化促进会合编:《近代粤商与社会经济》,广东人民出版社 2015 年 8 月版,第 461 页。
② 《广东首饰工业会夜校开学》,载于《申报》1919 年 12 月 4 日。

图十六　1919年6月25日上海粤侨洋庄金银首饰工业崇本堂广告

会夜校"开学，并邀请赖文郁为义务教员，于每晚八点至十点义务教学，不收学费，报名来学者络绎不绝。

1920年"广东金银器工业会"（有时又称广东金银工业会）名字出现。1920年2月1日上海市公共体育场国民大会到会团体名单中有广东金银工业会。同年6月《申报》曾载《广东金银工业会宴会记》："前日广东金银器工业会，假座虹口粤商大酒楼自由厅开全体叙餐会。到者如先施公司金银首饰部部长梁宪屏，永安公司金银首饰部部长吴钊，并会员二百五十余人。六句钟由严春生摇铃开会，宣布开会理由，并举正会长林宽庭为会议临时主席，报告本会经过情形与将来建筑会所进行事宜；次关赞廷演说，略谓今日劳动解放，呼声日高，吾辈工人，当固结团体，凡事只求自己去做，不可有依赖心，自弃心，庶不失为劳工神圣等语。次副会长莫幹生，总干事任雷军，副议长严伟南、蒙会文也相继演说。

图十七　1919 年 12 月 4 日《申报》载广东首饰工业会夜校开学报道

毕，叙餐。粤商酒楼主人并助以广东音乐，以娱来宾，散席时已逾十一句钟也。"①

　　民国十年（1921 年）四月八日《申报》再次报道《广东金银器工业会叙餐》："崇明路 38 号广东金银器工业会，自前岁成立以来，如捐资购地建筑会所、开办工人义务夜学、发行月刊诸事，积极进行，兹集得巨款，购下虹江路广舞台对过房屋两幢，以为会所。拟于下月翻造西式洋房，今晚假座虹口粤商酒楼，开职员叙餐会，会商一切。"1921 年 6 月下旬，广东金银器工业会再次聚餐催交认捐会所认捐之款。②

　　从民国八到十年的《申报》报道看，"广东旅沪金银器工业会"的成立时间应该是在 1919 年底（1931 年 8 月公告误记为民国十年）。但同业会的名称并未

① 《广东金银工业会宴会记》，载于《申报》1920 年 6 月 30 日，第 11 版。
② 《民国日报》1921 年 6 月 21 日。

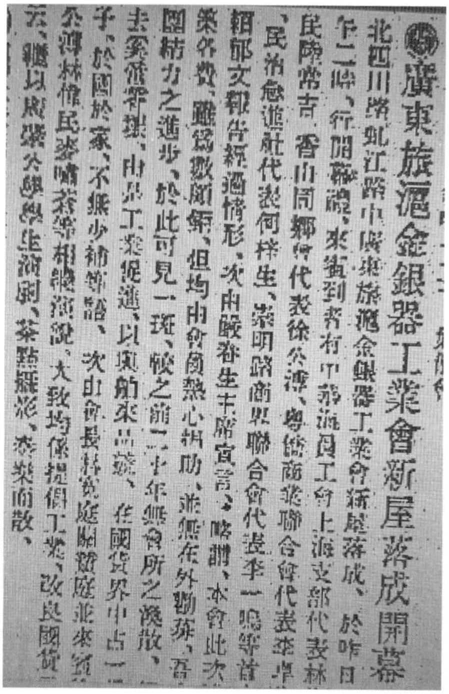

图十八　1922 年广东旅沪金银器工业会所落成报道

完全定型，媒体先后用"广东旅沪金银业首饰工会"、"广东旅沪金银首饰工业会"、"广东旅沪金银器工业会"、"崇本堂广东金银器工业会"等；名称大同小异，实质相同：广东旅沪金银首饰器皿业者的同业工会。成立之初，该会共有会员 250 余人。"广东旅沪金银器工业会"的成立得到广帮银楼及先施、永安公司金银首饰部的大力支持。先施公司金银首饰部部长梁宪屏，永安公司金银首饰部部长吴钊为该会会员。1920 年"广东旅沪金银器工业会"的正会长为林宽庭（上海永盛、利盛外国首饰号经理）。美记华珍公司经理关赞庭、宝珍经理严春生为该会核心人物。1922 年 6 月"广东旅沪金银器工业会"在北四川路虬江路的新屋落成，并举行落成典礼。会所建筑费用全部由该会会员捐助。"广东旅沪金银器工业会"开始有了固定活动会所。1928 年 3 月，因经济窘迫，"广东旅沪金银器工业会"曾将虬江路会所租借给闸北三段救火会，该会会所曾搬迁到邢家桥路祥余里。①

　　"广东旅沪金银器工业会"1919 年成立，大约持续到 1930 年。"广东旅沪金银器工业会"主要为会员办刊物、办学校，集资修建会所。与此同时，"广东旅沪金银器工业会"积极开展对外交往。1926 年 11 月 17 日《申报》报道上海金银工会代表大会决议案时，提到：决定本星期内"应切实联合广帮金银器皿工会"之语。此处"广帮金银器皿工会"应是"广东金银器工业会"。"广东旅沪金银器工业会"与"上海金银工会"虽无隶属关系，但必要时会互通声气。此外，"广东旅沪金银器工业会"与"中华海员工会上海支会"、香山旅沪同乡会、上海

───────────

① 《崇本堂广东旅沪金银器工业会启事》，载于《申报》1928 年 4 月 14 日。

粤侨商业联合会、上海崇明路商界联合会等都有密切联系。"广东旅沪金银器工业会"广泛的社会联系,为广帮银楼的发展营造了良好的营商环境。

"广东旅沪金银器工业会"尚未来得及向政府登记备案,国民政府就要求各工会重新备案登记。1929 年 1 月上海大同行南北市几十家银楼洋镶工友脱离上海金银工会,组织"洋镶工会",会友多为广东人。1930 年前后,"广东旅沪金银器工业会"与"洋镶工会"合流,筹备"洋镶金银器业职业工会",并向南京国民政府社会局登记备案。1931 年 8 月 31 日筹备工作完成,"上海市洋镶金银器业职业工会"在北四川路横浜桥中央大礼堂举行成立典礼,并选举第一届工会职员。据《申报》报道,到会会员 300 多人,姚泽广、钟庆云、李景南、柯竹贤、关赞庭当选为理事,张树勋、蔡炎斌为候补理事……

上海市洋镶金银器业职业工会实为"广东旅沪金银器工业会"的继承者。这点不仅有 1931 年 8 月 27 日"上海市洋镶金银器业职业工会启事"可证,1932 年 3 月"上海市洋镶金银器业职业工会"遗失存折图章声明也可佐证。以"上海市洋镶金银器业职业工会"名义发布的这份声明表明,"上海市洋镶金银器业工会"的图章为该会永安银业储蓄部提款用章。"广东金银器工业会"图章则为该会上海商业储蓄银行存折用章。[1] 与前者比较,"上海市洋镶金银器业职业工会"的会员人数略有增加。

"上海市洋镶金银器业职业工会"主要"办理同业公益,维持营业行规"。该会所做努力得到业内外人士认可。1933 年 9 月 6 日"上海市洋镶金银器业职业工会"在上海中山同乡会召开改选大会时,称本市"洋镶金银器业职业工会"成绩斐然。这次同业会员代表大会,到会会员二百余人。姚泽广主席报告会务经过及财政收支后,与会人士讨论执监委员,旋即选举。这次选举结果为:主席委员董天籁,委员曾炳坤、李义生、霍舜生、谭煜文,监察委员李浩仪、冯汉生、方文迪等。

直到 1941 年 10 月底,"上海市洋镶金银器业职业工会"还在代表本工会会员向各界争取利益。1941 年"上海市洋镶金银器业职业工会"曾委托该会法律顾问陈心田就该会互助会为增加会员工资事,在《申报》发布启事一则。1943 年上海市洋镶金银器业职业工会位于广西路 32 号二楼。[2]

---

[1]《遗失存折图章声明》,载于《申报》上海版,1932 年 3 月 30 日。
[2]《申报》1943 年 12 月 13 日。

图十九　1920年广东旅沪
金银首饰工业会
月刊封面

广帮银楼旅沪同业组织对广帮银楼在上海发展中的作用之巨，影响之深，尚待深入研究。

新中国成立后，老凤祥银楼收归国有，更名为国营上海金银饰品店，隶属于中国人民银行华东区分行金融管理处，是由部分本帮派和广帮派洋镶师傅及银行系统招收的新进人员组成。[1]

四、小结

近代上海与广州，无论是社会方面还是经济方面，都有密切联系。旅沪广帮银楼和广帮银器，为我们深入研究近代上海与广州两个城市之间的关系，提供了一个特殊视角。此文对广帮银楼在上海生发，广帮银器在上海的生产、流通及广帮银楼同业组织做了初步探析。抛砖引玉，希望有更多学者对旅沪广帮银楼、银器进行更深入的研究与探讨，共同丰富近代城市史研究内容，为今天上海发展提供历史智慧。

---

[1] 常奇编著：《品珠赏玉　宝石鉴赏与收藏指南》，上海科学技术出版社2014年1月版，第214页。

第五章 浅谈近代上海体育文化

——以银质奖品为中心的考察

近代上海体育文化是近代上海历史文化的有机组成部分。体育比赛所发奖品是近代体育文化的重要载体。在近代上海体育奖品中，银质奖品遗存不少，携带丰富历史文化信息。各类银质体育奖品为深入研究近代上海体育文化提供了珍贵实物例证。近代上海体育运动的发生、发展，与上海整个社会发展密切相关。以银质奖品为中心的考察，从物质层面对近代上海体育历史文化进行一些梳理与探究，有助于丰富近代上海历史研究。

一、从 1935 年全国运动会银质奖品看近代上海体育文化生发基础

1935 年全国运动会闭幕式照片留存至今。照片中央，以锦旗为中心，周围摆放了 30 多只造型各异的奖品。据 1935 年《申报》报道，本届全运会，各界捐赠现金约八千元，另大会预算中亦拨八千元，制赠奖品共计四百余件。奖品中除旗子、纪念册外，基本为银质器皿，上海军、政、商、学各界捐赠银器不少。时至今日，照片中的银质奖品大多不存。

图一　1935 年全运会闭幕式上的奖品

第六届全运会是 1935 年 10 月 10 日至 20 日在上海市运动场(今江湾体育

场)举办的一次规模空前的运动会：参加单位 38 个，运动员 2286 名(其中华侨
168 名)。开幕式上，上海 3000 名小学生集体表演了太极拳。现据报道，将本
届运动会集体运动获奖清单粗列如下：

奖项名称	得奖者	所得奖品	捐赠者
总锦标部男子总锦标第一	上海	大银杯	大会
		大银鼎	国府
		银盅	交通部
		大银杯	汪院长
		银鼎	吴市长(上海政府官员)
		大奖旗	戴院长
		奖旗	王部长
		银杯	苏省府
		银鹰球	潘局长(上海政府官员)
		纪念册	青白报
		横幅	潘执中
		银鼎	商务(上海企业)
		银杯	大陆银行(上海企业)
		银杯	豫省府
总锦标部男子总锦标第二	广东	大银杯	中执会
总锦标部男子总锦标第三	香港	大银杯	国府
		大银杯	陕省府
		银杯	商务(上海企业)
		银杯	大陆(上海企业)
总锦标部男子总锦标第四	马来亚	银鼎	商务(上海企业)
		银鼎	中政会秘书处
		银杯	豫省府
总锦标部女子总锦标第一	上海	大银杯	大会
		奖旗	王部长
		奖旗	春合体育社

(续表)

奖项名称	得奖者	所得奖品	捐赠者
总锦标部女子总锦标第一	上海	纪念册画	青白报
		大银盅	交通部
		银杯	军委会
		银鹰球	潘局长（上海政府官员）
		大银杯	中华书局（上海企业）
		大银盾	杜镛（上海名人）
		大银鼎	吴市长（上海政府官员）
		大银鼎	商务（上海企业）
		大银鼎	新新（上海企业）
		大银鼎	国府
总锦标部女子总锦标第二	广东	大银杯	中执会
		大银鼎	中英庚款会
		中银鼎	商务（上海企业）
总锦标部女子总锦标第三（甲）	山东	大银杯	司法院
		大银杯	铁道部
		银杯	商务（上海企业）
总锦标部女子总锦标第三（乙）	山西	银鼎	中政会秘书处
		大银鼎	豫省府
		小银鼎	商务（上海企业）
田径全能男子田赛第一	上海	银杯	大会
		银杯	实业部
		奖旗	王部长、胡国寿、正中书局、春合社
		银杯	京五报
		银鹰球	皖省府
		银盾	世界书局（上海企业）
田径全能男子田赛第二	辽宁	银杯	粤旅沪同乡会（上海社团）
		奖旗	闽教育厅长

(续表)

奖项名称	得奖者	所得奖品	捐赠者
田径全能男子田赛第二	辽宁	银盾	全国经委会
田径全能男子田赛第三	北平	银杯	苏省府
田径全能男子田赛第四	南京	银杯	江苏银行
田径全能男子径赛第一	上海	银杯	大会
		银杯	外交部
		银杯	皖省府
		银杯	中华(上海企业)
		银杯	世界(上海企业)
		银杯	京五报
		奖旗	王部长、正中书局、青华会
田径全能男子径赛第二	马来亚	银球	苏省府
		银盾	晋省党部
		奖旗	王延松(上海名人)
田径全能男子径赛第三	山西	银杯	甘肃省政府
田径全能男子径赛第四	辽宁	银杯	桂教育会
田径全能男子全能第一	辽宁	银杯	大会
		银杯	张学良
		奖状	戴传贤
		奖旗	王部长
		银鼎	世界书局(上海企业)
田径全能男子全能第二	上海	银鼎	商震
		奖旗	王用宾
		银器	赵戴文
田径全能男子全能第三	广东	银杯	青岛市府
田径全能男子全能第四	北平	银杯	浙省党部
田径全能女子田径第一	上海	银杯	大会
		银鼎	世界书局(上海企业)
		银杯	京五报

（续表）

奖项名称	得奖者	所得奖品	捐赠者
田径全能女子田径第一	上海	银杯	张嘉璈（上海名人）
		奖旗	王部长
		奖旗	正中书局南京
		奖旗	春合社（天津）
		银鼎	世界书局
田径全能女子田径第二	马来亚	银盾	黔党务特派员
		银杯	桂省府
		奖旗	豫党务特派员
田径全能女子田径第三	广东	银杯	上海市党部（上海党部）
田径全能女子田径第四	福建	银杯	黄河水利会
男女游泳男子游泳第一	广东	银杯	大会
		银杯	白崇禧
		银杯	世界书局（上海企业）
		奖旗各一	王部长、青年会、春合社
		纪念册画	青白报
		银盾	先施（上海企业）
男女游泳男子游泳第二	香港	银杯	鄂省府
		银盾	驻鄂绥靖主任
		奖旗	导淮会
男女游泳男子游泳第三	马来亚	银杯	鲁省府
男女游泳男子游泳第四	应上海（被误为广西，市保安处银杯已领）	银杯	第一集团军总司令部
男女游泳女子游泳第一	广东	银杯	大会
		银杯	陈行
		银杯	中华（上海企业）
		银杯	世界（上海企业）
		奖旗	王部长

（续表）

奖项名称	得奖者	所得奖品	捐赠者
男女游泳女子游泳第一	广东	奖旗	晨报馆
		奖旗	春合社
		纪念册画	青白报
男女游泳女子游泳第二	香港	银盾	皖党务特派员
		银杯	冀省府
		奖旗	晋教育会
男女游泳女子游泳第三	广西	银船	卫生署
男女游泳女子游泳第四	南京	银杯	南京建设委员会
男子足球第一	香港	银杯	大会
		银杯	邵力子
		银杯	李馥荪（上海名人）
		银杯	世界书局（上海企业）
		银杯	上海市银行（上海企业）
		纪念册画	春合社
		奖状	戴传贤
		奖旗	王部长
		奖旗	青年会
		奖旗	晨报馆（上海企业）
		纪念册画	青白报
		真银机球	正泰橡胶厂（上海企业）
		足球	春合公司
		银鼎	交通部
		银鼎	中华书局（上海企业）
		银球	宋子良（上海名人）
		银盾	先施公司（上海企业）
男子足球第二	马来亚	银鼎	黄造雄（上海名人）
		奖旗	周佛海
		银盾	考试院

（续表）

奖项名称	得奖者	所得奖品	捐赠者
男子足球第三	广东	银杯	晋省府
男子足球第四	上海	银杯	财政部
男女篮球男子篮球第一	河北	银杯	大会
		银杯	上海市银行（上海企业）
		银杯	四集团总部
		奖旗	王部长、青年会、厦门某书局
		银盾	世界书局（上海企业）
		真银机球	正泰橡胶厂（上海企业）
		篮球	春合公司
		纪念册画	青白报
男女篮球男子篮球第二	南京	银盾	闽党务委特派员
		银杯	浙省府
		奖旗	浙教厅
男女篮球男子篮球第三	上海	银杯	豫省府
男女篮球男子篮球第四	北平	银杯	上海市商会（上海社团）
男女篮球女子篮球第一	上海	银杯各一	大会及桂省府、京五报
		银运动人	中央公务员惩委会
		奖旗	王部长
		优胜旗	晨报馆（上海企业）
		银盾	世界书局（上海企业）
		篮球	春合社
		纪念册画	青白报
男女篮球女子篮球第二	广东	银盾	侨务会
		奖旗	铨叙部
		银杯	桂省府
男女篮球女子篮球第三	福建	银杯	广州市府
男女篮球女子篮球第四	江苏	银杯	褚民谊

(续表)

奖项名称	得奖者	所得奖品	捐赠者
男女网球男子网球第一	上海	银杯各一	大会及闽省政世界书局(上海企业)
		奖旗	王部长
		奖旗	青年会
		纪念册画	青白报
男女网球男子网球第二	爪哇	银盾	监察院
		银杯	冀省府
		奖旗	青岛市商会
男女网球男子网球第三	四川	银杯	豫省府
男女网球男子网球第四	马来亚	银杯	立法院
男女网球女子网球第一	山西	奖旗	王部长
		银杯各一	大会及世界书局(上海企业)
		银鼎	冀省府
		纪念册画	青白报
男女网球女子网球第二	上海	银杯	海军部
		奖旗	鄂党部
		银杯	平市府
男女网球女子网球第三	南京	银鼎	王用宾
男女网球女子网球第四	四川	银运动人座	李石曾
男女排球男子排球第一	上海	银杯各一	大会及阎锡山、上海市银行(上海企业)
		奖旗各一	青年会、王部长厦门某书局
		银鼎	世界书局(上海企业)
		排球	春合公司
		纪念册画	青白报
男女排球男子排球第二	香港	银盾	蒙藏会
		鹰球	苏省府

(续表)

奖项名称	得奖者	所得奖品	捐赠者
男女排球男子排球第二	香港	奖旗	审计部
男女排球男子排球第三	广东	银杯	豫省府
男女排球男子排球第四	马来亚	银杯	内政部
男女排球女子排球第一	上海	银杯	大会
		银杯	中华书局(上海企业)
		银鼎	世界书局(上海企业)
		奖旗各一	王部长、晨报馆
		排球	春合社
		纪念册画	青白报
男女排球女子排球第二	广东	银杯	贵州省府
		银盾	中央军校教导队
		奖旗	振务会
男女排球女子排球第三	湖南	银杯	军政部
男女排球女子排球第四	北平	银杯	陕党务指委会
男棒女垒男子棒球第一	上海	银杯	大会
		银杯	王用宾
		银杯	豫省府
		银杯	世界书局(上海企业)
		银杯	上海市银行(上海企业)
		奖旗	王部长、青年会、春合公司
		纪念册画	青白报
男棒女垒男子棒球第二	广东	奖旗	陈立夫
		银盾	总理陵园管理会
		银杯	军委会北平军分会第二处
男棒女垒男子棒球第三	北平	银杯	豫省府
男棒女垒男子棒球第四	河北	银盾	最高法院
男棒女垒女子垒球第一	山东	银杯各一	大会及桂省府
		纪念册画	青白报

（续表）

奖项名称	得奖者	所得奖品	捐赠者
男棒女垒女子垒球第一	山东	奖旗各一	王部长、春合社
		银鼎	世界书局（上海企业）
男棒女垒女子垒球第二	河北	银杯	陕省府
		银盾	考选会
男棒女垒女子垒球第三	广东	银杯	上海市党部（上海党部）
男棒女垒女子垒球第四	上海	银杯	中山大学
男女国术男子国术第一	河南	银杯各一	大会及鲁省府
		银盾	世界书局（上海企业）
		纪念册画	青白报
		奖旗各一	王部长、春合社、青年会
男女国术男子国术第二	北平	银鼎	鄂省府
		银盾	察哈尔省府
		奖旗	浙省商会联合会
男女国术男子国术第三	上海	银杯	豫省府
男女国术男子国术第四	山东	银盾	绥远教育会
男女国术女子国术第一	湖南	银杯	大会
		银鼎	鄂省府
		奖旗	王部长
		银盾	世界书局（上海企业）
男女国术女子国术第二	河南	银盾	苏省府
		银杯	黔省府
		奖旗	上海中教联（上海社团）
男女国术女子国术第三	上海	银杯	国立中央研究院
男女国术女子国术第四	青岛	银杯	兰州市商会

① 本表根据《申报》1935 年 10 月 23 日第 13 页《全运会奖品分配一览》整理。尚有关于破纪录及各项个
人奖品甚多，从略。

　　从表中可见,1935 年全运会比赛项目奖项中,上海队囊括了男子总锦标、女子总锦标、田径全能男子田赛、田径全能男子径赛,女子田径、男子网球、男子排球、女子排球,男子棒球等多个比赛项目冠军。上海队名列前茅,总分夺魁。

　　上海队能在第六届全运会获得辉煌成绩,并非偶然。从清末开始的第一届全国运动会到民国第五届全运会,上海队体育比赛成绩一直名列前茅。民国第四届全运会上,上海队囊括 12 个锦标赛中约四分之一的冠军,26 个田径小项目中上海获得 6 个项目的冠军;民国第五届全运会上,共设 17 个锦标赛项目,上海队荣获 9 个锦标赛冠军,超过总数一半。第六届全运会是近代中国体育史的一个顶峰。上海队在第六届全运会比赛中的辉煌成绩可谓量变到质变。上海队在历届全运会上的良好成绩,离不开近代上海体育文化发展的社会土壤、社会基础。

　　近代体育文化在上海生发较早。民国六届全运会前,近代不少体育项目已经在上海开展半个多世纪。开埠后,中国传统体育项目继续在上海民间流行的同时,西方近代体育项目随外侨进入上海。道光二十九年(西历 1849 年),上海外侨在黄浦江上进行了第一次划船比赛。[1] 道光三十年(1850 年),上海出现了第一个赛马场。咸丰二年(1852 年),黄浦江上出现了外国船员组织的赛艇比赛。1854 年,上海就有"打球房"(Miller J. , *Billiard Room*)。[2] 咸丰八年(1858 年),外国侨民在租界进行了板球比赛。1867 年上海出现足球俱乐部,1870 年上海出现帆船俱乐部。[3] 1890 年圣约翰大学召开首届学校运动会,开中国现代学校运动会之先河。1897 年,上海张园内举办了中国最早的自行车比赛。1917 年上海公共体育场落成。此后,又有 4 个简易体育场陆续出现,近代体育溢出校园,在市民中间逐步得到开展。[4]

　　早期,外侨为近代上海体育运动的主要参与者。上海体育博物馆现藏 1878 年春天上海赛艇比赛冠军所得银质奖杯一只。奖杯上刻有此次比赛冠军的红队队员八人、划桨指挥及舵手姓名,全部为外侨。[5]

---

[1] 罗苏文著:《沪滨闲影》,上海辞书出版社 2004 年 7 月版,第 292 页。

[2] 参考《上海洋行名录》,载于北华捷报馆编:《上海年鉴(1854)》,上海书店出版社 2016 年 6 月版。

[3] S. Couling, *The History of Shanghai*, Vol. II, Printed and published for the Shanghai Municipal Council, Kelly & Walsh, Limited, 1923, p.437.

[4] 《上海体育志》编撰委员会:《上海体育志》,上海社会科学出版社 1996 年 6 月版,第 4 页。

[5] 1878 年上海赛艇比赛冠军银质奖杯,见于"上海体育博物馆"微信公众号 2019 年 6 月 3 日文章。

图二　民国初年上海苏州河畔的划船总会会所

图三　1878 年春上海赛艇总会比赛奖杯
上海体育博物馆藏

"西联会"早期组织足球比赛时,"惟期间逐鹿之士,则无非碧眼黄发之侨沪西商而已"。[①] 不过,华人很早就从近代体育的旁观者,成为近代体育运动的积极参与者。与教会学校最初学生以穷困人家子弟为主的情况类似,最初参加近代体育活动的有些运动员实则为外侨服务的中国仆人或时尚前沿的妇女。所谓 1907 年"大清抛球会"合影,其实是上海板球总会球场上、衣帽间、吧台服务的中国男孩以上海队、苏州队的名义,进行板球比赛后的合影。[②]

1880 年代点石斋画报中的"明眸皓腕"一图,描绘中国妇女在上海打台球的场景。[③] 图中打球的妇女未必是富贵人家家眷。

图四 1878 年春上海赛艇总会比赛银杯细节

图五 1907 年大清抛球会合影

① 周家骐主编:《上海足球》,(上海)业余周报社 1945 年 7 月版,第 50 页。
② An Interesting Cricket Event, In: *Social Shanghai for Men and Women*, Vol. IV, July – Dec, 1907.
③ "明眸皓腕"图,采于《都市记行·仁川·上海·横滨》,韩国仁川 2006 年出版,第 97 页。

图六　1880 年代打台球的上海妇女

　　清末民初,上海中上层社会出于社交、健身、事业发展需求等种种因素考虑,他们对赛马、跑车、打球等体育项目有很大兴趣。体育成为中上层的教育内容之一,慢慢成为了他们的生活方式,甚至生活态度。① 清末成立的万国商团中华队入会者为"体面商人……有殷实商保"。② 该队队员应属上海社会中上层。万国商团中华队刚成立不久,就于 1909 年 10 月 10 日参加万国商团团员们最重视、最喜爱之射击比赛活动,即"脑维思杯"射击比赛,并大获全胜,③令中外人士刮目相看。2015 年春季,上海拍卖行曾出现一只小银杯:银杯侧面铭文"赠周刚正、周刚毅君,中山公园微高尔夫球场周氏家族比赛会优胜纪念,民国二十七年"。④ 这件银杯见证了民国时期上海中上层社会人士在家族间举办高尔夫球比赛的实况。上海社会底层,如工厂工人或商店店员,则通过一些中间组织参与体育活动。上海历史博物馆藏 1938 年大新公司足球组职员参加"大兴杯"比赛银质奖杯一套 7 件,为近代上海中、下层投身体育运动的一个重要物证。

　　第六届全运会上的部分奖品,来自上海 30 余家企业、团体或个人。向全运会捐赠奖品的既有党政机关,又有政商名流、还有企业及社会团体。如上海市

---

① 参考郎净著:《近代体育在上海》,上海社会科学院出版社 2006 年 5 月版,第六章。
② 徐涛:《近代上海万国商团之华员群体》,载于《史学月刊》2017 年第 10 期。
③ Winner team of "Novices Cup", 1909, SVC Chinese Company, In: *I. I Kounin, Eighty-Five Years Of The Shanghai Volunteer Corps*, Shanghai the Cosmopolitan Press, 1938.
④ 上海拍卖行编印:《银器、西洋艺术品图录》,上海 2015 年 4 月 11 日印行。

委党部在本次全运会上，向女子田径赛第三、女子垒球赛第三名的广东队，分别捐赠一只银杯；总锦标部男子总锦标第一的奖品"银鼎"来自上海吴市长捐赠。本届全运会女子总锦标第一名上海队所得银鹰球为上海市政府社会局潘公展局长捐赠。上海著名女子体育明星钱行素 1935 年在全运会所获奖杯，来自蔡元培捐赠大会。现已由钱行素之子捐赠上海体育博物馆收藏展示。

图七　民国第六届全运会奖杯（钱行素）

上海体育博物馆藏

　　此外，上海中华书局、商务印书馆、新新百货、正泰橡胶公司、上海市银行等企业也向大会提供了银质奖品。正泰赠足篮球奖品，特在新凤祥银楼定制真纹/银飞机、地球两座。粤旅沪同乡会、上海市商会等社会团体出现在银器奖品捐赠名单中。本次大会颁发的部分银质奖品来自上海商界名流李馥荪、杜月笙等。

　　第六届全运会在上海的顺利开展，各地运动员当然厥功甚伟；不过红花还需绿叶扶。上海社会各界对体育赛事的热忱支持至关重要。而上海各界对体育活动的支持，由来已久。

　　近代上海中、外企业家很早就参与体育组织创建及其活动。1850 年成立的上海跑马总会，就是由麟瑞、广隆等外国洋行的五个大班发起组织的。[1]1852 年，上海洋行职员与船上水手进行了划船比赛。1906 年成立的华商体操会（1907 年开始改名万国商团中华队），由时任道胜洋行的买办虞洽卿、华比银行的买办胡寄梅、花旗银行的买办袁恒之等发起。[2] 民国时期上海著名的三育足

---

① 王垂芳主编：《上海洋商史 1843—1956》，上海社会科学院出版社 2007 年 7 月版，第 346 页。

② 徐涛：《近代上海万国商团之华员群体》，载于《史学月刊》2017 年第 10 期。

球队（后改为优游体育会），则是上海地产商程贻泽自掏腰包办的社会体育事业。[①]

图八　1870 年公共租界工部局提供给万国商团的市政锦标赛奖杯

上海租界当局对体育运动给予大力支持：1870 年，公共租界工部局曾向万国商团提供银质奖品：市政锦标赛奖杯一座。直到 1886 年，该奖杯还出现在万国商团比赛项目中。[②] 公共租界的万国商团及巡捕房，一直是组织和参加近代上海体育活动的重要力量。1906 年上海公共租界万国商团官员们向上海划船总会提供的商团杯图片，1938 年还出现于上海划船总会历史纪念册中。上海市历史博物馆藏 1928—1930 年英国侨民万国商团甲队 E. Q. Wilson 参加商团每年一度射击比赛时银质奖品若干。1901 年万国商团轻骑队参加某场比赛获银杯一件。这两组银质奖品只是当年商团与巡捕房队员们无数体育比赛奖品中的"幸存者"。

图九　1871 年前后公共租界工部局提供的万国商团射击比赛银盾

① 孙曜东：《旧上海的足球队及其后台老板》，载于《档案与史学》2004 年第 1 期。程贻泽：《往事杂忆》，载于《体育文史》1983 年第 2 期。
② *Eighty-Five Years of the Shanghai Volunteer Corps*, p.20.

SILVER CUPS OF THE REGIMENT

图十　1930 年代上海公共租界万国商团某队比赛银杯

　　早年,上海富裕的外国洋行或外侨争相为体育比赛提供奖品。上海侨民赛船比赛奖品基本为西人所赠银杯。1883 年上海棒球比赛奖品,为上海著名英侨雷士德的捐赠。[①] 1888 年 5 月 2 日,赛马者得胜奖品之一为赫德所赠银杯。1900 年太古洋行大班 Bois J. C. 为上海划船总会比赛提供奖品。[②] 近代上海足球运动史上著名的"史考托"杯足球赛,是以上海足球先锋引领者英国侨民厄内斯特·史考托(E. B. Skottowe)名字命名的比赛。史考托为麦加利银行经理,上海公共租界工部局董事会董事,1902 年他向上海足球联合会捐赠银杯一座作为足球比赛的奖品。[③] 1895 年 11 月 8 日,万国商团救火队举行比赛活动,上海火险公司代理商捐赠"挑战赛银盾"作为奖品。银盾上面刻录众多在沪外国火险代理商名字及获奖团队名字等,[④]该银盾图片曾出现于 1916 年上海万国商团救火队 50 周年纪念刊中,可惜实物至今未现。

　　不仅在沪外侨积极支持体育运动,向体育赛会捐赠各种奖品,中国政府官

---

① Lanning, Couling: *The History of Shanghai* vol I, P440.

② The Shanghai Rowling Club: Annual Meeting, In: *The North-China Herald and Supreme Court & Consular Gazette (1870－1941)*; Apr 4, 1900.

③ 参考:张维松著《1909—1924 年间〈字林西报〉中的体育史料整理》,载于《体育科研》2016 年第 3 期; *The North-China Desk Hong List*, 1897, p.7。

④ The Shanghai Volunteer Fire Brigade: Presetation of The Challenge Shield, In: *The North-China Herald and Supreme Court & Consular Gazette (1870－1941)*; Nov 8, 1895.

图十一　1909—1910 年度上海西联会史考托杯获得者与奖品合影

员及商业机构、富商名流、社会团体,甚至一般百姓,捐赠银质体育奖品赞助体育活动的记载也很多。比较典型的有:1877 年,外侨在上海组织赛马比赛时,有"上海招商局中众人共捐值五百两之银杯";[1]1921 年旅沪粤侨商业联合会向远东运动会粤港选手捐助银盾两座。[2] 1930 年,上海市第一届运动会闭幕。此闭幕式上颁发的奖品大多为银器,主要来自上海市执委会、上海市长、上海县长、上海警备军司令以及上海市财政局长、社会局长,教育局、银行公会、学生联合会等党政军领导及机关团体的捐赠。[3]

开埠以来,上海社会中外各界对体育运动的广泛参与、热情赞助,推动了近代体育文化在上海的广泛传播,也为上海队在第六届全运会凯旋而归奠定了良好的社会基础。

二、从银质奖品看近代上海体育文化的开放性、国际性

在 2018 年 5 月 18 日开幕的"海派银珠,厚德流光——上历博馆藏银器展"

---

① 《西人赛马第三记》,载于《申报》1877 年 11 月 6 日,第 4 页。
② "辛酉年支款列交际项下"见:上海粤侨商业联合会会刊《上海粤侨商业联合会辛酉年征信录》。
③ 《今日给奖》,载于《申报》1930 年 3 月 20 日,第三张。

中,上海历史博物馆藏十余款上海外侨体育总会银质奖品得到观众特别青睐。这些银器均为近代外侨在沪参加各种比赛时所得奖品,近年陆续从英国回流国内。这些银质奖品上的铭文,是我们深入、直观探析近代上海体育文化的开放性、国际性的珍贵物证。

图十二　2018年"海派银珠,厚德流光——上历博馆藏银器展"中部分上海体育银奖展品

　　伴随多国侨民的来临,以国家命名的体育总会陆续出现在上海。上海历史博物馆藏品中有一银杯,上刻"C. S. F"字样。"C. S. F"为上海法国球场总会缩写,其全称为 Cercle Sportif Français。法国球场总会曾经是上海最受欢迎的总会之一,该会位于环龙路、法国公园附近。该会内有舞厅、酒吧、台球室、击剑室等,常常举办网球、击剑、拳击、保龄球等比赛。[1] 除法国球场总会外,20世纪初,上海还曾出现过多个以国家命名的体育总会。如1920年代初北四川路附近有葡萄牙运动会社、日本网球会;在法租界法国打靶场内每周活动两次的瑞士打靶总会;活动地点不定的犹太体育总会、意大利体育总会等。可惜,诸多外国体育总会遗物至今未见。法国球场总会银杯为见证近代各国体育总会在沪活动的重要物证。上海体育博物馆近年征集并展示了1920—1930年代上海瑞士国洋枪打靶会奖杯一套。

　　上海不少体育组织或体育活动是对外开放的。近代上海大多数体育总会会员来自各个国家。上海历史博物馆藏1897—1901年猎纸总会(搜狐总会)比赛奖杯一套。猎纸比赛为赛马比赛的一种。早在1863年底,上海就出现猎纸运动。1864年,猎纸会成立。猎纸会为国际性俱乐部,向所有人开放。其会员来自美国、奥地利、比利时、英国、中国、捷克斯洛伐克、丹麦、荷兰、法国、德国、

---

[1] Rev. C. E. Darwent, M. A., *Shanghai: A Handbook for Travellers and Residents to the Chief Objects of Interest in and around the Foreign Settlements and Native City*, Kelly & Walsh Limited, 1920, p.160.

图十三　1917 年法国球场总会比赛银质奖品
上海市历史博物馆藏

匈牙利、意大利、日本、挪威、波兰、葡萄牙、俄罗斯、瑞典和瑞士等 20 多个国家、
地区。[①] 上海历史博士物馆藏猎纸赛奖杯铭文显示，此套奖杯得主为英国侨民
记洛克(Keylock)。记洛克的职业身份为兽医，他长期在沪营业。1900 年代，
记洛克在静安寺路 166 号开设医务室。[②] 记洛克同时接受上海公共租界工部
局及法租界公董局之年金，为两个租界提供兽医服务。记洛克业余时间，喜欢
参加猎纸会组织的比赛，并多次在猎纸比赛中获奖。此套银杯为记洛克 1897
年至 1901 年在沪参加猎纸比赛所得。[③]

图十四　近代上海猎纸会纪念册及比赛奖杯
上海市历史博物馆藏

---

① 参考《猎纸总会简史》，载于：C. Noel Davis, M. D. , *A History of The Shanghai Paper Hunt Club 1863 – 1930*, Published by Kelly & Walsh Limited, Shanghai, 1930.

② 《行名录》，字林西报社 1902 年出版，第 37 页。

③ C. Noel Davis, M. D. , *A History of The Shanghai Paper Hunt Club 1863 – 1930*, Published by Kelly & Walsh Limited, Shanghai, 1930, pp.95 – 97.

　　近代上海体育组织，常组织埠际同行交流竞赛，切磋技艺，提高技能。上海历史博物馆藏 1934—1935 年"上海游泳同乐会"组织香港、天津、上海埠际游泳比赛银杯一套。这一套银杯揭开了近代上海外侨参加埠际体育交流的历史画面。

图十五　1934—1935 年上海、香港等埠际游泳比赛银杯

上海市历史博物馆藏

　　其实，早在晚清时代，上海一些外侨体育总会就积极组织参加埠内外体育比赛。早在 1893 年，上海板球队就曾与日本东京、横滨，中国威海卫的板球队举行比赛。1907 年在上海举办的第四次万国竞走比赛中，英国队、法国队、葡萄牙队、苏格兰队、德国队都派人参加。1908 年，上海西人足球会（俗称西联会）曾与香港足球协会约定组织埠际足球赛，并派人赴港比赛。1912 年西联会又邀日本足球协会派队来沪回访。[①] 1907—1908 年，香港马球队与上海马球队曾在两地进行比赛，比赛奖品为凯自威提供的一只精美银杯。[②] 20 世纪初，上海租界侨民组成体育团体举行各种比赛，常冠以"万国"之名。1904 年万国运动会开始举办。1912 年中断。1922 年恢复后华人也开始组队参加万国运动会。1926 年中华体育协进会与外侨田径组织联合举办第一届上海万国运动会。[③] 上海体育博物馆现藏 1925 年上海万国竞走比赛团体冠军银杯一只。复旦大学校史馆内藏 1926 年复旦校友黄炳坤在沪参加万国运动会时所获银质撑

① 周家骐主编：《上海足球》，上海业余周报社 1945 年 7 月出版，第 66 页。

② 夏伯铭编译：《上海 1908》，复旦大学出版社 2011 年 1 月版，第 165 页。

③ 上海市体育宣传教育中心编：《上海体育博物馆藏近代体育文献选编》，2019 年 10 月未刊稿，第 89 页。

竿跳高冠军奖杯。① 这些银质奖品珍藏了近代上海体育界中外同行主动交流、交往的历史文化记忆。

图十六　1925 年上海万国竞走比赛团体冠军奖杯
上海体育博物馆藏

　　正因近代上海不少体育组织是开放的,一些旅沪外侨,往往同时参加多个体育总会活动。C. D. Field 为上海板球总会总干事,他的名字同时出现于上海历史博物馆藏 1923 年板球总会纪念银盘与 1917 年法国球场总会银碗上。实际上,无论是板球总会,还是法国球场总会,都实行会员制。在沪各国侨民只要根据总会规定,向板球总会、法国球场总会等缴纳一定费用,就可以参加这两个体育组织的活动。侨民同时参加几个体育总会组织的活动,在清末民初比较普遍。如英国侨民 Henling Thomas Wade,1868 年为一英里跑步比赛冠军;同年,他应邀参加上海、香港的埠际板球比赛。1888 年他开始担任上海板球总会秘书。多年来,他又是上海猎纸会一员。②

图十七　1926 年复旦学生黄炳坤参加万国运动会所获奖杯
复旦大学校史馆藏

---

① 1926 年复旦学生黄炳坤获上海第一届万国运动会撑杆跳冠军的奖杯(黄树人先生捐),载于 https://www.fda.fudan.edu.cn/zphc/list.htm。

② A. Wright, *Twentieth Century Impressions of Hong Kong, Shanghai and Other Treaty Ports of China*, Lloyd's Great Britain Publishing Company, 1908, p.520.

图十八　1923 年上海板球总会总干事 C. D. Field 所获纪念银盘
上海市历史博物馆藏

近代上海体育奖品是国际化的。体育活动发生在上海,奖品得主来自五湖四海。上海历史博物馆藏 1911 年高尔夫比赛奖品,得主为英国侨民。从奖品底款看,该奖品为日本"鸿池"银器商号制作。再如 1915 年第二届远东运动会奖品:"朱葆三赠马拉吞竞走队最优者银杯一双为日本高津君得……聂管城君赠远东团棒球队银杯一双为菲律宾得……和盛号赠水面球队银杯一双为西人某君得……美政府赠赛球队银杯一双为中国得……"①

1927 年第八届远东运动会在上海召开,参赛者来自中国、日本、菲律宾。此次运动会由政府拨款,社会各界捐助相结合,中华全国体育协进会具体筹备。从运动会颁奖图片看,颁发银器奖品不少。可惜至今未见实物,只见图片。

上海历史博物馆藏 1934—1935 年游泳同乐会(SASA)银质奖杯一套。SASA 全称为上海游泳同乐会,英文全称 Shanghai Amateur Swimming Association。该会 1914 年创设,目的在促进男女游泳技艺,其会员必须是上海某个体育总会的会员。上海游泳同乐会地址在上海工部局内。该会协调、控制上海所有重要的游泳赛事,它的规则是英格兰业余游泳联合会的规则。英国侨民能在 SASA 组织的游泳联赛中多次获奖,也许与上海游泳同乐会使用英格兰游泳联合会规则有一定关系。② 上海 Rifle Association(打靶协会)所用枪支,则为英国军队

---

① 《远东运动会比赛之结果》,载于《申报》1915 年 5 月 23 日。
② Rev. C. E. Darwent, M. A., *Shanghai: A Handbook for Travellers and Residents to the Chief Objects of Interest in and around the Foreign Settlements and Native City*, Kelly & Walsh Limited, 1920, p.166.

图十九 1927 年远东运动会闭幕式上奖品图片

标准枪支。1930 年前后中华全国体育协进会审定的各项体育比赛规则,已与国际相应体育项目规则接轨。

近代上海各体育场馆及其设备,海派风味十足。以今上海文物保护单位南京西路 150 号的体育大厦(西侨青年会旧址)为例,1928 年 6 月西侨青年会大厦之新屋凹字形巨屋外形迥异于沪上各大建筑,采取意大利复兴后意大利北部作风。壁间作乳黄色堆成各种锦纹,异常华贵。该大厦打球房中所用滚球槽巨木四支均来自美洲。[①] 西侨青年会一楼曾装备一个现代体育馆,而底楼是一个保龄球场、弹子房等。该馆保龄球场设备为国际著名保龄球设备供应商 Brunswick, Balke Co. 通过上海的代理——美和洋行提供的。馆内有的设备是伦敦 Spencer, Heath & George 生产的,弹子台是 E. J. Rilley & Co. 通过其代理销售的。

---

① 《申报》1928 年 6 月 29 日。

近代上海体育活动参与者、比赛奖品、比赛规则、场馆设施等方面体现出的开放性、国际化，是近代上海国际化大都市具体而微的一个缩影。

三、从银质奖品看上海体育文化的中西融合

近代上海体育文化，是整个社会文化有机体的一部分。海纳百川、中西荟萃的海派文化特征在上海体育银质奖品中随处可见。

笔者目前所见众多近代上海体育比赛银质奖品，既有网球比赛奖杯、板球总会纪念银盘、高尔夫比赛奖杯、自行车比赛银杯、保龄球比赛银碗、射击比赛银牌、上海桥牌比赛奖杯等西方体育项目比赛奖品，也不乏中国传统体育项目遗物。在中国传统体育项目中，象棋比赛无疑具有重要代表性。民国时期，象棋比赛依然流行于上海民间。

上海青年会在引介西方体育运动项目中的贡献有目共睹。鲜为人知的是，在引进西方体育项目的同时，逐渐世俗化、本土化的上海青年会还举办中国传统体育项目。象棋2008年列入国家级非遗名录。1921年12月初开始，上海青年会交际科开始举办象棋比赛。青年会举办的第一次象棋比赛上，中国选手谢侠逊获得优胜奖，得银盾一枚。[①]"因青年会中善着象棋者颇多"，1922年11月底，该会交际科特组织一象棋比赛大会，以扬国技。后来，上海青年会组织的象棋比赛影响越来越大，青年会象棋比赛银质奖品不少，但笔者目前所见实物仅一件。上海市浦东收藏家彭学伟先生手中藏1937年锦亭杯中将级象棋比赛银杯一只。该奖杯为旅沪著名棋手曹锦亭先生70岁生日时，其子为娱亲及倡导棋艺，捐赠上海青年会象棋比赛委员会之物。银杯题款："曹锦亭先生为梁溪当代国手，提倡棋艺，老而弥笃，兹其哲嗣炳泉、炳生两君为娱亲计，特备此杯。每届冠军比赛镌刻芳衔，永留纪念。用赘数语，以至不忘。'锦亭杯'上海青年会象棋比赛委员会谨识。中华民国二十六年三月廿日（廿六年李武尚）。""锦亭杯"铭文表明，直到1937年上海青年会还在组织象棋比赛，象棋比赛的银质奖杯来自民间殷实市民如曹炳生、曹炳泉等捐赠。

除青年会组织的象棋比赛，上海民间尚有各种各样的象棋比赛。闸北收藏

---

① 《申报》1921年12月7日。

家黄振炳先生手中珍藏"1938年大中华火柴公司同人象棋锦标比赛银杯"一只。该奖品铭刻1938年秋季大中华火柴公司同人象棋锦标比赛冠军顾莳丞君、1939年春季比赛冠军庄兆麟君名字。此件银杯为刘鸿生之子刘念义在代父主持大中华火柴公司时举办的象棋比赛奖品，因此名为"念义"杯象棋比赛。奖品银杯底部刻有"凤祥裕记"银楼印戳。从铭文看，象棋比赛得到上海大型企业主赞助，是企业文化的组成部分。

中西体育比赛项目遗物同时并存于世，是上海近代体育文化的真实写照。上海跑马总会华人在1927年成立俱乐部。该俱乐部会所内既设西式击弹子比赛（台球赛）、乒乓球比赛奖项，也设围棋、象棋等中式体育活动奖项。民国二十三年上海跑马总会同人俱乐部为"击弹等级比赛"颁发银杯纪念品；民国十八年上海跑马总会同人俱乐部发起"上海乒乓锦标赛"，并特备银杯一具，命名为"香槟杯"。同年，此俱乐部创始人为"象棋个人锦标比赛"前三名准备携名银盾作

图二十　1927—1928年上海中西足球联合会冠军乐华足球队合影

为纪念。[①] 中西体育项目在同一俱乐部内部共存共荣。

近代上海人不仅很早就参加西式体育运动，他们还主动与外侨比赛、交流。万国商团中华队在商团组织的射击比赛活动中屡获殊荣。上海教会学校中国学生敢与外籍人士同台竞技。1911年圣约翰大学足球队与上海巡捕房足球队比赛的历史照片曾出现在市场上。1920年代后，中国人与西方人共同参加体育活动的画面越来越多。在一些长期由西方人主导的体育项目中，中国人甚至打败西方队，获得比赛冠军。如"西联会"足球比赛。长期以来，西联会足球比赛中，英国人为常胜将军。1926年上海三育足球队

---

① 参考上海跑马总会同人俱乐部编：《上海跑马总会同人俱乐部十周年纪念刊》，该会1928年出版，第67、109、143页。

开始参加西联会足球比赛。1928—1929 年,乐华队获得西联会甲组联赛和高级杯赛冠军。

图二十一　1905 年上海保龄球总会比赛银碗
上海市历史博物馆藏

　　与频频举办的各类体育比赛相伴随的银质体育奖品,融中外元素为一体。上海市历史博物馆新近征集到银质近代体育比赛奖品得主基本为近代英国在沪侨民,但奖品的制售方多为上海广帮银楼。如:1934—1935 年上海游泳赛银质奖杯,底款为 ZEESUNG,即上海广帮银楼时新号。1897—1901 年猎纸赛马奖杯,制销商为广帮银楼联和号。广帮银楼制售银质奖品,大多西式造型,中国纹饰。奖品中,英文铭刻、外国造型与中国纹饰汇聚一体。如:上海市历史博物馆藏 1904 年自行车一英里障碍赛奖杯,铭文"One mile bicycle Handicap 2nd Prize won by R. C. Aikes",奖杯布满中国传统吉祥纹饰:龙纹。再如:1905 年上海保龄球比赛银碗,碗面中央铭英文"Shanghai Bowling Club Anderson Cup, Won by R. Carr, 1905"。该碗通体用中国传统花卉图案菊花纹装饰,底款为 Hung chong,即广帮银楼鸿昌号。

　　无论是当年的体育比赛组织方、赞助方,还是奖品得主,对这类中西合璧的体育比赛奖品都能欣然接受。这点从老照片中也可窥一斑。如曾定居上海 5 年之久的著名足球明星李惠堂与其所得奖品合影,著名竞走运动员周余愚与奖品合影。[1] 照片中,两位中国运动员或西装革履或穿运动服装,与西式造型银质比赛奖品合影时,毫无违和之感,中西元素在上海体育活动中已融为一体。

―――――――――

[1] 上海市历史博物馆编:《远去的背影,老上海人物影集》,新华出版社 2013 年版,第 112、113 页。

图二十二　近代上海体育明星周　　　图二十三　李惠堂赠中华体育协进会照片
余愚及其比赛奖品

近代上海，中西体育比赛项目并存，中外体育爱好者同台竞技，体育奖品中西合璧，使近代上海体育文化中西合璧的特质彰显得淋漓尽致。

余论

近代上海体育活动，遗存物证众多，体育比赛银质奖品为其一。散落各处的各类近代上海银质体育奖品，携带丰富的近代上海体育文化历史信息，也见证上海体育发展历程。这些银质奖品，对研究近代上海体育运动历史具有重要的标本价值。本文以存世近代银质体育奖品为中心，结合历史文献，对近代上海体育文化进行考察，发现近代上海体育佳绩，离不开上海良好的经济和社会基础。近代上海银质体育奖品，见证了上海体育文化的开放性、国际性，为上海国际化大都市具体而微的缩影。中西元素荟萃一体的各类中西体育银质奖品，为近代上海体育文化中西合璧特征及近代以来上海各界对上海体育文化发展所作贡献，提供了有力物证。

第六章　银器中的老上海社交礼俗

近代上海,华洋共居,五方杂处,经济发达,竞争激烈。为维持彼此间的社会情谊,亲朋好友常常在特殊纪念日赠送礼物。银器曾经是富裕的上海中外居民社交场合比较常见的赠礼用品。人们在结婚、生辰纪念、履职、升迁、开业、毕业、临别等人生重要关节点,常以银器相赠。珍藏至今的这些银器,展示出老上海某些社会阶层的社交礼俗和百姓情怀,生动描摹出近代上海大都市社交生活画面,折射出近代上海社会的人情世故,彰显着上海中外居民之间的真挚友谊。上海城市的温度与深度,在银光中隐隐闪烁。

一、银器中的上海婚俗

见证近代上海婚俗的实物有很多。以往大家谈论比较多的是照片、礼服等。其实近代以来的银器,也是见证上海婚俗的一种重要器物。2016 年 4 月 28 日至 7 月 31 日在上海朵云轩艺术中心举办了首次宋氏三姐妹特展——"她们·风华绝代——宋氏三姐妹特展"。来自海内外的 300 多件文物、文献、照片等汇聚在此展中。宋美龄与蒋介石 1927 年结婚时所穿婚纱及贺礼等在此次展览中成为亮点。参展的蒋宋结婚礼物是 1927 年山西阎锡山赠送他们的一枚银盾,题款:"敬祝介石兄及美龄女士新婚快乐。弟阎锡山……"某报记者报道此展时称赠此银盾是给新婚夫妇防身所用。此解让人哭笑不得,给人歪批三国之感。银盾是清末以来上海中上层社会常用的结婚礼物。只不过阎锡山赠送给蒋宋的此枚银盾规格比一般银盾略大。此枚银盾是轰动一时、载入史册的蒋宋联姻的珍贵遗物,是研究近代上海婚俗、近代中国军政要人私交的历史物证(实物见本书第 48 页图三十四)。

同样作为结婚礼物的银器,在上海宋庆龄故居纪念馆内还有一只银碗。该银碗通高 13.5 厘米,口径 26.2 厘米,上海广帮银楼时和款。银碗保存完好,腹部刻有铭文 To Mrs. Sun Wen, Presented By Chauncey H. Kong, 25th, Oct. 1915。1915 年 10 月 25 日,正是孙中山和宋庆龄在日本东京结婚的日期。从银器说明文字看,该银碗为孔祥熙赠送给孙夫人宋庆龄的结婚礼物。[①] 2018 年

---

① 上海孙中山宋庆龄文物管理委员会编著:《上海孙中山宋庆龄文物图录》,上海辞书出版社 2005 年 7 月版,第 245 页。

11 月"海上琼英　国之瑰宝——宋庆龄与上海"文物特展在上海市历史博物馆开幕时,此款银碗曾经展出。①

图一　孙中山、宋庆龄 1915 年 10 月合影　　图二　　1915 年孔祥熙赠宋庆龄结婚纪念银碗
采自《上海孙中山宋庆龄文物图录》　　　　　　上海宋庆龄故居纪念馆藏

　　富贵人家儿女结婚准备金银妆奁首饰之俗,古已有之,前文已有述及。亲友赠送银器给新人做婚庆礼物,晚清时代就在上海外侨圈子内流行。翻开上海著名的外侨社交刊物,几乎每一期都有外侨结婚,亲朋好友赠送银器作为婚礼的信息。上海市历史博物馆多次展示过 1900 年 8 月上海外侨夫妻托马斯和露西银婚纪念礼物——银质托盘。外侨赠送银器礼物的风气 20 世纪初传播到崇尚洋派的上海富人社交圈。1915 年孔祥熙赠送铭刻英文的银碗给宋庆龄做结婚礼物就发生在这一时代背景下。民初一位旅居上海多年的外国女侨民曾在其著作中专门介绍上海人结婚仪式。她提到女方嫁妆中有:"中国风格的浮雕

---

① 1915 年孔祥熙赠宋庆龄结婚纪念银碗图片摄于 2018 年"海上琼英　国之瑰宝——宋庆龄与上海"大型文物特展现场。

银器、银筷……华丽的银质中国酒杯……"①《申报》编辑、上海青浦人王纯根在民国初年所著《百弊放言》一书中提到"近年来,社会风俗崇尚奢侈,凡资财较雄厚的嫁女之家,必备银台面以实妆奁"。到 1920 年代后更多上海人结婚时会收到亲友赠送的银器礼物,银质酒具、茶具、餐具等作为女方陪嫁的记载屡见不鲜。20 世纪早期,上海人赠送的结婚银质礼品以银碗为主。1920 年代起,结婚礼品中银盾、银瓶等品种不少。上海徐汇区收藏家协会副会长徐恒皋手中藏有多座老上海结婚用银盾,其中几座为 1924 年上海著名医学博士牛惠霖与刘义基女士结婚时的贺礼。1924 年 11 月 12 日留英医学博士牛惠霖与留美学生刘义基在上海某教堂举办西式婚礼,晚上在大东旅社宴请中外来宾。当时,牛惠霖留学归国在上海服务已十多年,担任中国医学会会长、上海红十字会总医院院长,加之牛家与宋庆龄家姻亲关系,牛惠霖在上海滩声名显赫,他的婚礼高朋满座,嘉宾云集。《申报》记载,牛惠霖与刘义基结婚那天,中外来宾络绎不绝,在大东饭店宴请客人共 200 桌,1000 多人。沪上众多名流纷纷出席牛惠霖的婚宴并赠送贺礼。当时婚礼上收到的贺礼五花八门,至今所见有银盾、银瓶等。

1980 年代,牛惠霖家族所藏银器陆续流入市场,其中有上海怡和洋行买办甘炽先及其妹妹赠送的"皓首为期"银盾,也有上海名医杨钟甫赠送的"良缘夙缔"银盾,还有徐锦桂先生携三子赠送的"荣谐伉俪"银盾、臧伯庸敬赠"天成嘉偶"银瓶等。这些银器除了铭刻庆贺结婚吉语外,器物上多饰有兰花、梅花、荷花等植物或喜鹊等动物图案,寓"喜上眉梢""白头偕老""百年好合""鸾凤和鸣"等吉祥喜庆意。近代著名洋务派代表人物盛宣怀孙女——盛佩玉回忆,1926 年她结婚时陪嫁中的桌上银饰,来自家中长辈赠送。结婚时,她还赠送丈夫一套银器文房

图三 1924 年"荣谐伉俪"银盾
徐恒皋藏

---

① Typical Shanghai Wedding, In: Mary Ninde Gamewell, *The Gateway to China*, New and revised edition, copyright, 1916 by Fleming H. Revell Company, pp. 173 – 174.

四宝。[①] 1935 年蝴蝶、潘有声结婚时明星电影公司总经理张石川赠送的银杯成为 2020 年宁波中国港口博物馆"白银芳华——从外销银器看晚清民初社会和商贸变迁展"上的亮点。上海人结婚赠送银器的习俗一直延续到 1940 年代。1946 年上海世界书局出版的《人事文件》中提到："喜银盾为新式礼品，盾上所刻文字表示祝贺之意。"[②]2021 年上海市历史博物馆"上海味道·美好生活——老上海饮食文物展"中，展出了上海市民捐赠的银质餐具若干。捐赠的西式银餐具一箱近 80 件，银器底部刻"郑府"二字，这可能是俗称银台面的一套嫁妆中的若干件。1940 年代末静安区市民结婚时的银梳妆具一套（永安公司包装盒内）至今在市民手中。

二、银器中的寿辰礼俗

结婚是人生大事，寿辰同样如此。20 世纪初，一部分上海人祝贺寿辰的赠礼除纸质"寿联"、食品"寿桃"等传统礼品外，也喜欢将银器当作寿辰之礼。不过根据关系亲疏远近，赠送者经济实力差异，所赠银器的器形、大小也有所不同。上海浦东新区收藏家彭学伟先生手中珍藏一件银杯通高 17 厘米，杯径19.5 厘米，底径 8.5 厘米。银杯虽然流传半个多世纪，但银杯上的鎏金大字依然清晰可见。银杯右边铭文为"仲良先生八秩开一荣庆"，左边刻录铭文"上海永安公司杨辉庭、郭标、郭乐、马祖星、郭顺同赠"。杯体腹部中间为祝寿吉语"天纵遐龄"。因铭文中的"郭标"1932 年就突发疾病去世，此杯赠送时间在1932 年前。永安公司为老上海著名的集团公司之一。南京路著名的上海永安百货公司及大东旅社、永安纺织公司都是该集团公司下属企业，银杯赠送人为永安集团公司最高领导。郭氏兄弟是永安公司的大老板，杨辉庭、马祖星分别为上海永安百货公司的总经理和副总经理。银杯的受赠者为"仲良"。能有资格接收永安高层生日礼物的人定非等闲之辈。"仲良"似潮州旅沪巨商——郭仲良。郭氏幼年即随父亲来沪，成年后为上海著名买办，曾出任法国书信馆华人主任职务、上海法租界公董局董事，[③]在上海滩属于"长袖善舞"之辈。郭仲

---

① 盛佩玉著：《盛佩玉的回忆：盛氏家族·邵洵美与我》，人民文学出版社 2004 年版，第 74—75 页。

② 朱翙新编辑：《人事文件》，世界书局 1946 年版，第 43 页。

③ 马学强、张秀莉：《出入于中西之间：近代上海买办社会生活》，上海辞书出版社 2009 年版，第 87 页。

良1929年起长期担任上海潮州会馆领袖，1930年代郭长期出任广东旅沪同乡会董事。在上海粤侨社交圈，郭仲良深得广东同乡的信任和尊敬，并与上海商界、学界、慈善界名人来往密切，拥有较高社会地位和声望。对于正在上海发展事业的人来说，结交这样一个前辈老乡对他们在上海的事业发展不无裨益。于是在郭仲良大寿时永安集团最高领导特地定制这只银杯就不足为奇了。需要指出的是，此银杯的赠送者与接受者祖籍都在广东，他们将广东的寿辰习俗带到了上海，当年向郭仲良送银器礼物的还有其他同乡。上海徐汇区收藏家徐恒皋先生手中"南极星辉"银质寿杯，同样是仲良寿辰之礼物。此杯规格虽不及"天纵遐龄"寿杯庞大，但杯侧錾刻潘澄波、杨梅南等几十名广东旅沪名人姓名，几乎囊括了1930年代广东旅沪名人。与"天纵遐龄"银杯比较，"南极星辉"银质寿杯体积较小，但它錾刻文字内容更加丰富，赠杯者遍及上海各个领域。这两款银器，对研究近代上海社会移民文化，以及近代沪粤历史关系，均有参考意义。

彭学伟先生藏1937年上海青年会象棋比赛银质奖杯"锦亭杯"，其实也是祝寿礼物。该杯是无锡寓沪象棋名流曹锦亭七秩寿辰时，其子曹炳泉、曹炳生为父祝寿，特制银杯，并存青年会举办象棋比赛之用（该杯实物图片见第85页图十四）。

图四　1930年代"南极星辉"银杯
上海徐恒皋先生藏

图五　1937年3月8日申报"锦亭杯"
中将级象棋比赛报道

图六　1936 年虞洽卿 70 寿辰礼物之"寿同金石"银杯

1936 年 7 月上海商界名流虞洽卿 70 岁寿辰，曾轰动上海滩。不仅上海市长出席庆祝典礼，上海公共租界工部局，南京国民政府领袖蒋介石也派人参加。虞洽卿 70 岁寿辰庆祝仪式分别在上海市商会大礼堂及宁波同乡会进行。当时上海各界送礼甚多，有银盾、银船、银鼎、银杯及其他名贵礼品，仅银盾大小百余件。当年盛极一时的虞洽卿 70 寿辰盛典及礼品，基本停留在文献中。近年笔者在市场上有幸遇到一只银杯，高 16 厘米，为 1936 年中国银行上海分行赠虞洽卿 70 寿辰礼物。该杯壁刻"寿同金石——虞洽卿先生七秩寿辰/中华民国廿五年六月十九日（公历 7 月 5 日）/中国银行上海分行敬贺"，即为 1936 年虞洽卿 70 岁生日遗物。

生辰之际，赠送的银器礼物有多种。除了上述名流生辰银礼外，还有不少银质生日礼物。如 1939 年上海中西大药房总经理周邦俊 50 秩华诞，上海滩名流政要合赠银匾一方，以示庆祝。[①] 宋庆龄母亲六十大寿时家族友人赠送银器礼物——一枚银盾。上海市历史博物馆展厅中有小型银质酒杯一个。银杯侧面铭文表明，该杯为女儿和女婿送给父辈寿辰礼物。银杯虽然不大，但儿女对长辈的真诚祝福尽在杯中。最近上海市历史博物馆"上海味道·美好生活——老上海饮食文物展"中展出近代裘天宝银楼款银壶一把，此壶把手一侧錾刻铭文，与老凤祥银质酒杯侧面铭文一致，同为女儿、女婿赠父辈礼品。不过，裘天宝银楼款银壶的制作更加精美。该银壶表面装饰"松鹤同寿""花开富贵"纹，寓意吉祥喜庆。靠近银壶把手处铭文"父亲大人五秩寿庆纪念，婿忍之女耐雪拜祝"。上海市历史博物馆近年还收藏到宝山陈伯吹与其母亲、弟弟早年赠送北新书局编辑的银筷。银筷比较简朴，对经济状况不是很好的家庭而言，送银筷已经是不小的开支。

---

① 《申报》1939 年 1 月 13 日。

图七　民国老凤祥款寿杯　　　　图八　民国裘天宝银壶
上海市历史博物馆藏　　　　　　上海市历史博物馆藏

　　若干年前,外滩上海市档案馆曾展出上海老字号文献档案与实物资料,老凤祥有限公司提供的1920年代白银摆件:祝寿图及帆船,特别引人注目。祝寿图摆件构图合理,寓意吉祥。图中两银人高低错落,站立在红木底座上,中以"福如东海"银牌相连;另一摆件为银质帆船,船上三张帆仿佛迎风而动,寓"一帆风顺"之意。从展品说明看,老凤祥此两件银摆件,可能为该公司1920年制作银器礼物。透过这两件遗物,可遥想当年老凤祥银楼白银礼物的工艺水平与上海社会喜好。

图九　1920年代老凤祥白银摆件
上海老凤祥有限公司藏

三、银器中迎来送往

近代上海经济发达，移民众多，社会人口流动频繁。无论是中国居民、还是外国居民，上海只是他们生命中的一个驿站。迎来送往中，银器是富裕的中外居民表情达意的载体。

迎接来沪客人时，近代上海人常以银器表达欢迎、崇拜、祝福等意。如：1922年3月初，法国霞飞将军到上海时，史载上海法租界某公学特制中法文合璧银盾一座"以表吾国人民崇拜先进共和国之模范军人云"①。1933年9月飞行家孙桐岗到上海，虞洽卿等在大东酒店设宴款待并赠送银碗一只、花篮两个以示欢迎。② 遗憾的是，迎接访沪客人的银器实物露面不多。1925年英商好华有限公司董事莅临上海时所得礼物——银盘现存上海市历史博物馆。

作为临别礼物赠送的银器，无论是文字记载还是留存实物，相对较多。近代上海人欢送上司或朋友离开时会举行一些小仪式：聚餐、摄影留念、赠送礼品等。19世纪下半叶起，银器常被当作离别仪式中的礼品赠送即将离沪之人。把银器作为临别留念的习俗可能也来自外侨，这一风尚很快被善于学习的上海居民"洋为中用"。早在1860年代，旅沪为官的李鸿章就赠送给英国人戈登一个银壶作为临别留念。③ 1900年前，作为临别礼物赠送的银器实物遗存至今的并不多见。长沙博物馆藏"堆焊葡萄藤果盘"为1900年前上海万国商团德国队司令辞职返乡时所得礼物，保存至今，实属不易。该盘底铭文清晰，为德文。大意为"1894年12月4日，上海公共租界万国商团德国队司令离职返乡时所得礼品"。此为目前笔者所见上海最早的临别银质礼物实体。该银器为上海广帮银楼联和号制作，工艺繁复，保存完好（实物图片见第234页图十三）。

1900年后，访问或侨居上海的外国人离开上海时，中国人赠送银器礼品作为临别留念越来越多。1907年10月8日，美国陆军部长塔夫托访问上海。离别时，上海绅商将一只银碗赠他以作留念。1918年美国驻沪总领事离开上海

① 《申报》1922年3月7日。
② 《申报》1933年9月10日。
③ 参见郭嵩焘著：《伦敦与巴黎日记》，该书收录于钟叔河主编：《走向世界丛书》，岳麓书社2008年版，第172页。

时,上海商会为感谢他在公共租界会审公廨的服务,赠送他一只银杯以示感谢和留念。现存长沙市博物馆的一只银爵炉也有故事。该银爵炉为 1930 年日本东棉的已裴先生离开中国时,上海及汉口的东棉同人制赠他的纪念品。[①] 2013 年旅美华侨龙先生从美国旧金山文物市场上带回一只精美的银碗(实物图片见第 244 页图二)。龙先生带回的银碗腹部一侧刻有英文款识:"Presented to Mr. & Mrs. R. P. Newell with best wishes of the Compradors Staff National City Bank Shanghai, March 1939."银碗内部全体鎏金,外部浮雕梅花,该银碗底部刻"HUNG CHONG"。该银碗的受赠人为花旗银行上海分行的牛惠尔(即杯体上的 R. P. Newell)及其夫人。牛惠尔曾分管花旗银行上海分行财务。从他保存的另一只比赛银杯来看,牛惠尔最晚在 1929 年已经来到上海。1930 年代牛惠尔住在今天淮海路某一公寓内。因工作出色,1939 年 3 月,牛惠尔奉调到花旗银行纽约总部任职。此杯侧铭文"Compradors Staff"指花旗银行买办间职员。花旗银行买办间的中国职员在买办领导下协助花旗银行上海分行在中国开展业务。在长期的合作中,花旗银行买办团队与牛惠尔之间建立了深厚的友谊。于是在 1939 年 3 月,他的中国同事特地到南京路鸿昌号定制了一只银碗赠送给即将离开中国的牛惠尔夫妇。直到 1940 年代,外国友人离开上海时依然会有很多人得到上海人赠送的银器礼物。

　　值得庆幸的是,2000 年以来,当年流落外国的银器礼品逐渐回流国内。上海市历史博物馆藏"去思在怀"银杯及"1936 年谋得利洋行中外员工赠沃特森经理银盘"(银盘实物图片见第 249 页图七)。前者为 20 世纪三四十年代长期在上海邮政管理局担任会计、副邮务长、新生活运动委员会指导员的外籍人士格连维离任时,上海邮政管理局会计处的中外同事赠送;后者为上海南京路著名的钢琴及其他乐器制作、销售商行——谋得利洋行经理沃特森 1936 年退休回国时,该洋行中外员工赠送礼品。[②]

　　中国人离开上海时,也会收到银器作为临别礼物。如 1937 年,新任驻美大使王正廷离开上海前,上海 60 余团体举行茶话会欢送。茶话会上,各团体赠送他银匾一只,上刻"为国宣劳"四字,表达赠送者对王正廷此行的慰勉。

---

① 董洪全编著:《海外珍藏·清代银器鉴赏》,西泠印社出版社 2012 年版,第 110 页。

② 参见《民国英文款竹节龙纹银盘》,载于上海市历史博物馆编:《都会遗踪》第 2 期,学林出版社 2012 年。

1929 年铁路沪杭段工程处同人赠送光华先生的临别纪念品为"惠及劳工"银盾。银盾镶嵌在红木底架上,银片上密密麻麻錾刻满了工程处同事的名字。该银盾现存上海铁路博物馆,为该馆重要收藏品之一。

图十　民国"去思在怀"银杯　　　　　图十一　1929 年"惠及劳工"银盾
上海市历史博物馆藏　　　　　　　　　　　上海铁路博物馆藏

四、银器中的恩情礼俗

俗话说,礼多人不怪。上海人社交生活中礼俗繁多。用银器表达感恩之情是其中一种。前几年,上海市历史博物馆征集到海上名医——张氏中医世家的一批文物、文献,其中有 1930 年代病人赠送张蔚孙中医的"妙术奇方"银盾一枚。"妙术奇方"银盾上有如下铭文:"蔚孙兄台大医士:几代世医,家传黄石妙诀,能起死回生,而诊贫之不计。正是行圣贤济世之道,保障民生,竟鲜其匹,为社会所推重,而敬赖之耶。惟弟常有精神不振,屡烦兄诊治,始见愈,可仁心之恩,何敢忘厥于怀? 以志缀语,未可言报,仰乞哂存为感。弟田焕彩谨赠并识。"[①]

从该银盾上的铭文看,田焕彩是一位病人,多次找中医张蔚孙为其治疗并取得明显疗效,病人对张医生的高明医术及高尚医德万分景仰,为表谢意,特制"妙术奇方"银盾一座,赠予张医生。不仅张家有病人赠送的银盾,上海医疗机构或其他名医都曾收到病家赠送的银器。1929 年上海肺病疗养院,曾获病人

---

① 张文勇主编:《海上名医——张氏中医世家》,上海人民美术出版社 2007 年版,第 87 页。

赠送"济世救人"大银匾一方。① 海上著名西医牛惠霖女儿在回忆其父亲时曾写道:"牛惠霖高超的医术给病人解除了痛苦,同时也为他带来了声誉。由于他妙手回春,药到病除,于是许多病人怀着感恩的心情,送来金匾银盾,盛赞他的医术。"下图均为上海收藏家徐恒皋先生收藏民国时期病家赠送牛惠霖的银盾。其中1923年12月,钮永健敬赠牛惠霖医学博士惠存"刀圭神术"银盾虽貌不惊人,但历史价值较高。②

图十二　民国"再生之德"银盾
徐恒皋藏

图十三　民国"仁者之为"银盾
徐恒皋藏

图十四　1923年"刀圭神术"银盾
徐恒皋藏

图十五　民国"神乎其技"银盾
徐恒皋藏

---

① 《申报》1929年12月4日。
② 牛恩美:《牛惠霖1889—1937》,载于黄树则主编:《中国现代名医传》(二),科学普及出版社1985年版,第3页。

　　上海人以银器表达谢意的礼俗并不限于医患之间。其他人做好事后也常会收到银器谢礼。史料记载，外交部驻沪交涉使杨小川离开上海时，上海各团体代表为他饯行并赠送匾额、银盾。当时银盾上铭刻中西文合璧颂词中文曰："小川先生以交涉专使观察斯邦，前后秉节凡阅五年，伏念先生建树勋猷，折冲樽俎，卓卓然大者远者，固已功在国家，彪炳海内外，毋待赘述。惟同人等有不能已于言者。盖以直接所受之德泽至为优渥。默尔而息夫岂人情？兹举一二言之：则破除官商之畛域而相与切磋，推广海外之经营而设法保护，希望国货之发达而极力维持，以及振兴教育，普济灾黎，凡兹事事靡不出自盛德……"①

　　1924年，中国救济会为感激法国邮轮公司在日本救护中国遇难同胞，特地制赠银盾一座送给邮轮船主，以表示谢意。② 为表示感恩而赠送人银器的礼俗到1940年代还保存着。中共一大会址纪念馆内珍藏一只银炉。该银炉是解放前上海著名烟草公司工人感谢该公司工会领导而特制的谢礼。1947年7月1日，颐中三厂资方借口撤销广告部，宣布解雇印刷厂打样部68名职工。陈三连等颐中工会领导出面，代表工人与资方代表唇枪舌战，据理力争，迫使资方收回成命，反解雇斗争终获胜利。事后，颐中三厂工人为表达对该厂工会领导的感激，特地在上海定制了一座银炉，并题词赠送给颐中烟草三厂工会领袖（实物图片见第156页图十二）。③

　　"一日为师，终身为父"。中国人尊师尊教的传统、学生对老师的感恩之情也凝结在近代上海银器中。1920年南洋兄弟烟草公司简照南为感谢黄炎培、朱少屏等顾问及主试官在选派留学生中的贡献，特地定制大银盾赠送以示感谢。银盾上刻"乐育英才"四字。④ 1924年7月10日《申报》载，圣约翰大学医学院老教授林嘉莲博士离开上海时，圣约翰大学医学院牛惠霖、刁信德等上门欢送，并赠送银杯、银盾等礼品。这些礼物大多湮没于苍茫史海中。少数铭记师恩的银器，留存至今，弥足珍贵。

　　上海韬奋纪念馆陈列室中陈列着一块"教不倦"银盾。银盾是韬奋先生在"中华职业学校"任教期间，学生们敬送给他的。银盾右上方刻的是："恩润我师

---

① 《申报》1917年5月7日。

② 《申报》1924年1月14日。

③ 参考中共一大会址纪念馆、上海革命历史博物馆筹备处：《馆藏文物精华》，上海书画出版社2002年版，第191页。

④ 《申报》1920年8月19日。

惠存"；左边则是敬赠学生黄望平、大龄、张立颜等 11 位同学的署名；中间刻着三个大字"教不倦"。表达了中华职业学校学生对恩师的感念（实物图片见第 46 页图三十二）。

　　同样性质的银盾，上海市历史博物馆也保存着一座。即上海少年宣讲团同人赠送汪龙超"苦心孤诣"银盾。

图十六　民国"苦心孤诣"银盾
上海市历史博物馆藏

　　上海交大校史馆藏 1919 年上海南洋公学技击部全体敬赠刘震南先生六秩大庆银盾"南山之寿"一枚，表达了学生对老师的感恩与祝福。

五、银器中的职场情谊

　　公司开业、开幕，个人职场升迁或调动时，常会收到职场同僚或亲朋好友的祝福纪念物品——银器。如 1931 年 7 月 4 日《申报》载，上海中和商业储蓄银行开幕时各界名流所赠楹联及银盾，陈列满室。1931 年 11 月 2 日《申报》载，宁波路中国营业公司开业，除了收到商界名流题词外，还收到各界馈赠银盾、银杯等。笔者在收藏家徐恒皋处见到牛惠霖医院大厦落成上海开业时药商赠送银盾一枚。银盾左刻文字"惠霖先生大厦落成之喜"，中央铭刻贺词"美轮美奂"，落款为：美泰西药行朱五均敬赠。美泰西药行是民国初年上海有名的一家医药商品公司，1917 年起朱五均任美泰经理。在名医牛惠霖先生大厦落成之际，朱五均特赠银盾贺喜。此银盾为研究民国上海药商与医生关系的一份物证。曾出现于上海拍卖行的一款民国杨庆和款银香炉，为庆祝某公司开业典礼的遗物。上海市历史博物馆藏"医界之光"银盾一枚，银盾用途为郭太华敬赠元英医师开业志喜。

图十七　民国"美轮美奂"银盾　　图十八　民国杨庆和款银香炉
徐恒皋藏

1930年上海浚浦局张承惠荣升水理科总工程师时所获赠礼银爵杯，铭文"萧规曹随"，本为上海文物商店旧物，后为上海市历史博物馆征购。该杯背后是南京国民政府建立后，民族主义思潮推动下，上海浚浦局等机构内，华人地位逐渐上升，列强势力逐步衰退的历史风云。

图十九　1930年"萧规曹随"银爵杯
上海市历史博物馆藏

上海外侨职务升迁,周围亲友、同事等也常以银器礼物赠送贺喜。1940 年美国驻沪总领事署全体华职员赠高斯总领事荣升美国驻澳首任公使之银盒,曾回归大陆,出现在上海文物市场,可惜价格过高,现去向不明(实物图片见第 247 页图五)。

上海市历史博物馆近代史展厅有"大展鸿才"银盾一座。银盾为上海文艺界名人周翼华祝贺胡治藩的礼物,银盾上款"治藩吾兄荣任之喜",银盾中央刻"大展鸿才"贺词。下款"弟周翼华敬赠",表达后者对前者的祝福与希望。该银盾可能是 1945 年 8 月底胡治藩受命为中华电影公司接管委员会委员时所得。作为浙江实业银行创始人之子,胡治藩多才多艺。他在从事金融工作之余,雅好文艺,早在 1930 年代胡治藩便在上海文艺界声誉鹊起。1945 年 8 月底,他与周翼华等同时受命接管中华电影公司,踌躇满志,意气风发。多年友人、同事周翼华可能就是在此时赠他"大展鸿才"银盾以示祝贺。

图二十　民国"大展鸿才"银盾
上海市历史博物馆藏

近年来,民国时期上海著名工商界领袖冯少山先生家中所藏"商界屏藩"银香炉同他珍藏的民国时期老照片等一起,陆续流入上海市场。其中,银香炉被上海收藏家彭学伟收藏。香炉铭文"商界屏藩"几个字。想来冯少山先生是非常珍视个人名节的,漫长的人生岁月中,他把鋟刻"商界屏藩"的这个银香炉保存得如此完好。1912 年,同孚洋行的冯少山即为上海总商会会员。[①] 1920 年起冯少山为上

图二十一　民国"商界屏藩"银香炉
彭学伟藏

① 参考上海市工商联合会、复旦大学历史系编:《上海总商会组织史资料汇编》上海古籍出版社 2004 年 12 月版上册第 153、293 页,下册第 553 页。

海总商会会董。1927年5月,冯少山被选举为上海总商会临时委员会常务委员,1928年4月起,冯少山担任上海总商会主席委员。此后,冯少山曾任民国中华全国商会联合会领导等职。在近代中国三座大山盘剥、压力下,冯少山等工商界领袖为近代上海、乃至中国工商业发展殚精竭虑,贡献良多。银香炉上"商界屏藩"四个字,是商界对冯少山的评述,可能冯少山先生内心对这个评价极其珍视,将此银炉一直保存至死。

　　更多的社交银器礼物停留在画面或文字记载中。从1928年德士古洋行中外职员合影等老照片中可以看到很多银器的影子,但实物已经不知踪迹。还有少数社交用银器未来得及销售,留在老银楼的仓库中,如下图老凤祥银楼库房藏银器。

图二十二　　1920年代上海老凤祥银摆件

图片为张心一先生惠供

小结

上海是近代中国多功能经济中心，也是近代中国城市化进程最快、最早的城市。一方面发达的经济为居民消费提供了坚实基础。另一方面，经济飞速发展的背后是人口聚集、竞争激烈、关系复杂、机遇难得，人们需要通过各种各样的社会关系来创造机会、获取信息、维系感情。上海社交生活丰富、频密，各种各样的社交赠礼应运而生，兼具观赏性、实用性。代表奢华和财富的银器受到上海某些社会阶层的青睐，从而成为近代以来上海社交礼俗的重要载体。沪上中外居民社交生活对银器的大量需求也刺激了老上海银器市场的繁荣，实力雄厚的上海银楼、外国首饰店等则为社会供应着源源不断的银器。老上海丰富多彩的社会生活和纷繁复杂的社交礼俗，人情世故，如今或许可以通过一些老银器窥探一二。

（原作发表于《上海文博论丛》2014 年第 2 期，修改于 2023 年 6 月）

第七章　银器中的革命记忆

近代中国革命记忆大多藏于平面纸质文献中,承载革命记忆的立体物件珍藏相对较少,金属类尤其难得。笔者在多年工作中有幸见到几件珍藏革命记忆的银器,这些银器不仅是精美的工艺品,更难得的是它们珍藏着近代以来中国革命的珍贵记忆,历史价值较高。

一、"银章"中的辛亥风云

2002 年上海书画出版社出版、中共一大会址纪念馆、上海革命历史博物馆筹备处编辑的《馆藏文物精华》第 32 页,有一枚银章。此章文字说明如下:沪军都督府证章,1911 年 11 月,银质,直径 4.1 厘米。同样的银质证章,上海市历史博物馆也有保存。这两枚银章虽小,却珍藏着 1911 年上海地区辛亥革命的风云往事。

图一　1912 年沪军都督府门景

证章命名来自该章正面中文字"沪军都督府",沪军都督府是辛亥革命上海光复后建立的地方政府。该政府存在时间不长(1911 年 11 月—1912 年 7 月 31 日),但在近代上海、乃至近代中国历史上却影响深远。关于沪军都督府,有关论著很多,不再赘述。此处围绕证章中的十八星旗及英文字母,略作探讨。

辛亥革命时很多起义军使用了十八星旗作为革命标志，意为联合十八行省，实行铁血主义，实行革命。上海光复后，街头使用革命旗帜各种各样。此枚证章第二层中央顶部錾刻十八星旗，表明在 1911 年 11 月沪军都督府曾用十八星旗为革命标志。此枚证章第二层有英文字母 THE UNITED PROVINCES OF CHINA，英文单词直译为：中国各省联合会。结合历史资料，笔者认为，此处英文也许可以翻译为：上海各省都督府代表联合会。

武昌起义爆发后，相继独立的各省筹划建立一个联合机构。湖北与江、浙、沪革命领导人均有此议。11 月 15 日，各省都督代表在上海召开第一次联合会。关于这一临时组织，陈旭麓等主编《中国近代史词典》(上海辞书出版社，1982 年 10 月版)曾有专门条目：

1911 年(宣统三年)10 月武昌起义后，湖南等十余省相继光复。11 月江苏都督程德全、浙江都督汤寿潜与上海都督陈其美先后倡议各省都督府派代表到上海开会，讨论建立临时政府事宜。15 日，有十省共二十二名代表到会(代表中立宪派占半数以上，并有少数旧官僚和封建士绅)，组成各省都督代表联合会(又名代表团)。

各省都督府代表联合会通过《中华民国临时政府组织大纲》，根据此组织大纲召开临时大总统选举会，选举出南京临时政府总统后不久，各省都督代表联合会由参议院取代。

1911 年 11 月沪军都督府倡议设立联合机构的理由之一是代表中国对外交涉。1911 年 11 月沪军都督府证章上的 THE UNITED PROVINCES OF CHINA，很可能就是 1911 年 11 月 15 日在上海正式成立的各省都督代表联合会。

证章也许是 1911 年来沪参加各省都督代表联合会代表所遗，留存至今的这两枚证章，见证的可能是 1911 年 11 月上海各省都督代表联合会历史风云。

图二　沪军都督府纪念章

中共一大会址纪念馆藏

中共一大会址纪念馆将这枚貌不惊人的证章列为馆藏精品,并非偶然。

二、1919 年"公理战胜"纪念章与五四运动

1919 年"公理战胜"斧头纪念章是上海历史博物馆藏品之一,该件体量很小,形状奇特,如一柄斧头,文物级别是藏品级。该章两面分别錾刻"公理战胜"和"中华民国八年三月十五日"字样。

2018 年筹备银器专题展览时,经上海老凤祥银楼国际艺术大师鉴定,"公理战胜"斧头纪念章为民国时期北京地区银珐琅艺术作品。多年前,笔者接手上海历史博物馆前辈留存虹桥路展陈大纲时,对该枚纪念章被列入五四运动展陈内容,一直疑惑不解。

一次偶然机会,读到上海《嘉定报》载《民国建筑家吴鼎》,文中所配斧头纪念品图片与上海历史博物馆藏"公理战胜"纪念章一模一样。[①] 据作者介绍,该纪念章为民国时期曾在北京市政公所主持设计、改建"公理战胜"牌坊的吴鼎所留。北京文史资料辑录许恪儒《公理战胜牌坊与先父许宝蘅》一文提到,当年在立公理战胜牌坊的同时,还发有"公理战胜"四字纪念章。

1918 年 11 月第一次世界大战以英、法、美等协约国战胜结束,德国成为战败国。中国因加入协约国阵营而成为战胜国之一。1918 年 11 月 14—16 日,北洋政府下令举国悬挂国旗庆祝协约国胜利。一时间,"公理战胜强权"成为中国人的口头禅。陈独秀、李大钊 1918—1919 年都曾有专文提到这点。

"公理战胜"纪念牌坊及该斧头纪念章是第一次世界大战协约国胜利后北京政府为"纪念协约国胜利",隆重举办公理战胜纪念碑(又称协胜纪念碑)开工典礼的纪念物品。

1918 年 11 月,上海、北京等地纷纷以各种形式庆祝公理战胜强权。在民间推动下,北京政府同意将义和团运动后被迫树立的克林德碑拆下,改在当时的中央公园建设公理战胜纪念碑(也称公理战胜纪念牌坊,又称协胜纪念碑),中央政府拨款交由北京市政公所筹备一切。时在北京市政公所的上海嘉定人吴鼎参与这一重大项目。1919 年 3 月 15 日,公理战胜纪念碑正式举办开工典

---

① 钱承军:《民国建筑家吴鼎》,载于《嘉定报》2015 年 4 月 28 日,第 8 版。

礼。当天，北洋政府总统代表、国务总理、两院议长、军政警各界要人、外交团使臣等数千人到场参加公理战胜纪念碑开工典礼。① 典礼上除了印铸局所造银质大礼斧外，"尚有礼斧500个分赠参与典礼之人"。② "公理战胜"牌坊改建工程见证了第一次世界大战胜利后中国人民举国上下对公理战胜强权的美好纪念、期盼。

图三　1920年代北京中山公园公理战胜纪念牌坊

希望多大，失望多大。陈独秀1918年12月为《每周评论》所撰发刊词中提到：自从德国打了败仗，"公理战胜强权"这句话几乎成了人人的口头禅。然而不久，"巴黎和会上的外交失败又使中国人陷入了痛彻心扉的悲凉"。北京的学生首先行动了起来，他们高呼爱国口号，冲破军警阻挠，勇敢地走上了街头，五四运动爆发。

"五四运动的发生直接源于巴黎和会中国外交交涉之顿挫，然追溯其更早的缘由，与第一次世界大战结束之际的国际局势亦有关联"。当时参加公理战胜纪念碑开工仪式的要人们纷纷发言"此碑不特足为公理战胜强权之纪念，并足为中国与协约各国永远友好之纪念"。③ 上海历史博物馆藏"公理战胜"银珐琅斧头章是1919年3月北京政府举办"公理战胜"纪念牌坊开工典礼上赠发的

① 张浩然编：《五四新文化运动研究资料汇编》，第9册，广陵书社2019年4月版，第284页。
② 《纪协胜纪念碑之开工式》，载于《申报》1919年3月18日。
③ 汪朝光著：《中国近代通史》第6卷《民国的初建1912—1923》，江苏人民出版社，2009年9月版，第278页。

纪念品,见证了第一次世界大战结束之际的国际局势,也承载着第一次世界大战结束后全国上下对"公理战胜"的美好期盼,因而与五四运动密切关联。上海历史博物馆前辈们多年从事中国近现代历史研究,对五四运动前后经过了然于胸。他们当年收藏此物,并将此物定为珍贵藏品,并非随心所欲。

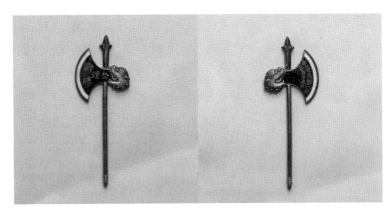

图四　1919 年公理战胜纪念章

上海市历史博物馆藏

三、"银戒"中的五卅记忆

2015 年 7 月底,上海市委统战部与上海市档案局曾在上海展览中心联合举办过一个展览,名为"中国梦·同舟行——上海统一战线图片实物展",该展首次展出的实物有雪耻社"毋忘五卅"银戒。同样的银戒,上海市历史博物馆也有收藏。戒指很小很小,但它是 1925 年轰轰烈烈的五卅反帝爱国运动的珍贵见证物。2024 年"光荣之城——上海市革命场馆联盟红色文物史料展"展出此戒。

在日本内外棉厂日籍资本家枪杀领导工人抗争的共产党员顾正红后,1925 年 5 月 30 日,在中国共产党领导下,上海 3000 多名爱国学生与工人在上海公共租界举行反帝活动,遭到上海租界英国巡捕血腥镇压,发生了震惊中外的五卅惨案。惨案发生后,全市人民在中国共产党的领导下,发动总罢工、总罢课、总罢市的"三罢"斗争,反帝的浪潮汹涌奔腾。江、浙、粤等地学生、工人等纷纷声援上海反帝运动,全国各重要城市都组织了工商学联合会、雪耻社、沪案后援会等组织,进行反帝爱国运动,在全国范围内掀起了大革命风暴。

图五　《五卅事件》封面　　　　　　图六　1925 年 3 月《中国青年》

据姜沛南、茅盾等同志回忆，五卅运动中，在中国共产党领导下，上海三十余个革命团体组织过"日本惨杀同胞雪耻会"。[①] 1925 年李大钊等在北京组织"沪案雪耻会"；同年毛泽东以"打倒列强，洗雪国耻"为号召，在韶山地区建立公开的革命群众组织——雪耻会，并组织宣传队、讲演队，进行反帝反封建的宣传鼓动。[②] 1925 年 7 月 16 日上海工商学联合会代表张超、虞仲成到镇江，招请镇江报界及外交后援会、学生联合会等团体开茶话会，吁请救济沪上十四万七千多罢工工人，并速组农工商学联合会，以为援助等。山西太原、山东济南、浙江宁波、江西安源等地均出现沪案雪耻会（社）。上海"五卅"惨案在全国引发的爱国反帝运动影响之广泛，由此可见。

至今遗存上海市历史博物馆的一枚雪耻社"毋忘五卅"银戒指，可能是五卅运动时期某个"雪耻社"遗物。

此银戒虽小，但正如银戒铭刻"毋忘五卅"所嘱，睹物思人、思事。每次看到

---

① 茅盾著：《我走过的道路》上册，人民文学出版社 1997 年 12 月版，第 290 页。
② 中共中央党史资料征集委员会征集研究室编：《中共党史资料专题研究集·党的创立和第一次国内革命战争时期》，中共党史资料出版社 1989 年 11 月版，第 192、193 页。

此戒,1925 年席卷全国的中国反帝爱国运动的热血画面仿佛就在眼前。

图七　雪耻社"勿忘五卅"银戒指
上海市历史博物馆藏

四、"银杯"中的"统一先声"

上海孙中山故居纪念馆收藏了一只漂亮的银杯(铜镀银)。银杯通高 58 厘米,通宽 40 厘米,说明文字:"1924 年 11 月广州总、市商会题赠孙中山的'统一先声'银杯"。该银杯工艺精湛,装饰华美。银杯中央部分楷书大写"统一先声"四个字,上款为"孙大元帅北上纪盛",下款为"广州总、市商会敬祝"。① 到上海中山故居纪念馆参观的人群,常常在这个银杯前驻足良久。吸引人们的不仅是杯子本身精美的工艺和装饰,更重要的是银杯后的历史故事。该银杯将近百年前广州人民乃至中国人民希望国家早日实现统一的心声、孙中山为民族复兴奋斗精神留存在银器中。

袁世凯窃取辛亥革命胜利果实后不久去世,中国陷入军阀割据。为了实现救国救民的革命理想,孙中山在辛亥革命后一直苦苦寻求革命盟友。1920 年代在共产国际和中国共产党的帮助下,孙中山的革命思想和战略发生了重大转变。1923 年 2 月,孙中山在广州领导建立革命大本营。1924 年 1 月,中国国民

① 上海孙中山宋庆龄文物管理委员会编:《上海孙中山宋庆龄文物图录》,上海辞书出版社 2005 年 7 月版,第 238 页。

党第一次全国代表大会在广州召开,会议通过了《中国国民党第一次全国代表大会宣言》。宣言强调,进行国民革命,实行三民主义,为中国的唯一出路。会后,孙中山领导的国民党不仅与中国共产党建立合作关系,而且联合北方的某些军阀,开展国民革命。

　　1924 年直系将领冯玉祥部队趁第二次直奉战争爆发之际,发动北京政变,囚禁直系首领曹锟,控制北京。中国政局为之一变。为讨论政变后中国政治局势,冯玉祥邀请孙中山北上商谈国事。孙中山此时身体病弱,一度危在旦夕。但为国家统一、人民福祉,孙中山还是决定北上。

　　1924 年 11 月 10 日,孙中山在广东发表《北上宣言》。孙中山在宣言中重申国民党"一大"通过的三民主义政治纲领,明确宣布反帝反军阀的政治立场。11 月 12 日广州各界为欢送孙中山北上,特地召开盛大欢送会。11 月 13 日孙中山一行离开广州。本文所述银杯为 1924 年 11 月孙中山一行离开广州北上时,广州总、市商会两团体赠给孙中山的临别礼物。银杯表达了广州商界对孙中山北上商谈国事的大力支持,同时表达了包括广东商民在内的广大中国人民对国家统一、民族复兴的殷切希望。

图八　1924 年广州总、市商会题赠孙中山的"统一先声"银杯

上海孙中山故居纪念馆藏

五、"银盾"中的抗战记忆

复旦大学校史馆内,摆放着齐锡宝捐赠的一枚银盾(章)。该银盾造型简洁,纹饰朴实无华,但银盾上铭刻的文字令人对银盾的主人肃然起敬。

银盾铭文:民国二十一年一月二十八日,日本兵寇上海,本校校舍于二月二十日被占,至五月二十八日收回,庶务主任齐景贤先生不避艰险,备著勤劳,特赠银章,以嘉忠勇。复旦大学校长李登辉。

银盾主人为齐景贤先生,即齐云。银盾铭文言简意赅。2022 年 6 月 9 日国际档案日,复旦大学发布的珍贵校史档案中曾介绍这一银盾,对该银盾历史背景做了补充:1932 年"一·二八"事变中,日军先后于一月二十八日、二月二十日,三月二十日三次占领复旦校园,派宪兵把守大门,在图书馆设立指挥所,子彬院、女生宿舍"东宫"等被占用。庶务主任齐云(字景贤)冒着生命危险,抢救学校财产,这是学校奖给他的银盾。

图九　1932 年淞沪战争期间复旦大学被日军占领

《复旦大学百年纪事(1905—2005)》载:1932 年 11 月 26 日校务会议决定:庶务主任齐云督同校工,于本年二月间沪战激烈时冒险护视校产,忠勇可嘉,由学校赠给银盾一座,校工由庶务处酌定酬赏。①

---

① 《复旦大学百年纪事》编纂委员会编:《复旦大学百年纪事(1905—2005)》,复旦大学出版社 2005 年 5 月版,第 77 页。

这枚银盾,记载的是复旦大学庶务主任齐景贤抗战时期护视校产的历史贡献及复旦大学对他的褒奖。像齐景贤这样,在抗日战争时期不畏艰险,冒着生命危险护校的上海师生相信还有很多。复旦大学庶务主任齐景贤先生是抗战时期爱国护校的众多上海师生的缩影、代表。该枚银盾不仅是复旦大学抗战时期历史文化遗产,也是上海珍贵的抗战文化遗产。

图十　1932 年复旦大学颁赠齐云银盾

六、"银炉"后的工运记忆

上海是中国工人阶级的大本营,中国共产党诞生地,近代中国光明的摇篮。从中国共产党诞生到上海解放,上海工人阶级多次在党的领导下,参加革命运动。中共一大会址纪念馆藏 1947 年 8 月上海颐中三厂职工赠送工会的银炉珍藏了解放战争时期上海工人运动的珍贵历史记忆。[①]

解放战争时期,国统区工人运动、学生运动此起彼伏,与中国共产党领导的人民武装反对国民党军队的军事斗争遥相呼应,对国民党的统治形成了威胁,史称"第二条战线"。上海是"第二条战线"的主要战场。

———————

① 中共一大会址纪念馆、上海革命历史筹备处:《馆藏文物精华》,上海书画出版社 2002 年 11 月版,191 页。

　　银炉上所刻"上海颐中三厂",老上海人并不陌生。驰名中外的"中华牌""牡丹牌"香烟的出品方——上海卷烟厂的前身便是英美烟草公司颐中三厂。在老上海,颐中三厂是工人集中、影响较大的企业之一。因为进步力量的渗透,颐中三厂职工在多次爱国运动中表现积极,是解放前上海工人运动中的一支重要力量。

图十一　1920 年代上海英美烟草公司浦东工厂

　　解放战争时期,根据上级党组织要求,颐中烟草三厂进步职工利用工会这一合法组织形式同国民党反动势力作斗争。

　　1947 年 7 月 1 日,颐中三厂资方借口紧缩关系,撤销广告部,宣布解雇印刷厂打样部 68 名职工。陈三连等颐中工会领导出面,代表工人与资方代表唇枪舌剑,据理力争,迫使资方收回成命,反解雇斗争终获胜利。① 事后,颐中三厂工人为表达对工会领导的谢意,特地定制了一座银炉,并题词赠送颐中烟草三厂工会领袖。

　　上海解放后,原颐中烟草三厂工会领导陈三连加入上海市总工会的筹建工作,并当选为上海市总工会第一次代表大会主席团成员及常务委员会委员。② 承载解放战争时期上海颐中烟草三厂工人运动历史记忆的这座银炉后

---

① 上海卷烟厂工人运动史编写组:《上海卷烟厂工人运动史》,中共党史出版社,1991 年 6 月版,第 369 页。
② 参考上海卷烟厂工人运动史编写组:《上海卷烟厂工人运动史》,中共党史出版社,1991 年 6 月版,第 371 页。上海总工会秘书处编:《解放后上海工会资料》,劳动出版社 1950 年 2 月版,第 68、69 页。

来被中共一大会址纪念馆保存，留存至今。①

图十二　1947 年 8 月上海颐中三厂职工送给工会的银炉
中共一大会址纪念馆藏

七、"银牌"后的统战记忆

"统一战线、武装斗争、党的建设"是中国共产党在新民主主义革命中战胜
敌人的三大法宝，是新民主主义革命胜利的基本经验。上海纺织博物馆"革命
中坚"银牌背后蕴藏着解放战争时期中国共产党在上海纺织界的统战历史信
息。此牌看上去其貌不扬，奖牌虽有二龙戏珠纹饰，但做工一般。不过银牌上
錾刻文字，会让人对它的历史文物价值刮目相看。银牌中央刻"革命中坚"，左
侧竖行楷书"新裕二厂工协全体纠察同志惠存"，右侧竖行楷书"诚孚管理新裕
纺织第二厂敬赠"。从"上海纺织博物馆"官方微信公众号得知："革命中坚"银

---

① 银炉图片采自中共一大会址纪念馆、上海革命历史筹备处编：《馆藏文物精华》，上海书画出版社 2002
年 11 月版，第 191 页。

牌来自上海第十四棉纺织厂捐赠，该牌为 1949 年 6 月新裕纺织第二厂赠予护厂纠察队的奖牌（屏）。1949 年 5 月，上海仍处于战争阶段，一方面国民党想控制上海的纺织大型工厂，另一方面沪西地区党的地下工作者组织发动工人成立纠察队，防止各大型工厂被破坏，新裕纺织厂就是其中之一。在动荡时期，工人纠察队非常有组织地维护好了企业的设施设备。6 月上海的局面逐渐稳定下来，新裕棉纺织厂的企业家非常感谢工人们自发组织起来保护工厂不受破坏，专门制作了一款银牌，上面镌刻"革命中坚"，旨在赞扬上海纺织工人们在保护上海纺织工厂中起到的重要作用。

图十三　1949 年 6 月"革命中坚"银牌

上海纺织博物馆藏，薛彬摄影

　　上海纺织博物馆关于该银牌文物价值挖掘还有提升空间。为更好了解银牌历史价值，笔者查阅有关史料略作补充。该银牌的捐赠者——上海第十四棉纺织厂前身为银牌右侧所写"诚孚管理新裕纺织第二厂"。解放战争期间，该厂资方是中国共产党统战对象之一。"诚孚管理新裕纺织第二厂"为民国时期上海滩著名的民营纺织企业，其前身为徐静仁创办于 1924 年的溥益纺织第二厂，商标为单、双"地球"牌。因管理不善，溥益纺织第二厂 1935 年由中南、金城两银行接办，改名新裕纺织第二厂。[①] 1937 年 2 月新裕纺织第二厂委托诚孚公司管理，更名为诚孚公司新裕二厂。诚孚公司是一家专做受托业务的资产管理公司，1925 年成立于天津，模仿英国信托公司办法，主要依靠技术知识接受委托经

① 上海市普陀区人民政府编：《普陀区地名志》，学林出版社 1988 年 12 月版，第 297 页。

营管理的企业公司,收取手续费报酬。1935 年诚孚信托公司改组,资本由金城银行、中南银行各出一半,总部迁移上海。诚孚企业公司董事长为周作民,常董:王孟钟、童润夫、黄浴沂、徐国懋,业务处长童润夫。新裕纺织二厂 1937 年起成为诚孚公司管理的一家民营纺织企业,厂长为凌东林。因此银牌上"诚孚管理新裕纺织第二厂"资方不仅是上海纺织学会重要成员,也与金城、中南银行民族资本家有密切关系。解放战争时期,根据上级党组织指示,中共上海地下党成立了纺织系统职员、技术人员中共地下党小组。为了扩大党的影响,团结纺织界广大技术人员,还成立一个党的外围组织"中国纺织事业协进会"(简称小纺协)。解放战争时期,由于党加强了对纺织学会的领导,又补充进"小纺协"这支生力军,使党的方针、政策通过各种渠道和形式,及时传播到会员和广大技术人员中去。① 无论是受托管理新裕二厂的诚孚公司常务董事、业务处长——童润夫,还是新裕一、二厂厂长凌东林,均为中共地下党团结对象。在纺织系统地下党组织及其外围组织"小纺协"的努力下,作为诚孚管理新裕二厂资方的童润夫、凌东林等,逐渐倾向中国共产党。1948 年 3 月,在中共影响下召开的纺织学会座谈会上,新裕一、二厂厂长凌东林发言特别激昂,他说:反美扶日反内战,在目前可说是举国上下,人同此心,心同此理,是真正的爱国正义行动。1948—1949 年间,新裕一、二厂厂长凌东林对上海地下党组织发动的护厂斗争给予明确支持。

银牌上"新裕二厂工协纠察全体同志"是解放战争时期上海地下党外围组织"工协"组织的护厂队。上海工人协会(简称工协)的前身是成立于 1936 年 7 月的上海工人救国会。该会 1937 年 8 月 7 日改组为上海工人救亡协会。1946 年 3 月,上海工人救亡协会改组为"上海工人协会"。工协原本没有实体组织,只是中共地下党工委在重大政治斗争中发表宣言、声明时对外使用的一个名义,但它在全市工人中具有很高威望。为适应迎接解放的伟大任务,上海地下党市委根据中共中央上海局的指示精神,建立起上海工人协会的实体工作机构,作为党的外围组织。② 工协组织建立后,积极在基层发展会员。1949 年初,在中共地下党与党的外围组织"上海工人协会"的指导下,上海很多企业组织起各种名目的护厂队伍,如纠察队、护厂队、消防队等。1949 年 3 月 1 日,工协纠

---

① 《中国纺织工程学会六十周年纪念册 1930—1990》,北京纺织工业出版社 1990 年 5 月版,第 21 页。

② 中国共产党杨浦(沪东)史编撰委员会编:《中国共产党杨浦(沪东)史 1921—1949》,上海人民出版社 2011 年 6 月版,第 291—292 页。

察队总部曾发过通知。从此银牌看,1949 年新裕二厂工协领导的护厂队伍名为纠察队。上海地下党组织提出的"机器是工人的命根子"、"保护工厂就是保住饭碗"等群众性口号得到广大职工的热烈响应。护厂队员日夜不离工厂,值班巡逻,同敌人展开坚决的斗争。1949 年 5 月下旬,为配合人民解放军进城,中共上海地下市委决定将我党领导的各种护厂队、纠察队等统一组成上海人民保安队。工协和职协会员成为人民保安队骨干力量。① 1949 年 5 月 31 日上海总工会筹备委员会成立,工人协会停止工作。

上海纺织博物馆藏"革命中坚"银牌,同时铭刻解放战争时期护厂的工人组织及支持护厂的资方历史信息。它真实再现了解放战争时期上海地下党执行党的统战政策,团结资方与工人共同保护工厂财产、保住饭碗的一段战斗经历。上海众多工厂资方与工人在中国共产党领导下,团结一致保护工厂,同欲破坏工厂的敌人斗智斗勇的事例多见于文字记载,留存实物不多。上海纺织博物馆藏"革命中坚"银牌非常难得地保留了解放战争时期上海统战历史记忆的片段,具有较高历史价值。

八、"银匾"上的劳模事迹

2019 年国庆节,上海市历史博物馆"众心筑梦 70 年——海上揽胜长卷暨市民捐赠展"中唯一的银器展品,是建国后第一届劳模——潘阿耀家属潘保钢等捐赠的一块银匾。该匾为慎昌五金制造厂经理黄志成敬赠潘阿耀。银匾中央刻"劳模英雄"四个大字,右边錾刻潘阿耀劳模事迹,左边为落款人及接受者、银匾产生日期等信息。银匾上潘阿耀劳模事迹如下:

> 溯无缝铜管,素仰外国制造,漏卮殊巨。兹本厂工友潘君阿耀,为图自造以节外汇起见,用其毕生经验精加研究。经数月之试验卒底于成。此次潘君能不惮劳瘁,首创奇绩,厥功殊伟,行将名传史乘,光我工业,国家利赖,我亦有荣,因贻数行以奉潘阿耀荣誉技工惠存。慎昌五金制造厂经理黄志成敬赠。一九五〇年九月。

---

① 中共上海市委党史研究室编:《解放战争时期第二条战线　工人运动和市民斗争卷》上册,中共党史出版社 1999 年 3 月版,第 460 页。

图十四　1950 年劳模英雄银匾
上海市历史博物馆藏

　　这份银匾应该是在潘阿耀 1950 年 9 月当选全国劳模后获赠礼物。当年的劳模评选程序严谨，据 1950 年上海市劳动模范评选委员会副主委胡厥文同志回忆：中共中央政府决定 1950 年 9 月 25 日，在北京召开全国工农兵劳动模范代表会议。上海在 8 月 15 日成立劳动模范评选委员会，在第一次会议上，评选委员会制定了《上海市劳动模范评选条例》及实施步骤。随后各业各厂都展开了评选工作。到 8 月 24 日，各产业工会已接到所属各基层组织推荐的劳动模范共 3000 余人。截止 8 月 30 日，各工会将评选出的 673 名劳动模范，送到市评委会，由市评委会将所有劳模的事迹加以整理。9 月 4 日，在第二次评委会上划分了 8 个小组，分别进行评审。于 9 月 8 日第三次评委会最后通过 673 名劳动模范，出席上海市劳动模范大会。后来，市评委会经过反复评选，初步提出了出席全国工农兵劳动模范代表会议的 15 名上海代表名单，并提请上海市劳动模范大会讨论通过。[①] 潘阿耀作为上海市 15 名代表之一，出席 1950 年 9 月 25 日到 10 月初在北京召开的全国工农兵劳动模范代表会议。当年的劳模受到社会无比隆重的待遇，整个社会以劳模为荣。15 名上海劳模 1950 年 9 月赴京参加全国劳模会议时，上海万余市民到车站送行。银匾写明敬赠日期 1950 年 9 月，应该是在 9 月 8 日—9 月 25 日上海市劳模大会到全国劳模大会之间。

---

① 参考：《胡厥文副主委报告》，见：上海市劳动模范大会筹备委员会编印：《上海市劳动模范大会特刊》，1950 年 9 月 10 日出版。

图十五　1950 年上海市劳动模范特刊封面

1950 年参加劳模会议后，潘阿耀继续进行技术革新。1958 年 3 月，潘阿耀与同事们群策群力，在永鑫五金厂，经过无数次试验，解决了无缝钢管穿孔机顶头不耐高温的技术难题，使"顶头"寿命提高 75 倍，扫除了永鑫无缝钢管厂生产发展上的一个最大技术障碍。[1] 上海永鑫无缝钢管厂享誉全国。潘阿耀为国家工业和国防建设作出了重大贡献。1959 年潘阿耀被评为全国先进工作者。

"文化大革命"中潘阿耀经历坎坷，但他始终坚守初心，坚持党的信仰，对曾经的荣誉视若生命。潘阿耀去世后，其遗物由三个儿子共同保存。2019 年潘阿耀三个儿子将承载潘阿耀一生荣耀的重要遗物捐赠上海市历史博物馆保存，1950 年银匾为其一。该银匾见证了建国初期党领导上海工人在困境中努力奋斗、创造奇迹的历史画面，也折射出各界尊重和崇拜劳模的社会氛围，历史价值较高。

党和政府没有忘记那些为国家做出重大贡献的劳动模范。2019 年，由上海市委宣传部、市委党史研究室、上海警备区政治工作局、市档案局等共同主办的"城市荣光——庆祝上海解放 70 周年主题展览"在上海展览中心东一馆拉开

---

[1] 参考：《小鸟窝里出凤凰——上海永鑫无缝钢管厂的诞生和成长》，载于《冶金战线上的红旗谱》第三辑，冶金工业出版社 1959 年 12 月版，第 11 页。

图十六　1950年上海全国劳模行前合影，前排左二为潘阿耀

帷幕。潘阿耀的名字出现在"闪亮的名字"展项中。同年，新中国成立70周年群众游行"致敬"方队中，潘阿耀之子擎举潘阿耀遗像出现。

　　革命文物，承载红色基因，留存红色记忆，是革命文化的重要组成部分。革命文物既是革命发展进程的产物，也是革命事件的见证物品。以上所述几件银器不仅是简单的工艺美术品，其工艺美术价值和历史价值相得益彰，这几件银器为上海几个重要博物馆、纪念馆的珍藏品。认真梳理革命文物产生的历史背景，挖掘革命文物蕴含的文化内涵和时代价值，任重道远。

第八章 从实物看近代上海中、外交往

——以银器为中心的历史考察

　　1843 年,上海开埠后,外国人纷至沓来。1942 年,上海外侨人数达到顶峰,共有来自 58 个国家 8.6 万人。1853 年小刀会起义,上海租界华洋混居后,华人一直是租界内主要人口。1942 年,公共租界外侨仅 57351 人,华人达 1528322 人;法租界有外侨 29038 人,华人 825342 人。① 外侨与华人在长期混居过程中,既有矛盾、冲突,也有和谐相处、友好往来的温情画面,但后者常被忽略。事实上,上海发展为国际大都会的历史进程中,中外关系史是不可避免的研究话题。

　　近代上海中、外交流、交往中,常互赠礼物表达情意。银器曾经是近代上海中、外人士交流、交往中最常见的社交礼物之一。1960 年代开始,华人赠外侨礼物之近代中国银器曾引起英美文博界、收藏界关注。2000 年前后,国内文博界、史学界开始有少量学者关注这类近代中国银器。但国内外对近代中国银器的研究,重点在器物制作工艺方面,对银器所涉历史文化研究尚显不足。笔者现选择近代上海中外人士社交礼物——近代银器实物为主要研究对象,辅以相关史料,考察近代上海华人与旅沪外侨社会交往实况,钩沉近代上海地区中外交往的具象历史画面,以丰富近代上海中外关系史、上海城市史研究内容。

一、近代上海中外社交礼物之银器

　　近代银器是上海社会中外民间交往中比较常见的社交礼物。近代上海华人与外国人接触较早、态度友善。上海成为中外交流、交往中心的核心是人。

　　早在 1832 年,当东印度公司船主胡夏米访问上海时,上海道台、知县,均对胡夏米冷脸相对;但胡夏米在上海逗留期间,"他满意地观察到,无论走到哪里,有一部分人还是非常友善的,商人们非常渴望同外国人通商"。② 1843 年,英国领事巴夏礼初来上海之际,上海姚姓商人主动将其住所出借给巴夏礼,作为英国领事临时落脚处。在 1849 年迁移到李家场新宅前,英国领事馆一直租住上海县城大东门姚家弄一位姓顾的院子——敦春堂内。上海开埠后,居住在上海的华人与外侨之间,虽然时有碰撞、冲突发生,但日常生活中,部分上海华人与外侨和谐相处为主。中外居民友好往来的事例举不胜举。留存至今的实物、图片及相关史料,为我们保存诸多上海中外居民友好交往的佳话。

---

① 《上海租界志》编撰委员会编:《上海租界志》,上海社会科学院出版社 2001 年 11 月版,第 117 页。
② 〔葡〕裴昔司著,孙川华等译:《晚清上海史》,上海社会科学院出版社 2012 年 7 月版,第 31 页。

上海仁济医院创始人——洛维林离沪归国时，上海士绅赠洛维林锦旗一面。[①] 美华书馆主人姜别利 1870 年秋返回美国时，美华书馆数十人设席送别，该馆华人赋诗相赠。[②] 1873 年，在华 25 年，译介西方医书多本的合信病逝后，王韬亲撰《英医合信氏传》纪念他。圣约翰大学校长卜舫济，在华多年，与中国学生有一定师生之谊。上海历史博物馆藏清末民初圣约翰大学学生赠送卜舫济锦旗两面。清末民初美侨李佳白在沪多年，他与沪上华人的友谊通过"端方寿李佳白汉瓦当拓片""王震行书挽李佳白十八言联""清陆恢隶书寿佳白八言联"[③]等文物，流传至今。1910 年美国某商业代表团访华时，上海绅商曾热情接待。

图一　1914 级学生赠上海圣约翰大学校长锦旗
上海市历史博物馆藏

在众多承载中外友谊的实物中，银器为其物质载体之一。上海中外人士互赠银器的事例不胜枚举。笔者目前所见最早约为 1864 年，英国人戈登离开中

---

① E. S. Ellison, *Ninety-five years a Shanghai Hospital 1844 – 1938: Shanghai-Lester Chinese Hospital*, 1938, p.9.

② 张先清：《姜别利及〈姜别利文库〉》，载于北京外国语学院主编：《国际汉学》辑刊，2007 年 12 月版。

③ 上海市历史博物馆馆藏文物。

THE PARTY OF THE AMERICAN BUSINESS DELEGATES AT "ROCKLANDS"

Rembrandt Photo Co.

图二 1911 年,美国商业代表团与上海绅商合影留念

国时,驻沪江苏巡抚李鸿章赠戈登银壶一只,作为临别赠礼。到 1900 年后,中外互赠银器的文字记载频频出现。如:1919 年 1 月 8 日《申报》记载,兆丰路麦伦书院监院英人麦庐君归国,麦伦书院校友会开欢送会,并赠麦庐君"银盾"一座。1920 年 3 月《申报》载:上海自来火行主任、英国经理格罗君将离开上海归国,自来火行同人定制银杯、银盾多种,共同赠与格罗君作为礼物。1923 年 3 月 15 日《申报》又报:法国人马铁君将携夫人回国,本埠江浙皖丝茧公所各会员赠以银盾,盾上镌会员姓名以志纪念……

　　除去文字记载,尚有为数不多的近代银器实物中,也携带丰富的上海中外交往信息。

　　以下为近年来笔者根据上海市历史博物馆、上海闵行区博物馆、上海文物商店、湖南长沙博物馆及私人收藏家、上海拍卖行所见部分近代上海中外民间社交用银器整理的一份表格:

序号	器物名称	年份	赠送者	受赠者	受赠者国籍	受赠者身份
1	"去思在怀"银杯	1930—40 年代	上海邮政管理局会计处同人	格连维先生	英国	上海邮政管理局会计处会计,副邮务长

(续表)

序号	器物名称	年份	赠送者	受赠者	受赠者国籍	受赠者身份
2	"富贵寿考"银雪茄烟盒	1940年	美国驻沪总领事署全体华职员敬赠	高斯	美国	美国驻沪总领事
3	银碗	1939年	花旗银行上海分行买办间职员	牛惠尔及夫人	美国	花旗银行上海分行财务主管
4	银雪茄烟盒	1937年	工部局警务处职员	塔加码	不明	工部局警务处副处长
5	龙纹竹节银盘	1936年	谋得利洋行中外员工	沃特森	英国	谋得利洋行执行经理
6	龙纹银碗	1934年	英商皇家保险公司中外员工	海尔	英国	皇家(保险)公司远东坐办,保险公会会长
7	"寿比南山"银盾	1922—1934年	刘德浦(1933年海道测量局局长)、吴光宗(1932年海道测量局局长)、江宝荣、谢为良	米禄司	英国	中国政府海军部海道测量局副局长、工程师
8	"双喜"银杯	1922—1934年	海道测量局全体测量员	米禄司	英国	中国政府海军部海道测量局副局长、工程师
9	"福禄鸳鸯"银盾	1922—1934年	江仲甫、张豫春、吴光宗、郑沅、李国焘、林宗谦、倪则忠	米禄司	英国	中国政府海军部海道测量局副局长、工程师
10	"式玉式金"银杯	1930年	上海、汉口东棉同人	已裴	日本	东棉洋行高管
11	银碗	1927年	大英烟公司(有限公司)工程部职员	格鲁夫妇	英国	英商大英烟公司(有限公司)高管

（续表）

序号	器物名称	年份	赠送者	受赠者	受赠者国籍	受赠者身份
12	梅花银碗	1925 年	大英烟公司（有限公司）中国职员	客司	英国	英商大英烟公司（有限公司）高管
13	"一路福星"银盾	近代	大英烟公司（有限公司）造烟部中国同人	哈里乌德	英国	大英烟公司（有限公司）造烟部高管
14	"公正和平"银爵杯	1924 年	上海总商会、上海县商会	韦德礼	法国	法国驻沪总领事

　　无论是文字记载，还是实物信息，上海中外民间社交中，银器等礼物的赠送者以华人团体或者个人赠送外籍人士居多。毕竟从人口数量而言，华人在上海一直占绝对优势。

　　以个人名义赠送外侨银器的，主要有三类人。第一类为中国政府官员。如清末向洋枪队领袖戈登赠送银壶的李鸿章曾任江苏巡抚；1933 年底，向法国公使韦德礼赠送银瓶的宋子文时为全国经济委员会常务委员。第二类为在洋行与外侨共事之华人。1920 年 3 月，《申报》载：上海自来火行主任、英国经理格罗君将离开上海归国，自来火行同人定制银杯、银盾多种，共同赠与格罗君作为礼物。如上表所示：1927 年向英商大英烟公司（有限公司）工程部格鲁及夫人离开上海时，大英烟公司（有限公司）同事向他们赠送银碗一只。[①] 长沙博物馆现藏某银炉，为 1930 年上海、汉口东棉同人赠送该公司高管已裴先生之礼物。1936 年 3 月，谋得利洋行执行经理沃特森离开上海时，所获纪念品为该洋行职员赠银盘；1939 年美商花旗银行财务主管牛惠尔离开上海时，该银行上海分行买办间职员赠送银碗一只。[②] 洋行工作的华人，有时与外国同事一起向洋行中高级管理员赠送银器礼品。

① 藏品原件在上海市历史博物馆。
② 上海收藏家龙先生藏品，2014 年从美国征集。

图三　1934 年英国某保险公司高管离沪时所得礼物
上海市历史博物馆藏

与外侨在政府部门共事的华人，是向外国人赠送银器的第三类个体。他们有的来自中国政府部门：1925 年 4 月 21 日《申报》载："公廨捕头今日回国，英人惠勒氏任职于工部局派驻会审公廨之八十五号捕头，已有十八年，并曾屡次代行检察官职务，与中外同僚感情颇洽。此次请假八个月回国，正副会审官均赠送银鼎等物，聊当折柳以资纪念。"1922—1934 年间向英国人米禄司赠送银器礼品者，为国民政府海军部海道测量局华人。还有部分华人是在外国政府部门与外侨共事。有的来自外国政府驻沪机构，如 1940 年美国驻沪总领事署总领事高斯，他离沪时所得雪茄烟盒，即为该领事馆全体华职员敬赠。成都路巡捕房侦探部全体赠送给巡捕探长的是一只银杯，如今流落上海民间收藏家手中。

除以个人名义向旅沪外侨赠送银器外，尚有部分银器赠送者为名目不一的上海华人团体。1877 年，"轮船招商局众人"向"上海赛马会"捐赠两只银杯，作为外侨赛马比赛奖品。1907 年 10 月 8 日，美国陆军部长塔夫脱（William Howard Taft）抵沪，沈敦和代表上海绅商赠予塔夫脱银舰一具，银器镌刻"光绪三十三年九月初二日，大美国兵部塔夫脱尚书莅华，寓沪绅商雅集愚园以礼欢迎，谨制银舰，用以纪念"等字。[1] 1918 年 8 月下旬，外国丝业会社书记、上海达昌公司穆勒先生离沪归国时，"上海中国丝行特赠大银舰一具以志纪念"。1919 年 4 月 20 日，怡和洋行大班、上海公共租界工部局董事——约翰斯顿即将离开上海之际，朱葆三代表"中国商会"赠送约翰斯顿一只银碗。[2] 1921 年

---

① 汤志钧主编：《近代上海大事记》，上海辞书出版社 1989 年 5 月版，第 638 页。

② S. Couling, *The History of Shanghai*, vol. 2, Printed and Published by Kelly & Walsh, 1922, p. 469.

12 月底,"上海法租界商业联合会"暨各居户向法国驻沪领事韦德礼赠送银盾一座。1923 年 3 月 15 日《申报》报道:法国人马铁君将携夫人回国,本埠"江浙皖丝茧公所"各会员赠以银盾,盾上镌会员姓名以志纪念……2015 年,上海闵行区博物馆在上海市文物商店购得银爵杯一只,银爵杯铭文刻录文字表明,该杯为 1924 年 11 月由"上海总商会""上海县商会"向法国驻沪领事韦德礼赠送。1928 年 5 月底,上海公共租界工部局总务张森君离沪归国时,"上海公共租界纳税华人会""上海总商会""银行公会""钱业公会""各路商界总联合会""华商纱厂联合会"及"航业公会"七个华人团体,向张森赠银鼎一座,以志纪念。

图四　民国上海巡捕房探长所得银杯
徐恒皋藏

　　中外之间互赠银器礼物时,赠送方常常是与外国人交往频繁的华人及各种华人团体。向外国人赠送银器的华人既有虞洽卿、宋子文等,也有洋行某些部门中供职的普通中国员工,如 1925 年向大英烟公司(有限公司)CASE 先生赠银碗并为该公司中国职员。向外国人赠送银器的华人,不仅有各大洋行谋职的华人,还有在公共租界工部局、会审公廨、驻沪领事馆等涉外政府机构中工作的华人。"上海公共租界纳税华人会""上海总商会""江浙皖丝茧公所"等与外国人在政治、经济上联系较多的华人社团,也常借银器表达对外侨之友情。

图五　1925 年大英烟公司(有限公司)高管获赠银爵杯
上海市历史博物馆藏

英国侨民在上海人数多,社会地位较高。近代在上海的银器受赠者,从国籍而言,以英国人为主,美、法、日等国人为辅。上表中所列 14 件银器中,9 件银器受赠者为英国人。2 件银器受赠者为美国人,1 件银器受赠者为法国人,1 件为日本人。从银器受赠者之社会身份及地位来看,银器受赠者大多为外国洋行中、高层领导。如:1919 年 4 月底,接受中国商会赠送之银碗者,为怡和洋行大班、上海公共租界工部局董事——约翰斯顿;1934 年接受"英商皇家保险公司中外员工"赠送银碗者为英商皇家保险公司远东坐办;1936 年接受谋得利洋行职员赠送银器礼物者——沃特森为该洋行执行经理……①此外,接受华人赠银器礼物的还有中外政府机构中的外籍官员;1910—1930 年多次接受华人赠送银器礼物者韦德礼,为法国驻华外交官;1928 年 5 月接受上海公共租界纳税华人会等七团体所赠银鼎者张森,为公共租界工部局总裁;1940 年美国驻沪总领事署全体华职员敬赠银盒给美国驻沪总领事高斯;1922—1934 年间多次接受华人赠银器礼物的米禄司,为中华民国海军部海道测量局副局长;1937 年得到中外同事赠送银盒礼物的塔加码,则为上海公共租界工部局警务处副处长。

图六　1936 年谋得利洋行经理沃特森所得银盘

---

① 《行名录》,《字林西报》出版社 1935 年版,第 190 页。

　　中外之间赠送银器礼品，大体而言，以中国个人或团体向外侨赠送为主；也有少量银器礼品为外侨赠予上海华人或者华人团体。如 1917 年上海大世界开业时，法国驻沪领事赠送银瓶一只。法国公使韦礼敦 1935 年去世前几个月向震旦大学网球部赠送银杯一具（此杯后被震旦大学献出，作为上海各大学韦礼敦杯网球赛奖品）。① 1930 年代公共租界工部局也曾给华人买办潘菊轩及华人董事虞洽卿赠送银器礼品。

图七　1917 年大世界开业时法国驻沪领事赠银瓶贺礼
吕振欣藏

　　近代上海社会中外之间互赠银器的人员，涉及上海军、政、经、教等多个社会领域的中外人士；从受赠双方的社会地位而言，银器主要是由上海中、上层华人与洋行中、高级管理者与政府部门外籍官员之间互相赠送。从赠、受双方关系而言，不能简单概括。既有在洋行、政府机构与外侨共事的华人，向比其地位高的管理者、官员赠送礼品；又有社会地位较高的华人团体向有声望的外侨个人或社团赠送银器礼品；还有中国政府官员向其属下的外籍雇员或者与外国官员赠送的银器礼品。中外之间赠、受动机复杂，难以一言道之。

―――――――――――
① 《申报》1935 年 5 月 17 日，第 13 页。

二、中外社交银器赠、受时机

作为社交礼品，银器赠受时机无一不经过精心选择。考察中外之间赠、受银器礼品之时机，有助于了解中外民间交往心态以及关系亲疏远近等。

目前笔者接触之文字材料及实物信息看，上海华人或华人团体向外侨赠送银器礼品中，以外国人离沪归国时所得银器礼物最多。外侨退休离沪归国者得赠银器礼物的比较多，如：1910 年 4 月公和祥码头公司主管道根·格拉斯 (Duncan Glass)退休返乡时，公和祥码头公司的中外职员们致函表示感谢及祝福，并赠送他多款礼物。其中一件礼物为一只中国式样的银杯。[1] 1928 年 5 月底，公共租界纳税华人会等七团体赠送公共租界工部局总务长张森银器，也是在他决定退休归国之时。1937 年上海公共租界工部局警务处副处长塔加码所得雪茄烟盒内铭文说明，此礼物是在塔加码退休时警务处的兄弟们（警务处职员包括华人）所赠。这类礼品大多饱含华人赠送者对受赠人真诚的祝福、感谢。也有少数银器为外国人赠送给退休华人之礼物。1930 年工部局华人买办潘菊

图八　1937 年上海公共租界工部局巡捕房某官员退休时获赠银盒
上海市历史博物馆藏

---

① Presentation to Mr. Duncan Glass, In: *The North China Herald and Supreme Court & Consular Gazette*, April 8, 1910.

轩年老告退时,工部局董事会特地为他举行欢送仪式,并赠送潘菊轩大银盘一只,颂扬他对工部局的贡献。[①]

还有一类临别银器,是在外侨因职务调动离开上海到它处工作时,华人赠送的临别礼物。如 1918 年 8 月达昌公司兼外国丝业会社书记穆勒君,起程赴美服务于纽约公司,上海中国丝行的华人朋友们特地在上海总会为他设宴饯行,并赠送银觥一只,作为临别礼物。1924 年 1 月,法国驻沪正领事德莱沛离沪升迁到福建省总领事时,法租界商业联合会代表赠送德君银盾一座以示敬意。[②] 1930 年东棉洋行高管已裴所得银炉即为"庚午新春为贺已裴先生升迁,东棉同人谨赠"。[③] 1940 年美国驻沪总领事高斯所得雪茄烟盒右边铭文为"高总领事荣登美国驻澳首任公使之喜"。[④] 此类银器表达对受赠者职位升迁的祝福和敬意。

为对外国人访问上海表示敬意,上海人也曾有银器赠送。2019 年上海市历史博物馆曾接受一只银盘捐赠。该银盘是 1925 年 12 月英商好华有限公司董事 Chester Haworth 莅临上海时所得之物。此银盘规格 64cm×36cm,银盘四周饰中国传统吉祥纹饰,中央铭文:Presented to Chester Haworth Esq. In token of high esteem on his visit to Shanghai December 1925。(实物见第 235 页图十五)。

圣诞节是外侨普遍重视的一个重大节日。上海华人常借此机会,向外国人赠送银器礼物,表达节日祝福。为了满足市场需求,上海银器制造商、销售商联和、时和等外国首饰店铺往往会在圣诞节前夕特地广而告之,该店有专赠外国友人的圣诞礼物用银器。

部分上海中外居民相处甚洽,为表示浓厚的感情,在个人或公司特殊纪念日时,中外之间也会互赠银器礼品。1931 年 7 月虞洽卿来沪五十周年纪念,上海公共租界工部局董事会,"以该局华董事虞洽卿君、将于月之十一、十二两日,举行旅沪五十年纪念会,因特制大银鼎一只,上镌中西文字,送赠虞君,以敦睦

---

① 参考潘世琚:《上海工部局的买办间与潘氏买办家族》,载于全国政协文史资料委员会编:《文史资料存稿选编》,第 22 辑下,中国文史出版社 2002 年版。

② 《申报》1924 年 1 月 10 日,第 13 页。

③ 董洪全编著:《海外珍藏·清代银器鉴赏》,西泠印社出版社 2012 年版,第 110 页。

④ 上海拍卖行有限责任公司:海外回流银器、艺术品专场拍卖会 2013 年 3 月图录,图 140。

谊云"。① 1932年7月下旬,东吴法学院师生庆贺该校教授现任美国在华法院国家律师——萨赉德在校任教十周年,为他举办庆祝活动。活动中,东吴法学院院长吴经熊博士首致纪念词,东吴大学杨校长代表全校献萨赉德银鼎一座,以为纪念。上海市历史博物馆近年从英国伦敦收购英侨米禄司1930年代在沪所得银器3件。三件银器中,"福禄鸳鸯""双喜"银杯为国民政府海军部海道测量局同人为米禄司婚庆而赠礼品。"寿比南山"银盾,为海道测量局同人给米禄司的生日礼品。

个人特殊纪念日赠送银器礼品的做法,不独存在于中外之间,居沪外国人之间早有此俗。如,上海历史博物馆藏1900年上海外侨托马斯与露西夫妇银婚纪念银托盘。1915年上海华洋德律风有限公司外国职员赠莫斯利夫妇纪念银盘近年被上海市历史博物馆收藏。1926年日本在沪内外棉株式会社上海分公司日本职员在公司领导离开上海时,赠送"借寇无法"大银杯一只,2014年秋曾出现在上海拍卖行。1933年11月中旬,二十国领事署之代表在领事团开会之际,由荷兰总领事格罗曼代表同僚,以银盾赠驻沪美总领事克宁翰,纪念他在职三十五年、任领事团领袖领事七年,感谢他对于"本国之功勋及增进上海幸福之劳绩"。

图九　1900年上海外侨银婚纪念银盘

上海市历史博物馆藏

在个人特殊纪念日,上海中外居民之间互赠的礼物,除银器之外,还有其他礼品。如:"清端方寿李佳白汉瓦当拓片"、丁未(1907年)冬乌程庞元济撰、吴

---

① 《申报》1931年7月5日,第18页。

江陆恢"隶书寿佳白八言联",均为清末沪上名流赠美侨李佳白之生日礼物。同样在生日之际,得到华人赠送礼物的还有卜舫济。1914 年卜舫济 50 岁生日及圣约翰大学校庆时,该校师生赠送其锦旗一面,作为生日礼物。

好人做好事后,颁赠银器礼品进行褒扬时,国籍之分并不重要,无论中外,对人性的闪光点都予以肯定。1921 年 12 月 23 日《申报》报道:法租界商业联合会因本埠房租增涨不已,幸赖法总领事韦德礼君取缔禁阻,界内居民感诵德政,故由该联合会制就匾额一方,文曰"惠庇居民",旁注"恭颂大法国韦总领事德政,中华民国十年,公历一九二一年,租界房屋发生加租问题,仰荷主持公道,颁布条文,严加限制。群众感佩,爰志此,藉作纪念云尔。上海法租界商业联合会暨各居户敬赠",并银盾一座,于昨日上午十时将德政匾及银盾分置彩亭之中,并雇车军乐队为前导,……恭送至总领事署……。再如:1923 年 4 月,美商大来洋行商船成功救助遇险的宁波"新宝华"轮船脱险。事后,宁波旅沪同乡会特地拜访大来洋行,并以同乡会名义向后者赠送"仁者之施"银盾一座以示感谢。同大来洋行一样得到上海华人社团赠送银器礼物的,还有法国轮船公司船主。1924 年 1 月中旬,在沪之中国救济会为感谢法国轮船公司某船主 1923 年在日本东京大地震时勇救 600 多名华侨之举,特以救济会名义制作银盾一枚,通过上海法国轮船公司赠送某船主。①

各国上海外侨向有义举之华人赠送银器礼物的事例也常见诸报端。《申报》曾载:1924 年 2 月,美侨在上海举办华盛顿诞辰纪念活动时,交涉署陈世光科长襄助不少。4 月,美国商团义勇队委托美国领事馆总领事克宁汉及夫人,赠陈世光银盾一具,表示谢意。② 1931 年 2 月 21 日《申报》又报道:上海市公安局闸北第五区第一所所长陶先渠,自莅任以来,对辖境内治安,防范严密,商民深庆得人。日前,中华染色整练公司劳资发生纠纷,双方相持不下,经陶所长出任极力调解,始得和平之解决。该公司主人日人竹松贞一,特制大银盾一座,上书"维护治安"四个大字,于昨日赠送陶所长,表示感谢之忱。1932 年 8 月 27 日《申报》报道,工部局警务处赠刘曹氏银盾。刘为二房东,她在协助熙华德路巡捕搜捕杀人犯时,机智过人,临危不乱。工部局警务处总巡贾尔德,以该刘曹氏如此见义勇为,实属可风,爰特置备银盾一座,并题赠"智勇可嘉"四字赠予。

---

① 《申报》1924 年 1 月 14 日。
② 《申报》1924 年 4 月 15 日。

从上海中外居民赠受银器时机看，临别之时、个人特殊纪念日、善事义举之后，是比较常见的几个时间节点。朋友临别之际，不仅中国人有赠言、赠礼之俗，欧美亦然。婚礼、生日等个人特殊纪念日，比较亲近的朋友会赠礼道贺，中外无别。上海中外居民之间在临别之际、个人特殊纪念日，赠送礼物，表明上海的中外居民之间，存在超越政治、超越国籍、种族之分的情谊。这份情谊从银器所镌刻"一路福星""福禄寿考""去后常思"等祝词中表露无遗。近代上海社会，无论中外人士，对善事义举，常赠银器予以褒扬，说明上海民间社会，中外居民对真、善、美等普世价值的追求、认可度类似。

近代上海人在境外所获或赠予对方的银器礼物背后也凝结了近代上海中外交往的重要信息。如上海宋庆龄故居纪念馆藏宋庆龄1943年在美国获得博士学位纪念银盘，是研究宋庆龄人生经历和中美关系的重要物证。再如，1936年，上海三十多家企业曾组织"南洋商业考察团"，在高事恒团长带领下，历时3个多月访问南洋多国，调查南洋商业、贸易发展情况并举办国货展览会，得到菲律宾、马来西亚各界的支持与帮助。为答谢马来西亚各界在国货展览期间对中国方面的帮助，1936年8月5日，"南洋商业考察团"在马来西亚大同俱乐部宴请社会各界，并向马来西亚中国商会赠送银杯一只。[1] 可惜，此银杯如今只留在老照片及文字中。

图十　1943年宋庆龄法学博士学位纪念银盘

上海宋庆龄故居纪念馆藏

---

① 图文摘自上海图书馆编：《上海图书馆藏原照》下，上海古籍出版社2007年11月版，第432页。

图十一　"中国南洋商业考察团"向马来西亚中国商会赠送银杯图
上海图书馆藏

三、从上海视角看受赠者

在各种礼物中,银器算是比较贵重的礼品。一件银器的价格少则几十元,多则几百元、甚至上千元,远超一般老百姓购买能力。接受银器礼物的中外居民或者团体,也非等闲之辈。他们大多在社会中有一定地位和声望,在协调中外关系中,作用突出,为上海、乃至中国社会发展作出贡献,因而才得到银器赠送者的认可、尊敬。

上海历史博物馆藏三件银器,为 1922—1934 年沪上华人赠予国民政府海军部海道测量局副局长米禄司婚庆、寿诞之礼物。米禄司(Mills, Stanley Vandeleur),1882 年生,英格兰人。他 1904 年进中国海关,初在海务部任管驾三副,在飞虎艇上待两三年后调至巡工司,历任副测量师、测量师、绘海图师、署理副巡工司。米禄司 1921 年 12 月任江海关副巡工司,1930 年离开海关,任中华民国海军部水文处助理。1931 年,米禄司已经为国民政府海军部海道测量局总工程师,1932 年 11 月《申报》报道米禄司时,他的头衔为海道测量局副局长。

无论作为江海关雇员,还是中国政府海军部海道测量局雇员/官员,米禄司作为专业技术人员,对他的雇主——中国政府是忠诚的。1921 年 10 月,日本妄称鸭绿江为国际河流,奉天省公署请求中央政府出面交涉。中央政府饬令江海关派员调查。米禄司以江海关副巡工司身份被派往东北,参与测量鸭绿江,为中国政府与日交涉提供专业技术支撑。为收复中国江海行政管理主权,1922年,北洋政府成立中国海道测量局,接管江海关海道测量部门。从中国海道测量局成立伊始,米禄司就作为该局主要工程技术专家,为海道测量局工作提供技术指导。为争夺江海测量及绘图、售图权利,维护中国国防权利,1930年,国民政府海军部海道测量局与江海关发生激烈冲突。米禄司坚定地站在中国政府立场上,"密报海关的英籍雇员历年侵我主权的情况",协助国民政府制止海关继续测量中国江海,将江海测量等权利移归中国政府海道测量局。

图十二 近代米禄司获赠"寿比南山"银盾
上海市历史博物馆藏

以专业技术为中国政府提供海道测量服务的米禄司,无疑是受华人欢迎的。1923年5月中国政府大总统令,给予米禄司三等虎章。1932年前后,米禄司以外国人身份升任国民政府海军部海道测量局副局长。"投之以桃,报之以李"。尽管米禄司是一位外籍人士,但他对中国政府、人民忠诚友善,以优质专业技术服务中国政府,帮助中国人民,不仅中国政府对他给予褒扬嘉奖,海道测量局同人也对他钦佩、爱戴有加。米禄司生日、婚庆所得银器礼物,显示出他在海道测量局华人同事中的良好形象以及双方之间的真挚情谊。

清末民初江南制造局、江南造船所英籍总工程师——毛根,对江南造船厂发展作出贡献,是至今都被载入江南造船厂史册的外籍技术专家。他同上文所述米禄司类似。1920年代江南造船所英籍总工程师毛根君,离开上海回国度假时,江南造船所锅炉厂中国员工赠送银碗,去年曾出现于上海。毛根作为清末民初江南造船所总工程师,曾积极参与江南造船所船坞建造、船舶建造等重大项目,在江南造船厂乃至上海船舶工业发展史上有一定影响。他不仅长期主持江南造船所船舶业务,而且引进西方先进的经营管理理念,在江南造船厂发

图十三　近代米禄司获赠"双喜"银杯
上海市历史博物馆藏

展史上留下深深印迹,他与江南造船所中国职工亦师亦友。江南造船所华人赠
送其银碗,合乎情理。

图十四　1920年代江南造船所总工程师毛根所得银碗及细部

　　谋得利洋行、大英烟公司工程部、皇家保险公司等洋行外籍中层高领导,虽
然在外国商行服务,但与中国同事长期共处,日久生情。所以洋行外籍领导离
开时,也能得到华人同事赠送的银器礼品。

　　因为"矢诚矢忠"的工作而得到雇主褒扬的,还有上海公共租界工部局买办
潘菊轩(即潘国兴,Pan Kuck Hien)。1884年,潘菊轩继其父之后,开始担任工

部局买办。工部局买办在工部局财务处管辖下，办理收纳收税员及纳税人缴付的各项税款，并根据财务处通知，支付工部局全体华洋职工的薪金和工程费等，相当于以前中国衙门里的账房。随着公共租界的扩张，买办间财税征收等任务日益繁重，与中外交往更加频繁。潘菊轩任工部局买办期间，工作兢兢业业，恪守职责，口碑良好。充任工部局买办 48 年后，1930 年 6 月中旬，潘菊轩正式退休。工部局董事会在例会上专门为潘菊轩举办欢送仪式。仪式上，工部局董事会总董发言称："潘君办事辛勤，忠于职守，对于中西方面尤多襄赞。"作为工部局雇员，潘菊轩在工部局董事会成员心目中，印象良好。工部局董事会特地在 1930 年 6 月 11 日例会上，赠潘菊轩刻花银盘一只，感谢潘菊轩 48 年来为租界西人社会、华人社会所作出的"忠实贡献"，并祝他健康长寿。[①]

同样受沪上外侨敬仰并赠送银器礼物的还有海上闻人虞洽卿。1931 年 7 月中旬，虞洽卿来沪五十周年纪念，上海公共租界工部局特制"大银鼎"一座，赠予虞洽卿作为贺礼。该礼品与宋子文所赠礼品一起，摆放于纪念会所在地——大华饭店厅内最显赫位置。工部局对虞洽卿之尊敬、拉拢之意明显。虞洽卿与沪上外人的交往，由来已久。除兴办实业外，1900 年以来，在上海多次中外交涉事件中，虞洽卿都主动请缨，协调华洋纠纷、促成华洋合作：虞洽卿 1900 年抗旨参与东南互保、1904 年参与调停周生友案、1905 年参加调停大闹公堂案、1906 年创办华人体育会，加入万国商团、1925 年参与五卅运动后的中外交涉、1928 年成为工部局华董。

虞洽卿在上海外侨及工部局董事会董事心中印象如工部局赠虞洽卿旅沪五十周年纪念银鼎镌刻铭文所刻：

> 先生客沪五旬，本中外合作之精神，赞车书大同之鸿业，德孚遐迩，名震华洋，各国侨民，同深钦慕，志兹数语，铭诸吉金，藉表景仰之忱，兼祝冈陵之寿。[②]

从铭文中可知，沪上外侨视角，虞洽卿与外国人十分友好，他本中外合作之精神，创办鸿大实业。无论德行还是名声，虞洽卿闻名中外。沪上各国侨民，对

---

① 上海市档案馆编：《工部局董事会会议录》，第 24 册，上海古籍出版社 2001 年版，第 620 页。
② 《申报》1931 年 7 月 9 日，第 13 页。

虞洽卿深深钦佩、仰慕。

对上海华人友好，对上海发展作出贡献的外籍政府官员，也深受上海华人喜爱、敬仰。他们在离开中国时，常常有华人团体赠送银器礼物，表达敬意及惜别之情。

闵行区博物馆2014年曾征购银爵一尊。该银爵为1924年11月中旬上海总商会、上海县商会赠送法国驻沪总领事韦德礼（又译韦尔敦、韦尔登）的临别赠礼。法国驻沪总领事韦德礼，是一位中国通。他1899年前后来华，曾在华北、华中、华南等各行省办理公务，对中国风土人情了如指掌。1917年前后，韦德礼来到上海，任法国驻沪总领事。韦德礼对华人态度友好，"沪商靡不视为惟一之良友"。1919—1921年寰球中国学生会组织邓小平等赴法勤工俭学时，得他助力不少。

1924年11月，韦德礼归国休假，上海总商会、上海县商会在上海总商会陈列所大厅举办欢送茶会。沪上中法名流多人与会。虞洽卿代表上海总商会、上海县商会向韦德礼致欢送词。虞洽卿在欢送词中表示：韦德礼在上海对华人态度可亲。他对沪上华人最大的贡献是热心公益事业并留意租界治安。当沪上华商办理华北、华南五省赈灾事务时，韦德礼努力赞助。"其余医院、学校等事，凡有请求韦君提倡之处，亦靡不慨任仔肩，力赞其成。"韦德礼热心公益之举，令华商感激涕零。1924年9—10月，江浙战争期间，邻近战区的上海人惶惶不安。韦德礼竭其全力召集水兵及武装巡警、商团等严密防守，使界内安然无恙，法租界中外商民"靡不感颂"。韦德礼不但能保持界内之治安，而且允许法国人将枪支借给南市董家渡华人保卫团使用。战局稍平，韦德礼还帮助法租界内的华人组织商团，与法国商团合作互助，以谋日后界内充分之保障。华人因此而对韦德礼留下更好印象。为了感激韦德礼，1924年11月，韦德礼回法国休假前夕，上海总商会、县商会赠其银爵一尊，上海丝厂也赠送韦德礼银盾一座，作为给韦德礼的临别礼物。

工部局总裁张森（Major Hilton Johnson，1876年生，又译希而顿·约翰逊上校、强森）被认为是对上海社会作出贡献的另一位外籍人士。1928年5月中下旬，张森退休离沪归国，公共租界纳税华人会等七团体代表虞洽卿、冯少山，敦请公共租界中的领袖人物为张森在上海银行俱乐部举行茶话会。会上，虞洽卿代表上海公共租界纳税华人会、上海总商会、银行公会、钱业公会、各路商界总联合会、华商纱厂联合会及航业公会，向张森赠送银鼎一座，以资纪念。

图十五　1924年法国总领事韦德礼所获银爵杯
上海闵行区博物馆藏

图十六　1924年上海两商会欢送韦德礼报道

　　张森 1908 年来到上海，出任上海工部局助理督察长，1913 年被提拔为副督察长，后来数次任代理工部局总巡。1916 年，张森出任工部局副总巡，专门处理对华治安等事宜。1925 年—1928 年，张森出任工部局总务长（总裁），出席工部局董事会会议，参加工部局重要决策。精通英、华、日、波斯、印度五国语言的张森，担任工部局总裁期间，与上海总商会、驻沪领事团等密切合作，解决了诸如董事会里的华人代表权以及准许华人进入公园等中外关系中的重要问题。在公共租界越界筑路执勤、征税问题中，张森多次代表工部局与中国方面进行交涉，争取妥善解决中外纠纷。张森在工部局董事会的辛勤劳动不但得到工部局董事会的赞颂，也得到公共租界华人的认可与颂扬。1928 年 5 月 16 日，张森最后一次出席工部局董事会会议时，贝淞荪（贝聿铭父亲）代表工部局华人董事对即将离沪的张森表示感谢，并称颂他的辛勤工作以及他对社会做出重要贡献的品德。①

　　5 月 28 日虞洽卿等代表公共租界纳税华人会等七团体欢送张森。欢送会上虞洽卿在致辞中坦率道出了他代表的上海公共租界内中上层华人眼中的张森以及赠送银器礼物的理由：

　　　　张森先生于一九零八年即进工部局办公，二十年来，多所建树，上海公共租界发达之还，先生与有力焉。今在沪埠营业者，有四十余国人士之多，华洋杂处、纠纷自所难免，屡因先生之热心幹旋、方得消患于无形，使各方交受其利。今鄙人与冯少山先生，敦请诸位公共租界中领袖人物，在此为先生饯行，藉表欢送敬意。先生历年之设施，吾公共租界华人实深感谢。②

　　从虞洽卿的发言可知，以虞洽卿、冯少山为代表的租界内中、上层华人，对工部局总裁张森评价颇高，他们认为张森对上海公共租界的繁荣、发达作出贡献。张森在解决华洋纠纷中所做贡献，让沪上各方均受其利。

　　上海收藏家牟健惟先生藏 1925 年杨庆和款"除暴安良"银器一件。从铭文看，该银器记载某位华人在上海法租界遭遇抢劫时，法租界巡捕房巡捕挺身而出，保护了他的人身安全。为表谢意，特赠法租界巡捕银鼎。

① 上海市档案馆编：《工部局董事会会议录》，第 24 册，上海古籍出版社 2001 年版，第 509 页。
② 《欢送工部局总务长张森氏》，载于《申报》1928 年 5 月 29 日，第四张。

对工作认真负责，对雇主忠诚不二的人士，总是受人欢迎的。而那些为上海社会发展作出贡献，尤其是在处理中外关系，维护上海社会治安、促进上海社会发展中作出突出贡献的个人或团体，无论中、外，均得到上海社会各界的肯定与褒扬。

中外交往中赠送的银器，见诸文字记载或者图像的不胜枚举，遗留至今的实物仅为沧海一粟。管中窥豹，遗留至今的一些近代上海中外交往过程中的银器礼品或纪念品，为我们研究近代上海中外交往提供了珍贵物证。

结语

近代上海中外民间交往中常见的礼品——银器背后，是近代上海中、外民间交往的丰富内容。银器赠、受双方涉及军、政、经、教等多个领域，中上层华人和外籍中、高层管理者之间互赠银器礼品在近代上海为常例。上海中、外民间交往的涉及面之广由此可见一斑。从赠受银器礼品的时机可察，近代上海中外居民在长期共处中，存在真挚的友情，对人类普世价值的追求存在共性。在银器捐赠者眼中，受赠者往往是那些对上海治安、社会发展、尤其是协调中外关系方面，做出过突出贡献的人士。受赠者、捐赠者维护上海社会稳定、促进上海社会发展的心愿，是一致的。"地之秽者多生物，水之清者常无鱼，故君子当存含垢纳污之量，不可持好洁独行之操。"某种程度而言，近代上海发展，海派银器文化的形成，离不开中、外居民共同努力。

近代上海中外社交银器礼物或纪念品，是近代上海中外关系发展进程中的遗物。它们为近代上海中外关系史之研究提供了鲜活的历史物证。以近代银器实物为中心考察近代上海中外关系，使历史的这一侧面更加具体形象，内容更加丰富、立体，值得引起关注。

（原作发表于复旦大学历史学系编《明清江南经济发展与社会变迁·复旦史学集刊第六辑》，复旦大学出版社 2018 年版，修改于 2023 年 7 月）

第九章 近代广帮银楼德祥号考略

中国外销银器早在 1960 年代即引起国外学者关注。近代中国外销银器是近二十年来国内文博圈研究展示的一个热点课题。上海是近代中国外销银器的主要产地之一。上海广帮银楼为近代上海外销银器主体。近年来，随着近代中国外销银器成为收藏界的宠儿，以经营外销银器为主业的广帮银楼，也成为国内外文博界、收藏界研究的热点。上海德祥号为广帮银楼中存在时间较长，规模较大，影响长远的一家商号。但截至目前为止，关于该商号的很多问题，尚存不少盲点。比如该号起止，该号经营者及经营内容、经营方式等。

因工作关系，笔者曾留意该商号器物、文献多年。现将历年来收藏德祥号材料做一梳理，略作考证，抛砖引玉，为中外收藏者进一步收藏德祥号银器提供参考。

德祥号为 1900—1930 年代广东番禺邓氏家族在上海虹口百老汇路闵行路转角经营的一爿知名商号。该号创始人邓志扬，集医生、企业家、慈善家、文化及金融事业投资人等多重社会、职业身份于一体，人脉资源横跨商界、医界、文化界、金融界等多个领域。德祥号以近代上海广帮银楼良好社会声誉及广帮银楼同业公会为背景，长期秉承"顾客至上"服务理念，采取媒体广告、口碑营销等商业营销策略，以上海中外居民、尤其外侨为销售对象，供应物美价廉的多种商品（其银器商品尤为出色），赢得中外消费者青睐，在上海商场上有一席之地。

德祥号，只是近代上海无数中小企业中的一员。它能在竞争激烈的上海商场浮沉三十载，其银器等商品至今仍受市场青睐，自有其成功之道。知微见著，多视角考察德祥号这个广帮银楼的生存发展史，可进一步了解近代上海城市多功能经济中心发展过程中，类似中小实体经济的生存智慧，从而为今天上海商业文化发展增添历史底蕴、历史智慧。

一、上海德祥商号存续时间考

德祥号是近代上海广帮银楼（亦称外销银器店，外国首饰店）中重要商号。该商号的外销银器早在 1960—1970 年代就得到英美收藏界重视。但该商号存续时间，很多论述语焉不详，值得详考。

从目前掌握材料看，德祥开设时间在 1901 年—1904 年间，结束时间为 1934 年，之后德昌号延续其业。

《行名录》上最早出现德祥号名字，始于 1904 年。当年《行名录》记载该商号为珠宝商、刻字商、金银器店,位于百老汇路 1286 号,闵行路口。该商号经营者有邓志扬、潘叔葆、梁惠浦及 Chang Bink-son 4 人①。

但德祥号后期广告宣传中,一直宣称该商号 1901 年创办。如 1925 年 12 月 12 日,《北华捷报·最高法庭与领事公报》(*The North-China Herald and Supreme Court & Consular Gazette*)载德祥广告一份。广告以醒目字号在该商号名字下面注明:设立于 1901 年。然后才介绍该商号经营范围及地址等。

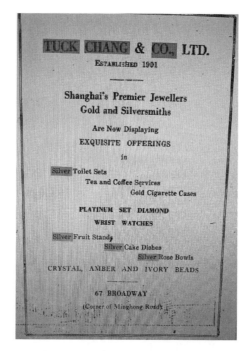

图一 1925 年 12 月 12 日德祥广告

1928 年 12 月 15 日,《密勒斯评论报》(*The China Weekly Review*)载德祥号广告时也称该商号成立于 1901 年(见图二)。不知何故,在 1901 年的上海主流媒体如《申报》等刊物上,基本见不到德祥行踪。1902 年《行名录》上亦无德祥信息。但在 1902 年 11 月 24 日《申报》上,广济善堂一份谢启名单中,德祥赫然在列。考虑到德祥号从创始到结束,其主要经营者一直是广东人,因此,推断广济善堂谢启名单中的德祥应为本文所指。1903 年 10 月 13 日《申报》刊发虹

---

① 《行名录》,字林西报社 1904 年版,第 93 页。

口德祥号告白："启者近因本店于八月初一日失去钻石戒指一只，经即投报捕房，由包探带同经手经理人陈应祺回捕房盘问⋯⋯虹口德祥告白。"此处告白者虹口德祥显然就是本文所述德祥号。

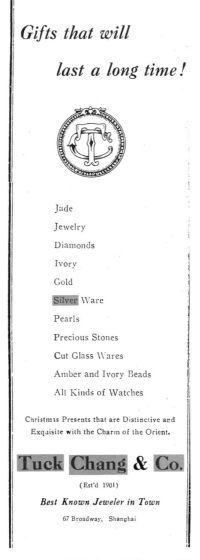

图二　1928 年德祥广告：该号 1901 年成立

仅根据德祥号最早在《行名录》出现时间来判断德祥创办时间，显然不宜。

以德祥号二三十年代广告其成立时间1901年为依据,目前尚未找到更有力旁证。将德祥号创建时间定为1901—1904年间,比较稳妥。

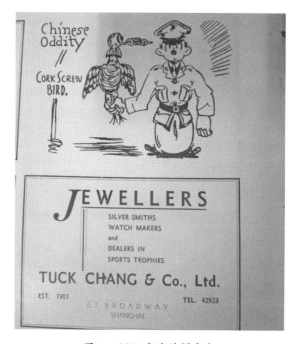

图三　1930年代德祥广告

　　德祥号结束时间,在1934年无疑。1904年起,德祥号主要是广东旅沪商人邓志扬家族产业。邓志扬1928年去世后,德祥号即由其子邓俊卿接手。1934年邓俊卿因债务纠纷,在旅馆自杀身亡。邓俊卿曾入籍葡萄牙,他去世后,葡萄牙总领事曾于1934年9月21日在报刊通告社会各界,德祥号主人邓俊卿已于1934年9月18日去世,各界如与邓俊卿本人及德祥号有债务纠纷诉讼案,请于1934年11月21日前到葡萄牙总领事馆登记立案。邓俊卿本人与德祥号欠债各方,亦请于上述日期前,将欠款还于葡萄牙总领事馆。[1] 1934年11月底,德祥号所有生财之物品,被公开拍卖。拍卖地址即在百老汇路155号。当时报纸在报道此信息时称,公众将可以低廉价格买到很好的圣诞礼物。[2] 1934年11月23日《申报》载:公盛洋行受大西洋领署(即葡萄牙驻沪领

① *The North-China Daily News*, Sep. 23, 1934.
② *The North-China Daily News*, Nov. 25, 1934.

事馆)委托,在百老汇路 155 号德昌首饰公司内不限价拍卖各种贵重首饰、银器、玉器、车料器、古玩及所有一切生财器具等一千余号。1934 年 12 月 16 日—19 日,《申报》载:公盛洋行将在百老汇路 155 号德祥首饰公司内不限价拍卖大宗贵重金刚钻、翡翠等首饰,银器、玉器、车料器、古玩等,又有世界名厂制造之钟表……

同样是在百老汇路 155 号建筑拍卖,1934 年 11—12 月份《申报》的报道中,为何会出现德昌、德祥两个名字? 从史料看,德祥首饰店店主邓俊卿 1934 年 9 月去世后,该店资产被拍卖。不久德祥首饰店原店址换上了德昌首饰号招牌。后者中文名字与德祥号一字之差,英文名字一个字母之差。1935—1939 年《行名录》上德昌号登记地址就是原来德祥号地址百老汇路闵行路口,不过用了新的街道编号百老汇路 155 号(1923 年前德祥首饰号百老汇路 1286—1287 号,1923 年后德祥首饰号百老汇路 67 号、1935 年前后百老汇路 155 号德昌首饰号均位于百老汇路闵行路转角同一建筑。银器包装盒上街道编号,可作为德祥号银器断代参考)。1934 年 9 月,德祥店老板自杀身亡之际,吴星南接盘百老汇路闵行路口德祥公记首饰号,更名为德昌首饰号。从图四、图五可知:德昌、德祥,首饰号中文名字一字之差,英文名字一个字母之差,宣传创始时间、占用店址、电话号码、营业内容一致。德昌为德祥号继承者。德昌首饰号有意利用德祥首饰号几十年来积累的品牌资源及店面,谋取商业利益。新店主吴星南 1910 年应为德祥号天津分号合伙人之一。[1] 某种程度上,德昌号虽不再是邓家产业,但因吴星南很可能是德祥号天津分号合伙人,他经营的德昌号,某种程度上是德祥号生命的延续。该店存在时间持续到 1946 年,经营范围与德祥号相差无几。1928 年底吴星南还在四川路 444 号开设南京商店。从遗留至今的民国四川路 444 号南京商店包装纸看,四川路 444 号南京商店与德昌金银首饰店业务经营范围类似,主要经营金银首饰,修理钟表等。1940 年史料表明:上海四川路 444 号南京商店与德昌银器店均为吴星南独资经营。[2] 此外,吴星南还购买过虹口另一爿钟表首饰店。

---

[1] 参见《行名录》1910 年 7 月版,第 129 页:德祥号条目下的 Woo sou-nan(tien-tsin),即德祥天津分号吴星南。1935 年《行名录》第 274 页,德昌号经理吴星南(Woo S. N.)。

[2]《南京商店经理背信侵占,被店主告发》,载于《申报》1940 年 7 月 22 日。

图四　1930—1932年《行名录》中德祥号广告插页

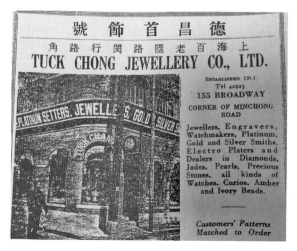

图五　1935年《行名录》中德昌号广告插页

二、德祥号灵魂人物——邓志扬

德祥号初为广东人邓志扬与人合伙创办股份公司。1903年时陈应祺曾任该商号经理人。1904年时，德祥号为邓志扬与潘叔葆、梁惠浦及Chang Binkson共同经营商号。1907年10月26日《申报》第8版出现上洋虹口百老汇路德祥外国金银首饰号李浩堂、徐松阶、郭深垣等退股布告。李浩堂、徐松阶、郭深垣表示，自四月初一起所占之股份，结算清楚，尽行退出另谋别业，自后德祥生意盈亏概与退股人无涉。1908 年 6 月 29 日《申报》再次出现上洋虹口百老汇路德祥外国金银首饰号退股声明。谢启后堂表示，该堂所占德祥外国金银首饰号股系业已退出，自后德祥号生意盈亏概与退股人无涉。

1913—1920 年，德祥首饰号的行名录上只剩邓志扬一人。1923 年前后，邓俊卿开始参与德祥号经营管理。1928 年邓志扬去世后，邓俊卿继承了德祥号生意。邓俊卿其实为邓志扬之子。1928 年邓志扬去世后，居父丧之期的邓志扬三子曾在《申报》等刊发"退保声明"："哀启者，家父邓志扬已于 10 月 16 日逝世。所有生前经手代人担保银两等情，棘人等万难继续负责。自即日起一概取消……棘人森斋，俊卿，露村同启。"①从这份声明看，邓俊卿为邓志扬二子。但 1932 年邓志扬长子委托律师在《申报》刊载的一份资料又称，邓志扬去世后，德祥公记首饰号留给邓志扬第三个儿子邓杰芬（邓露村）独力经营。1932 年 7 月 10 日《申报》载德祥公记股东兼总经理邓俊卿启事："启者鄙人前因营业事需亲自接洽，匆匆径赴首都。现已事毕遄返。所有关于小号营业往来，当然统归鄙人负责办理。惟嗣后如有与小号往来事件，必由本人签名盖章方为有效。诚恐各宝号未及周知，特为登报声明，希各宝号查照为荷。"1928 年记载与 1932 年《申报》的这份启事，对邓志扬去世后，德祥号的归属问题记述不一。可能涉及到邓去世后的家族纠纷。无论是邓露村，还是邓俊卿，他们都是邓志扬之子。德祥号 1934 年前实为邓志扬家族经营。

邓志扬为德祥号核心人物。1904—1928 年在《行名录》的记载中，邓志扬一直为德祥号首位经理人，1923 年前后称为总经理。他去世后，《申报》在刊发《旅沪粤绅邓志扬君》逝世消息时，介绍了他的职业成就"自创利亨昌篷厂及任德祥银号总经理"。1878 年《申报》有一则启事，为虹口利亨昌缝店教习西法航海算法量天尺及洋枪等法布告。这个"利亨昌缝店"，可能就是邓志扬自创企业。该厂后来为邓志扬之子经营，为民国时期船帆业界翘楚。可能最晚在 1878 年邓志扬就来到上海。民国时期，邓志扬家族经营的利亨昌篷帆厂出现在《行名录》上时，地点就在虹口区闵行路，其经营业务一直是修帆、制造船帆、缆绳，并制造各种帆布等。1885 年 8 月 31 日《申报》刊发上海四马路高易公馆协理两广赈捐经收 7 月赈款清单中出现邓志扬名字。这个邓志扬可能就是利

①《申报》1928 年 11 月 30 日。

亨昌篷帆厂创始人，即日后德祥号总经理邓志扬。

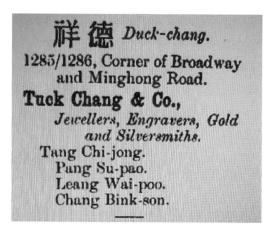

图六 1906—1917年《行名录》上的德祥号

图七 1919年邓志扬向粤侨商会联合会捐款纪录

经过几十年苦心经营，1919年前后，邓志扬已经成为虹口百老汇一带深孚众望的商界名流。1920年前后，邓志扬为虹口区百老汇路商联合会副会长。他还是一名热心公益事业、"办事可风"、为社会各界尤其是寓沪粤商敬仰的慈善名人。他曾在上海广肇公所、广肇山庄、广肇义学、粤侨商业联合会、粤商医院、禺山堂即番禺同乡会历任董事。[①]1917—1925年邓志扬多次出任闸北救火联合会三段副会长、会长等职务。[②] 1925年上海丝绸银行13名发起人名单中，邓志扬名列第二，仅次许廷佐。[③]

邓志扬还是一名外科医生，1908年前后，旅沪两广同乡会组织在广东佛山人、晚清著名小说家吴趼人等支持下，在上海虹口武

① 《旅沪粤绅邓志扬君逝世》，载于《申报》1928年11月28日。
② 张笑川著：《近代上海闸北居民社会生活》，上海辞书出版社2009年6月版，第242页。
③ 《申报》1925年8月23日。

昌路创办广志两等小学时，番禺邓志扬曾以外科医生身份出任该校校医。[①]
1928 年 6 月《申报》在介绍邓志扬之子——虹口百老汇路 67 号伤科名医邓露
村时，称他为旅沪粤中名医邓志扬先生之哲嗣。清代上海著名银匠张善六也是
一名外科医生。沪粤中名医邓志扬经营德祥号似与晚清上海外科医生张善六
设计制作银器有异曲同工之妙。

邓志扬，多才多艺，反应敏锐，对西方新式事物似乎情有独钟。20 世纪初，
邓志扬曾投资电影这个新兴文化产业。曾有上海电影人回忆：1914 年上海出
现了第一个京剧票房"盛世元音"。在这个票房里，我结识了名票管海峰，彼此
相交甚密。其中有个意大利人劳罗。他
是在中国开业的意大利律师穆安素的女
婿；劳罗有一只"爱脑门"牌的木壳摄影
机，想找人合作拍电影，后经穆安素的翻
译夏小谷介绍，便与管海峰结识了。一
天，他们约了几个朋友在法租界的蜜莱利
（密采里）西菜馆小酌，谈起拍电影事，几
个人都很感兴趣，于是大家纷纷认股。有
一位开德祥银器楼的广东人邓某答应出
资搭建一座玻璃摄影棚（后来这个棚搭在
曹家渡的林家花园里）。[②] 1915—1918 年
上海《行名录》罗乐中国电影公司条目下，
外籍人罗乐为总经理，邓志扬（Tang Chi-
jong）确实名列其中，其身份为买办。证
明电影人所述德祥银楼邓某投资电影事
业绝非虚无。

清末民初，旅居上海的粤商邓志扬无
疑是一个多才多艺、视野开阔、交游广泛
的商人。邓志扬，他集医生、企业家、慈善

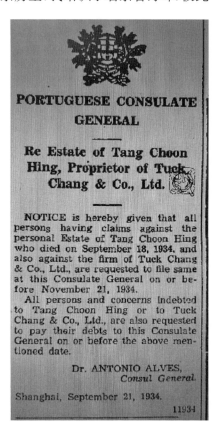

图八　1934 年德祥号老板去世，葡萄
　　　牙领事公告

---

① 吴趼人：《吴趼人全集》第 8 卷，北方文艺出版社 1998 年版，第 224 页。
② 中国电影工作者协会电影史研究室编，王汉伦等著：《电影回忆录丛刊·感慨话当年》，中国电影出版
　社 1962 年 1 月第 1 版，第 43 页。

家、文化及金融事业投资人等多重社会、职业身份于一体。他的人脉资源横跨商界、医界、文化界，金融界等多个领域。他不仅在旅沪广东人中颇有声望，在虹口、闸北等普通上海居民中也有一定影响力。德祥号在邓志扬手中创建并顺利发展，不足为奇。德祥号邓志扬与曾经投资银楼的近代上海著名实业家王一亭、沙船业名人郭楚琴一样，都曾是上海商界长袖善舞的风云人物。

1928年11月邓志扬年迈病故后，其子邓俊卿，无论本人才华还是社会声望，均不及其父邓志扬。他接手德祥号不到6年，就因经营不善，自杀身亡。德祥号全体营生器物被拍卖。矗立在百老汇路、闵行路转角的德祥号换牌易主。

三、德祥号经营之道

同众多广帮银楼一样，开设于上海虹口百老汇路闵行路转角的德祥号，最初被称为洋货店，经营商业品种丰富，顾客选择机会多。

1904年《申报》曾载美租界捕房纪事：百老汇路德祥洋货店某甲以前晚被贼窃去金链一条，绸衣十二件开单投报……尽管在1910—1930年代，德祥号常被归为外国首饰类商号，但德祥号经营商品一向不止于首饰。金银器、古玩、丝绸等，甚至广式家具、英国水笔等都在其经营范围，从其历年所发广告看，将其归于洋广杂货店未尝不可。洋货店，洋广杂货店，被视为上海百货业前身。

图九　1918年德祥银器广告

1904年德祥号出现在行名录上是珠宝商，刻字商，金银器店。到1909年时，德祥号经营范围有所扩大，电镀器皿及刺绣加入该店经销范围。同年，该店在天津大沽路分店出现。1914年德祥号留存的一份广告显示，该号为珠宝商，刻字商，金银器店，同时经销刺绣，各种丝绸制品，象牙雕刻，中日古玩，陶瓷，漆器等。

1918年德祥号销售广告：专售金银首饰、洋装器皿，精镶珠钻宝石、各种饰物，承刻中西文字、花卉鸟兽，电镀金银铜镍,钟表修理商。1920 年德祥号在《行名录》中登记该号性质及经营范围:珠宝商,金银器店,钟表修理商,经销珍贵宝石、手表、古玩。1924 年珠宝商,刻字商,金银器店,销售电镀器皿及刺绣。天津大沽路 80 号及上海北京路 5 号有该店分号。1928—1934 年时,德祥号天津分号信息不再出现。德祥号在《行名录》上的信息是珠宝商,刻字商,金银器店,钟表修理商,各种宝石、钟表、古玩经销商。

在德祥号销售的众多商品中,银器尤为出色。1920 年代部分上海游记中,德祥号被一些外国导游称为上海最好的银器店之一。如 1925 年《大陆报》(The China Press)的《随简妮沪上购物》栏目中,将位于百老汇路 67 号闵行路转角的德祥号,视为上海银器店之最。1929 年 12 月《密勒斯评论报》报道《上海——圣诞购物天堂》时,将德祥号特地列出,称其为"上海最好的银器店"。[1] 1934 年 1 月,德祥号在广告中,自称"银器之家",可以为顾客配置任何款式纯银器皿。[2] 就连外地的外侨有时也会到上海的"德祥号"定制银器,如 1921 年上海"德祥号"为汉口跑马会定制银杯一件。

图十　1934 年德祥号广告"银器之家"

---

① Shanghai: The Christmas Shopper's Paradise, In: *The China Weekly Review*, Dec 14,1929.
② *The North-China Herald and Supreme Court & Consular Gazette (1870–1941)*, Jan 24,1934.

近年上海"德祥"银器得到国外学者的青睐。2015 年 Adrien von Ferscht 教授专著《中国外销银器》中，曾对上海"德祥"银器店做了重点介绍，并将其与广州、香港著名外销银器店相提并论。

图十一　1930 年德祥号广告

图十二　1921 年上海德祥号为汉口跑马会制作银杯

德祥号银器在上海脱颖而出，并非偶然。甲午战争后，经历半个多世纪欧风美雨浸润，上海已成为中西交流、交汇中心。就连很多原本在上海老城区开设店面的老牌银楼如老凤祥、裘天宝、杨庆和，为了适应上海新环境，1900 年前后开始到租界开设分号，修建西式建筑，增加西式首饰品种。在这样的社会大背景下，以营销西式金银首饰及金银器皿为主要业务的广帮银楼在上海异军突起。一口通商时代，中国对外贸易基本由广东人垄断。银器为广东重要外销商品。广州十三行的外销银器，是清代走向世界的广货之一。十三行街区曾形成一个银器市场。[①]

鸦片战争后，上海被迫开埠，成为五方杂处之地，各省均有寄寓之人。首指者为广帮。[②] 广东不少旧行商、通事及其他商人，紧随外商来到新开的通商口岸上海。粤商到上海开设广货店，经营广货及从广州进口的洋货。[③] 1870 年

---

① 参见雷传远：《清代走向世界的广货——十三行外销银器略说》，载于《学术研究》2004 年第 10 期。

② 参见姚公鹤：《上海小史》，载于《小说月报》1916 年第 7 卷第 11 期，第 69—74 页。

③ 张晓辉著，岭南文库编辑委员会、广东中华民族文化促进会合编：《近代粤商与社会经济》，广东人民出版社 2015 年 8 月版，第 461 页。

代,洋广杂货在上海已取代京广货地位。上海棋盘街及四马路一带,已成为洋广货聚集地。1872 年前后上海洋广货号约百十家左右。① 在广东人开设的洋货号中,有一些商号经营洋装首饰及金银器皿。这些洋货号,也被称为广帮银楼或外国首饰店,洋装金银首饰店等。清末民初,广东人在上海开设的西式银楼已经形成一定规模。清光绪壬寅年(1902 年),广帮银楼同业组织出现,简称"崇本堂",全称"上海粤侨洋庄金银首饰工业崇本堂"。民国年间,广帮银楼同业组织名字不断变化,但其基本功能是维持同乡情谊,互通信息,规范同业经营秩序,维护同行公益。德祥号老板邓志扬来自广东番禺。德祥号合伙经营者、技师等基本为广东人。德祥号为广帮银楼同业组织成员,1920 年前后德祥号打银工莫幹生,曾任广东金银工业会副会长。

邓志扬经营德祥号时代,广帮银楼及银器,在近代中国,尤其上海已有一定声誉。1920 年的一份文字记载表明,"我国自通商以来,其工艺能与舶来品并驾齐驱者,首推洋装金银首饰一业。其出品之精美,镶嵌之奥妙,久为中外所称赞。操斯业者,以粤人为最。仿造奇异,尤以沪港为特色"。② 1906 年比利时博览会期间,上海广帮银楼宏发号金银器参展并获得好评。③

广帮银楼同业会在上海的影响与势力,广帮银楼及银器在中外居民中的良好口碑,为德祥号在上海的发展提供了良好经商环境。

近代上海是一个国际化社会。居住在上海的既有外国居民,也有中国居民。德祥号的服务对象主要是外国居民,兼顾中国人。德祥号熟练应用中外报纸等大众媒体做商业营销广告。

读者群主要为外籍人士的《字林西报》《大陆报》《上海泰晤士报》《密勒斯评论报》等外文媒体及外国人常翻阅的《行名录》上,德祥广告时常出现。1904—1934 年德祥几乎每年都在英文版《行名录》(相当于外国人常用的电话号码簿)出现,甚至有插页广告。美国驻沪海军陆战队杂志《哗啦哗啦》(*The Walla Walla*)上,长期刊载德祥号广告。《申报》是近代面向中国大众的主流媒体,在这份报刊上,也曾刊发德祥号商业广告,但频率无法与德祥号在外国期刊杂志刊载广告相提并论。

---

① (清)葛元煦撰,郑祖安标点:《沪游杂记》,上海书店出版社 2006 年 10 月版,第 114 页。
② 《中国商业月报》1920 年第 10 期,第 21 页。
③ 《东方杂志》1906 年第 3 卷第 6 期,第 45 页。

1923 年 7 月 20 日《申报》载："虹口闵行路百老汇路角德祥公记首饰号自制之各项金银饰品如银盾、银杯及花瓶、花插等，工甚精细，雕刻各种中西文字、花卉鸟兽亦颇清雅，其自制之银烟盒面白里黄，每只售银十一元至二十元不等云。"

1923 年 9 月 3 日《申报》载："百老汇路闵行路口德祥公记首饰号新由英国名厂运到 Everrsharp 自来水笔多种，花纹细巧，定价每枝自十余元至三十元不等，已售出不少，日内为各团体制造银盾及代刻中西文字，颇形忙碌云。"1932 年在《申报》出现德祥新闻时是该号产权纠纷问题，不涉及商品广告。1934 年 11 月—12 月百老汇路德祥首饰公司最后出现于《申报》已经是该商号所有营生商品、设备等被挂牌拍卖。

德祥号深谙"口碑"营销策略。为给居沪外侨留存良好口碑，塑造企业良好形象，德祥号长期为上海外侨多种体育赛事提供奖品资助。1908—1933 年，德祥号常为万国商团、巡捕房或上海射击协会等比赛提供银质奖品。1930 年代，上海打靶协会曾多次主办由德祥号提供奖杯的德祥银杯赛。1909 年上海国际俱乐部游泳节比赛中，妇女某项比赛奖项由德祥公司提供。1930 年代美国驻沪部队每半年在上海举办一次高尔夫比赛，因比赛奖品由德祥公司提供，该项赛事被称为"德祥高尔夫银杯赛"。[①] 德祥号不仅向成年人提供奖品，还向外籍青少年提供体育奖品。如：1912 年 4 月 13 日，上海童子军营体育比赛在吴淞举办，德祥号也提供了奖品。1928 年 6 月工部局女童公学双人网球某比赛奖品也由德祥公司提供。

存续几十年间，德祥号一直秉承"顾客至上"服务理念，根据顾客需求、来样定制各式各样银器。德祥号既可以复制任何时代、任何设计的银器，也可为顾客设计任何艺术风格银器。

图十三　1928 年德祥号来样定制广告

① 《大陆报》1933 年 10 月 19 日。

1921 年秋季上海苏州路商船总会(Merchant Service Club)赠送汉口跑马总会赛会的银杯,是由 S. P. Jorgensen 上尉设计,上海百老汇路德祥号制作。① 1934 年德祥号在广告中称"我们的银器是高质量的纯银器,无论你的设计是什么,我们都可以为您配备相应的物件"。

德祥号经营范围广泛,商业品种丰富,仅银器一类物品,就有很多品种。1925 年圣诞前夕,德祥号展销精美礼品有:银质盥洗室用具、银茶具、咖啡具、银水果架、银点心盘、银玫瑰碗等。② 1926 年 1 月中旬,上海比利时游客曾被建议,到百老汇路 67 号上海著名的银器店——德祥店购买银器。"这里有锤击的龙纹装饰的银茶具,有银制的樱桃花纹装饰的茶壶、冰激凌及汤碗。设计新颖、制作精美的梳妆用具,银餐具、胡椒粉瓶、盐瓶、银杯及 100 多种其他小银器礼物,占地小,携带方便。在那里可以找到你一直寻找的精美、合适的小礼品。"

德祥号银器物美价廉,仿造奇异。据当年上海的一份外国报纸介绍,"这里的银器甚至比国内的镀银还要便宜,你喜欢的任何款式银器,他都可以拷贝,并且是用纯银"。③

很多在沪居住时间较长的外侨,在离开中国时想带既有中国风味,又能日常使用的纪念品回国。德祥号银器海纳百川,兼顾中西。德祥号银器多为西式造型、中国传统纹饰,中西合璧风格。德祥号银器,被外侨认为具有东方风味、中国特色又有实用价值,迎合了外国侨民的消费心理,深受外侨青睐。西式造型的德祥银器,又与晚清以来中国沿海各地中上层"慕西"风尚相契合,受到中国消费者追捧。近代以来,虹口区百老汇路闵行路转角德祥号,成为中外人士经常光顾的名店之一。1949 年前,不少德祥/德昌银器被带到国外,并在 1970 年代前后得到英美学者关注。早年美国学者福布斯研究中国外销银器的权威著作曾提到上海德祥/德昌号银器。2010 年 2 月 12 日到 9 月 5 日,上海与旧金山缔结姐妹城市 30 周年之际,130 多件代表上海艺术成就的作品在美国旧金山亚洲艺术博物馆展出。这次展览中,上海德祥号龙纹银碗作为近代上海代表性艺术品参展。④ 德祥号银器深远影响力由此可见一斑。2017—2018 年香港海事博

① 中国贸易促进者(上海)编辑:《远东购物与娱乐指南》,上海贸达公司 1923 年版,第 51—52 页。
② 《字林西报》(英文),1925 年 12 月 12 日。
③ *The China Press*, March 29, 1925.
④ Asian Art Museum, Chong-Moon Lee Center for Asian Art and Culture: *Shanghai: Art of the City*, by the Asian Art Museum of San Francisco, 2010, p.46.

物馆举办"白银时代中国外销银器之来历与贸易"展,曾展示广东省博物馆藏洛可可式上海外销嵌玻璃银首饰盒,款 TC/幹生。该款首饰盒可能为上海德祥号莫幹生作品。现存长沙博物馆的喜上眉梢纹花瓣口双耳奖杯,款识 SHANGHAI TC.笔者以为银器上 Shanghai TC 译为上海德祥号/德昌号更为确切。

图十四　1927 年前后德祥号商品广告

结语

　　同近代上海历史长河中众多中小商号一样,德祥号及其经营者已消逝在历史长河中。但德祥号银器经历百年时间洗礼,神采依旧,成为中国近代银器商品中难得的经典之作。

　　德祥号只是近代上海国际化大都市进程中微不足道的一爿小店,邓志扬等经营者也只是近代上海商业大潮中沧海一粟。"麻雀虽小,五脏俱全"。德祥号的发展历程,折射出近代上海多功能经济中心崛起过程中无数中小企业经营者的奋斗精神,商业智慧。本文希望通过对德祥号个案研究,总结其得失成败,深入挖掘上海四大品牌建设历史底蕴、历史智慧,以史鉴今,助力今日上海社会经济发展。

　　(原作收录于上海市档案馆编《上海档案史料研究》第 27 辑,上海三联书店2023 年 4 月版,略作修补)

第十章 清末民初广帮银楼之和盛号

　　清末"广帮为生意中第一大帮,在沪上尤首屈一指。且居沪之人亦惟广帮为多,生意之本亦惟广帮为富"。①

　　广东人在沪经营洋货号者良多。早在 1860 年前后,广东人就在上海开设洋货号。到 1870 年代,旅沪文人曾称西人所开洋货行以亨达利为最著,华人所开则以悦生、全亨为翘楚。被称为华人洋货号翘楚的悦生、全亨,皆为广东人产业。

　　广东人经营的部分洋货号,经营普通洋货的同时,也经营金银首饰、金银器皿,这些洋货号,后来常被称广帮银楼、西式银楼、外国首饰店、洋装金银首饰店等(下文统称广帮银楼)。清末民初,上海广帮银楼已经形成一定规模。清光绪壬寅年(1902 年),上海广帮银楼同业组织出现,简称"崇本堂",全称"上海粤侨洋庄金银首饰工业崇本堂"。广帮银楼及银器,在近代中国,尤其上海有一定声誉。1920 年的一份文字记载表明,"我国自通商以来,其工艺能与舶来品并驾齐驱者,首推洋装金银首饰一业。其出品之精美,镶嵌之奥妙,久为中外所称赞。操斯业者,以粤人为最。仿造奇异,尤以沪港为特色"。②

　　和盛号为近代著名的广帮银楼之一。该银楼被称为近代上海最早的粤帮银楼。③ 但关于和盛号及其银器,尚待进一步深入研究。笔者就目前掌握史料及实物信息,对和盛商号及其银器略作钩沉。抛砖引玉,敬请方家指正。

一、和盛首饰号存续时间考

　　关于和盛号成立时间,目前为止有三种说法。国外学者 Ferscht 认为和盛起止日期为 1850—1925 年。④ 陈志高著《中国银楼与银器·外销》采信"和盛"号 1917—1923 年间在《申报》商业广告,称:"本号创自同治季年。"⑤和盛号 1917—1923 年间在《申报》广告中提出成立日期,目前尚未发现旁证原始材料

① 参见:《论广帮盂兰会之盛》,载于《申报》1878 年 9 月 5 日。
② 《中国商业月报》1920 年第 10 期,第 21 页。
③ 参见陈伯熙编著:《上海轶事大观》,上海书店出版社 2000 年 6 月版,第 176 页。陈志高著:《中国银楼与银器·外销》,清华大学出版社 2015 年,第 167 页。
④ W. S. Wo Shing; Wo Shing; Wah Shing, In: *Chinese Export Silver 1785－1940: The Definitive Collectors' Guide*, Researched and Written by Adrien Von Ferscht. January, 2015,电子版。
⑤ 见《申报》1918 年 10 月 5 日,1923 年 7 月 16 日上海和盛号广告。

可资佐证,仅凭和盛自身商业广告,将其成立时间定于同治季年,说服力不足。上海档案局《行名录》载和盛起止日期为 1899—1924 年。这里将和盛成立日期列为 1899 年,比目前笔者所见材料晚 10 年左右。

目前笔者看到和盛号最早记载在 1889 年。《申报》1889 年 7 月 22 日载:"英八月份吕宋票逐月批发,全张分条均照价出售。正亚湾拿旧吕宋烟零沽。二摆渡江西路汇司对面　和盛钟表首饰店。"

考虑到上海近代外国首饰店多从钟表首饰店剥离,①《申报》1889 年 7 月 22 日载和盛钟表首饰店地址在江西路,与和盛号在《行名录》1899 年起登记地址、营业等信息相符,因此推断 1889 年《申报》中的和盛钟表首饰店即本文所指和盛广帮银楼。

1892 年《申报》出现江西路和盛首饰店歇伙声明:本号用伙梁子猷现已辞歇。贵客前与本店往来账款勿交付。后与他来往概与本号无涉。此布,江西路和盛首饰白。② 再者,1894 年下半年到 1895 年初,江西路和盛西国首饰店接收法国巡捕非法所得银条,被诉至租界法院,曾被《申报》等媒体多次报道。

从以上三份《申报》载和盛号材料看,江西路和盛广帮银楼创立时间在 1889 年前无疑。该店在商业广告中自称创立于同治季年,目前尚乏有力旁证,待进一步查核。

和盛号倒闭时间在 1924—1925 年间。1923 年底和盛因经营不善,资金周转不灵,倒欠银行、钱庄款项八、九万两。为弥补亏空,它向法商伯兴洋行、乌利文洋行、赉文洋行、利喊洋行等赊购大批钻石,并出立支票。因和盛号与这几家洋行长期合作,洋行不疑有它,按照惯例,将大批钻石批发给和盛号。这些洋行"届期往收无着",还被人告知此店亦即倒闭。一怒之下,供货洋行联袂将和盛号告至法租界会审公廨,并要求将和盛号老板胞兄——时任公共租界工部局买办的潘菊轩同列为被告。和盛号破产案断断续续,打了一年多。1924 年 1 月,和盛首饰号破产案就出现在《申城》报端。直到 1925 年 3 月和盛号破产案因其所有者国籍问题,破产程序尚未结束。1925 年 3 月和盛号还出现在《上海商业

① 详见笔者《清末民初上海外国首饰业初探》,载于复旦大学历史系编:《变化中的明清江南社会与文化》,复旦大学出版社 2016 年 7 月版。
② 《申报》1892 年 3 月 21 日。

名录》记载中。①

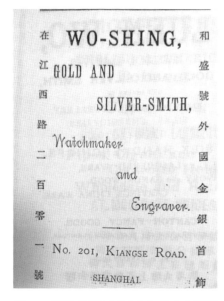

| 图一 1902年《行名录》中和盛广告插页 | 图二 1922年和盛号广告插页 |

二、和盛号老板家族背景

1843年上海开埠后,广帮商人北上,同时将广州人才、技术带到上海。广州,一度被外侨称为"上海的摇篮"。② 广州一口通商时代,广州十三行享有对外贸易特权。广州商人通过外国洋行购买大量钟表首饰销往国内,甚至进贡朝堂。为满足外国人对银器的需求,广州出现了模仿西方银器的外销银器店,它们从模仿进口西式银器到自制西式银器,在广州十三行商馆区内集中了一批著名的外销银器店及银匠。上海开埠后,原在广州从业的部分广帮银楼从业者北移上海。清末民初上海外销银器店,基本由外国人及广东人经营。江西路和盛号为广东人在上海开设的一爿西式钟表首饰店,即广帮银楼。

说起和盛号,后人总称其为公共租界工部局买办潘氏家族产业。其实这一说法不太准确。和盛号店主1895年前后为广东人严德楼,后来和盛号才成为

---

① 林霞编辑:《上海商业名录》,上海商务印书馆1925年3月版,第330页。
② 兰宁、库寿龄著,朱华译:《上海史》第一卷,上海书店出版社2020年1月版,目录页P2。

公共租界工部局买办潘菊轩弟弟潘诚轩私人产业。目前资料尚难准确定位潘诚轩入主和盛号时间。不过,可以肯定的是:最晚在 1905 年,潘诚轩即入主和盛号。① 潘诚轩本人在上海历史上无足轻重。但他所在的家族在上海近代历史上、尤其是上海租界历史上,有一定影响力。

盛和 Wo-shing.
202, Kiangse Road.
Wo Shing,
Gold and Silver Smith,
Watchmaker and E-
graver.
Pon Shing-hien
Che Sow-san
Chun Chew-lum
Lee Hou-maun
Lee Tsze-ching

图三　1905 年和盛号经理潘诚轩(Pon Shing-hien)

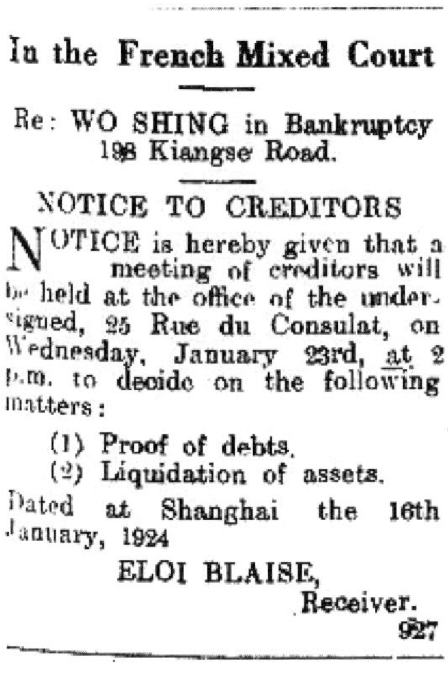

In the French Mixed Court

Re: WO SHING in Bankruptcy
198 Kiangse Road.

NOTICE TO CREDITORS

NOTICE is hereby given that a
meeting of creditors will
be held at the office of the under-
signed, 25 Rue du Consulat, on
Wednesday, January 23rd, at 2
p.m. to decide on the following
matters :

(1) Proof of debts.
(2) Liquidation of assets.

Dated at Shanghai the 16th
January, 1924

ELOI BLAISE,
Receiver.
927

图四　1925 和盛号破产案报道

潘氏家族,在近代上海历史上是特殊的存在,上海公共租界从开始到结束,

---

① 《行名录》,字林西报社 1905 年版,第 101 页。

其财务处买办几乎都由潘家担任。1843 年上海开埠后，外国人纷至沓来。1845 年上海英租界开辟。1848 年，美国人在上海虹口租地造屋，1849 年法国在沪设立租界地。为应对上海小刀会起义，1854 年英、法、美驻沪领事在上海设立管辖租界地的市政委员会。因该机构职能主要是负责市政建设，与中国官制中的"工部"比较相似，于是改译为"工部局"。1862 年法租界独立，1863 年英美租界宣布合并。1893 年英美租界改称为公共租界。工部局成为上海公共租界最高行政管理机构。它在最高决策机构工部局董事会指导、监督下，管理公共租界日常事务。公共租界工部局为向华人征收税务，长期聘请华人作为财务处买办，协助总办负责公共租界财政收支。工部局买办职能，是"负责工部局账户的一切收支"。① 具体而言：买办间与捐房间同属工部局财务处管辖，分别执行工部局的捐税工作。具体分工是：捐房间是开税单，通知纳税人付税，或直接派收税员四出征收。买办间办理收纳收税员或纳税人交付的税款，在 1929 年前电气处的电费亦由买办间收纳。买办间除收款、记账、汇总、上解外，并根据财务处的通知，支付工部局全体华洋职员的薪金和工程费等，等于老式衙门的账房间。②

潘诚轩家族从 1861 年左右起一直到 1941 年左右，一直担任上海公共租界工部局买办。据工部局最后一任买办潘世琚回忆，1860 年前担任工部局买办的潘朗三即为潘家族人，潘禹铭的幼叔。1936 年上海不少报刊曾刊发一则新闻《工部局买办潘明训荣庆服务逾五十周年董事会举行庆祝》。该条新闻中，工部局董事会总董安诺德在讲话中不仅庆祝潘明训为工部局服务 50 年，而且回顾了潘氏家族与工部局结缘 70 年之历史。安诺德在讲话中指出，潘禹铭 1886 年去世前已经在工部局服务 25 年之久。1886 年潘禹铭去世后，他的儿子潘菊轩继任买办职位。一直到 1930 年潘菊轩年老退休，其职务由其弟潘明训继任。在此之前，潘明训已随潘菊轩一起在买办间共事多年。到 1936 年，潘明训已经在工部局买办间服务 50 年之久。在潘明训服务期间，他本人儿子与潘菊轩的儿子"世"字辈已经在工部局买办间任职。可以说自工部局在黄浦江畔创立以来，其买办一职，即由潘氏一族，世承不替。近百年间，潘氏家族与工部局相始终。在公共租界工部局董事会会议录中，买办常常出现。

---

① 上海市档案馆编：《工部局董事会会议录》第 6 册，上海古籍出版社 2001 年版，第 738 页。
② 全国文史委员会编：《文史资料存稿选编》第 22 卷下册，中国文史出版社 2002 年版，第 664 页。

　　和盛号老板潘诚轩在上海营业期间，潘诚轩胞兄——潘菊轩任上海公共租界工部局买办（1886—1930 年）。工部局买办在中外之间的沟通作用非常重要。工部局曾称潘菊轩"于中外居民之睦谊，裨益良多"。

　　潘诚轩家族不仅有上海工部局买办的政治背景，还直接经营商业，在上海商界也是一方势力。1912 年潘明训曾为上海招商局董事。1923 年潘菊轩（宗道）以道记地产公司老板身份成为上海总商会会员。① 1930 年，潘菊轩离开工部局买办间时，潘家老四潘梅轩为公和洋行买办，老五潘诚轩为和盛号老板，老九潘友三为河南中路同春堂药店店主……潘诚轩还是上海江西路 28 号上海金洋物券交易所（1921 年 8 月成立）发起人之一。② 和盛号老板潘诚轩家族在上海经营多年的政商背景，为和盛号在上海的发展提供了特殊的社会背景与条件。

图五　上海公共租界工部局局徽

　　潘氏家族强大的政、商背景，为和盛号营销带来很多便利。1918 年前后和盛号已名驰中外，久邀绅商赞赏，定货纷至沓来。不仅中国绅商赏识和盛号，就连外国洋行对和盛号也青睐有加。1923 年外国洋行状告和盛首饰店主潘诚轩案表明：和盛号与沪上有名的英、法钟表首饰洋行往来有年。它与伯兴洋行、乌

---

① 上海市工商业联合会、复旦大学历史系编：《上海总商会组织史料汇编》上册，上海古籍出版社 2004 年 12 月版，第 402 页。

② 进步书局编：《交易所一览》，进步书局 1922 年 2 月版，第 78 页。

利文洋行、赉文洋行、利喊洋行等长年合作。和盛号向这些洋行一次赊购大批昂贵钻石的背后，离不开潘家在上海政商经营多年的社会影响力。

1920—1930 年代上海著名的钟表首饰店乌利文洋行的几任经理，曾经出任上海法租界公董局董事，这与公共租界工部局华人买办潘氏家族 20 世纪初经营和盛首饰号，异曲同工。上海两个租界政府内举足轻重人物或其家族成员，或明或暗地都利用政治资源或影响力谋取商业利益。公共租界工部局买办潘氏家族经营和盛首饰号，为深入研究近代上海租界政商关系提供了一个独特视角。

三、和盛号银器琐谈

与德祥、联和、鸿昌号等银器比较，"上海最早的粤帮银楼"——和盛号银器不多见。不过，从所见不多的几件银器中，也可窥探和盛号银器背后的文化价值观念与器物本身的工艺水平。

作为外销银器，和盛号银器造型西式居多，中式较少；无论器型如何演变，和盛银器图案纹饰基本延用中国传统吉祥纹饰，体现中国传统文化追求及价值观；和盛银器制作工艺则吸纳古今中外技艺之长。

上海市历史博物馆 2018 年展出银器中有和盛款银盘一只。银盘边缘六开，饰竹叶纹，寓意竹报平安、六六大顺。盘中央蟠龙飞舞，有神龙吐珠、圆满

图六 近代和盛号银盘

上海市历史博物馆藏

如意之意涵。银盘底部錾刻和盛之英文底款 Woshing,英文字母的出现,为此银盘浓厚的中国风中增加一抹西方风味。上海历史博物馆藏和盛款银胎珐琅梅瓶,四周饰竹叶、牡丹、菊花等中国传统纹饰,寓竹报平安、花开富贵之意。

广东省博物馆和盛款四君子图银茶具:糖缸、茶壶、托盘,为清末民初典型的西方茶具造型。但茶具表面装饰纹样与中国传统器物一样,遵循"图必有意,意必吉祥"的原则,托盘图案为梅、兰、竹、菊四君子图案。糖缸主要纹饰为松树、竹节。茶壶主图为龙、梅、竹等。有趣的是,糖缸松树两侧分别竖刻一行字:福如东海寿比南山。茶壶龙纹两侧:五福其昌,三多……①

长沙博物馆藏上海和盛款镂空银碗,传承中国传统金属镂空技艺,花瓣口沿,光面圆盘内底,碗腹周遭以充满中国风味的五爪龙云纹装饰,碗底以三足竹枝支撑,②有节节高升、吉祥如意之寓意。

长沙博物馆出版图录中收和盛号菱形带架烧水壶一套,中西合璧风味浓厚。烧银壶四周装饰喜鹊登梅图,支架及银壶把手为竹节纹,寓意梅竹双清。支架、壶钮、酒精灯设计为几何形。整体设计既有中国传统文化元素,又受西方装饰艺术风格影响。酒精灯的使用更使此套银具充满异域风情。③

和盛号银胎珐琅器,吸纳中西技艺之长。珐琅是用于金属器皿表面装饰的一种特殊釉料。它是以硅、铅丹、硼砂、长石、石英等矿物质原料按照适当的比例混和、分别加入各种呈色的金属氧化物,经焙烧研磨而成的粉末状彩料。根据胎体质地的不同,珐琅器一般分为金胎珐琅、银胎珐琅、铜胎珐琅、瓷胎珐琅、紫砂胎珐琅等。④金属胎珐琅工艺为公元十三世纪晚期,蒙古军队征战而间接传入我国的外国工艺。⑤铜胎珐琅比较多见,银胎珐琅民间并不多见。上海市历史博物馆,长沙博物馆藏和盛银胎珐琅器若干。这些银胎珐琅器物不仅采用西方珐琅技艺,还传承中国传统金属技艺。

上海历史博物馆藏和盛号银胎珐琅梅瓶,底款中英文并列:黄球记,shanghai,

---

① 参见白芳:《广东省博物馆藏清代广作外销银器概述》,载于《文物天地》总第 336 期。
② 王立华编:《白银时代——中国外销银器特展》,湖南美术出版社 2017 年 2 月版,第 138 页。
③ 同上书,第 50 页。
④ 吕维:《四川博物院藏珐琅器略述》,载于《文物天地》2018 年第 11 期,第 88—89 页。
⑤ 参考李永兴:《金属胎珐琅酒具》,载于故宫博物馆官网 https://img. dpm. org. cn/enamels/talk/208662. htm。

woshing，90。该瓶造型为中国传统梅瓶。中国古代梅瓶多为瓷器。梅瓶原为盛酒用具，因口径之小与梅之瘦骨相若而得名，宋代开始就在中华大地流行，明清时代梅瓶由日用瓷器变为陈设瓷器。此款梅瓶银胎连珠纹底，器物采用西方珐琅技艺，中国传统錾刻、贴焊等工艺制作。

长沙博物馆藏和盛款银胎珐琅碗一只。碗之造型在中国古物中常见。最晚在唐代，中国大地就出银碗。陕西省博物馆藏西安何家村窖藏唐代带盖银碗若干。此花鸟纹银胎珐琅碗通高10.8厘米，通宽20.6厘米，重846克。款识中英文并列：黄球记，shanghai，woshing，90。该银碗镶边敞口，弧壁，深腹，光面地，圈足。器身银胎，运用西方珐琅工艺、中国传统金属贴焊工艺，饰珐琅玉兰花、梅花、菊花、牡丹花、绶带鸟，喜鹊等花鸟纹。[①] 此碗花纹寓意"花开富贵""吉祥喜庆""长寿平安"等。

图七 和盛款银胎珐琅碗
长沙博物馆藏

与长沙博物馆现藏和盛珐琅银碗比，上海历史博物馆藏和盛银胎珐琅梅瓶造型典雅，色彩更加明艳，层次更显丰富。上海历史博物馆藏银胎珐琅梅瓶呈现的珐琅颜色近10种。梅瓶表面牡丹、兰花、菊花的颜色有紫、红、蓝、黄多种。难得的是，此瓶四种花的颜色，无论是娇嫩的黄绿色和粉红色，还是深沉的紫色或蓝色，花瓣多呈渐变色，层次丰富。扶衬红花的一片绿叶，颜色由深绿到浅

① 王立华编：《白银时代——中国外销银器特展》，湖南美术出版社2017年2月版，第141页。

图八 A 和盛号银胎珐琅梅瓶

上海市历史博物馆藏

图八 B 和盛号银胎珐琅梅瓶

上海市历史博物馆藏

绿,叶脉清晰可见。

银胎珐琅器的制作,将中国传统青铜、绘画、陶瓷、金属、雕刻等技艺融会贯通于一体,具有较高的艺术水平。和盛号1925年结束营业,上海历史博物馆藏和盛号银胎珐琅器,应为1925年前商品。2020年12月宁波中国港口博物馆"白银芳华——从外销银器看晚清民初社会和商贸变迁"展展出广帮宏兴号珐琅花卉纹瓶一件。① 该银器制作工艺与上海历史博物馆藏和盛银胎珐琅梅瓶工艺相差无几。这些银胎珐琅器物,为我们研究近代上海、广州等地中国银胎珐琅器制作技艺,中西技艺交流提供了实物资料。

上文曾述及上海和盛号批发外国洋行商品。上海和盛号不仅零售国外洋行商品,也零售国内银器作坊产品。和盛底款常有合作银器作坊款识,如黄球记、昆和、安昌等,这些款识也经常出现在广州、香港其他外销银器底部。广州银器作坊同时为上海、广州、香港等地外销银器店提供银器产品。和盛号等外销银器底款信息透露,和盛等广帮银楼,已经突破传统银器作坊自产自销模式,实行产销分离模式。这点广东省博物馆学者在研究广东外销银器中已经论及。②

和盛号产品的销售对象海纳百川。2018年上海市历史博物馆"海上银珠,厚德流光 上海市历史博物馆馆藏银器展"曾展出银碗一只。银碗底款 woshing,

---

① 图片见宁波中国港口博物馆临展数字展厅"白银芳华——从外销银器看晚清民初社会和商贸变迁"场景23清花鸟人物龙纹餐桌银摆件。

② 参见白芳:《广东省博物馆藏清代广作外销银器概述》,载于《文物天地》2019年06期,第82—83页。

shanghai,表明该银碗为上海和盛号出品。银碗腹部铭:C. S. F Shanghai 1917 Spring handicap doubles C. D. field，L. A. child。C. S. F 为上海法国球场总会 Cercle Sportif Français 首字母缩写。上海法国球场总会曾位于今南昌路科学会堂内。总会内设舞厅、台球房、女子画室、拳击室等。法国球场总会常常组织举办网球、击剑、拳击、台球、保龄球、跳舞等体育活动。同当时很多外侨社团一样，法国球场总会实行会员制。在沪各国男女会员均可参加该会组织、举办的体育活动。

图九　1917 年法国球场总会和盛款银碗
上海市历史博物馆藏

最近笔者在上海私人收藏家姚先生那里见到一款和盛款银器。该银器器型在 1920—1930 年代较为常见，时称银爵杯。该银器连底座高 33 厘米，口径 18.5 厘米，耳距 27 厘米，重 1280 克。该器底款 Wo shing。器身铭文:Presented to … Judge consular court Shanghai China 1919 - 1922, by His fellow officials and members of the Bar of the United States court for China。此杯为 1922 年美国驻华领事法庭官员及大律师公会成员，敬赠美国驻沪官员之物。从这款实物看，1920 年代，在沪美侨亦为和盛号顾客。

Presented to
Ferno .J.Schuhl
United states Commissioner
and
Judge consular court
Shanghai China
1919-1922
by
His fellow officials and
members of the Bar of the
united states court for china

图十 A　1922年和盛款银爵杯　　图十 B　1922年和盛款银爵杯铭文

小结

上海和盛号，最晚成立于1889年，1925年结束营业，为清末民初上海著名广帮银楼之一。该商号长期由公共租界工部局买办潘氏家族经营。潘氏家族在上海政界、商界以及中外关系中的特殊地位与作用，无疑对该商号的发展与经营有一定影响。和盛号既批发外国洋行商品，又代销国内银器作坊银器。

和盛号银器，多为西式，一些器物采用来自西方的珐琅工艺，但其器表纹饰一直具有浓浓的中国风味，常饰中国传统吉祥、喜庆纹样。和盛号银器一定程度上折射出洋务运动以来上海中上层社会中学为体、西学为用的精神追求与价值取向。中西合璧的和盛号银器，对外国顾客而言，既符合消费习惯，又具有中国文化特色；对内心深植中国传统文化基因、表面追慕西方生活方式的部分中国人而言，中西合璧的和盛号银器也能迎合其精神文化需求。于是清末民初和盛号银器受到中外顾客青睐，和盛号也因此能在上海商场立足、发展。

第十一章　近代上海广帮银楼

联和号个案研究

近代上海,银楼与银器曾是不可忽视的存在。老上海影像资料、文学作品中,银楼与银器的影子频频出现。近代上海广帮银楼与银器既是上海历史产物,也是上海物质文明史有机组成部分。关于近代上海银楼与银器,近年陆续有论著出版。史学界如:谢建骁、谢俊美著《海上银楼简史》(上海人民出版社2008年出版),对近代上海银楼史所做研究具有开创性,遗憾的是该著对上海近代广帮银楼研究几乎是空白。2012年上海市文旅局曾组织编写上海市国家级非物质文化遗产名录项目丛书,张盛康主编《老凤祥金银细工制作技艺》。此著主要从技艺角度勾勒老凤祥金银细工制作技艺发展历史,书中提到近代上海金银细工,有本帮(包括江浙)、广帮、东洋帮三大工艺流派。广帮多为广东籍艺人,"金银器皿多仿西式,工匠多为粤人,工料尤贵",寥寥数语,意犹未尽。

此外,国内外文博界陆续出现"中国外销银器"研究论著。因上海广帮银楼是中国外销银器主要制销主体,研究中国外销银器的一些图录、文章对上海广帮银楼及银器均有所涉猎。最早涉及上海广帮银楼及银器研究的著作是1970年代美国中美贸易博物馆福布斯著《中国外销银器(1785—1885)》。此书重点在广州外销银楼及银器,对上海广帮银楼略略提及。陈志高著《中国银楼与银器·外销》(2015年清华大学出版社)对广帮银楼与银器的挖掘与研究,具有一定深度;但其侧重点在器物图片及底款,对广帮银楼历史资料的挖掘与梳理,尚显不足。长沙博物馆之《白银时代——中国外销银器特展图录》(湖南美术出版社2017年出版),是国内文博界对广帮银楼与银器的首次集中展示。但该展览图录以图为主,主要从工艺角度切入,介绍广帮银器,对广帮银楼及银器的历史涉及很少。广东省博、广州市博,近年有人研究广帮银器,但他们的研究主要集中于广州本地外销银器,对上海广帮银楼、银器的梳理、挖掘没有给予足够重视。近年来,香港海事博物馆、宁波中国港口博物馆对中国广帮银楼也有所涉猎,但研究侧重点在贸易,重点研究香港与广州外销银器。

近代上海广帮银楼、银器,承载上海珍贵历史记忆,是上海物质文明史组成部分。本章笔者试以目前掌握史料及银器实物信息,对近代上海著名广帮银楼之联和号历史略作钩沉、梳理,以期廓清史实,以古鉴今,丰富上海物质文明史研究内容。

一、联和号存续时间与地点

上海广帮银楼联和号，因其经营范围不局限于金银首饰、器皿，还经营其他出口洋货，因此联和号，常被称为联和洋货号。关于联和号存续时间，众说纷纭，这给新时代上海联和号外销银器的收藏、鉴定造成困惑。

上海市档案局编《老上海行名录》中，联和号存续时间是 1898—1926 年。陈伯熙编著《上海轶事大观》，在西式金银首饰店一节中做如下介绍：沪上西式金银首饰店均为粤人所设，粤人称为打银铺。最老者为江西路之和盛，其次为南京路之联和、鸿昌，又其次为河南路之时和。这则史料，关于联和号存续时间介绍，语焉不详。长沙博物馆《白银时代——中国外销银器特展》图录对联和号存续时间定为"晚清民国"，时间跨度较长。西方学者皇甫安著作（*Chinese Export Silver, 1785‑1940*）载联和号，位于南京路 42 号，存在时间 1880—1940（LUEN WO: 42 Nanking Road, Shanghai circa 1880‑1940）。陈志高著作《中国银楼与银器·外销》记载联和（LW-LUEN WO），地点广州，上海南京路 P41—43，489P（河南路跑球场附近）；时间：上海约 19 世纪 70 年代至 20 世纪 20 年代，广州约始于 19 世纪 60 年代。陈著将上海联和号成立时间写为"约 19 世纪 70 年代"，同本人若干年前的推测可能一样，主要依据是以下一则史料。

1920 年 11 月 22 日《申报》载：《联和金银首饰老号》：本号开设五十余年，专造大小金银器皿，选办珍珠钻石翡翠玉器，精制洋装首饰，镶嵌玲珑，货物丰富，价格克己，如蒙惠顾，无任欢迎。上海英大马路中邵万生对过四百八十九号。

这则史料为联和号广告，其中"本号开设五十余年"，实为广告语汇，有不实之嫌。据此推测联和号成立时间在 1870 年左右，有失精确。

那么联和号究竟成立于哪一年？最近笔者看到几份史料，对精准定位联和号成立时间，或有帮助。1884 年 3 月 20 日《申报》曾刊载一则新闻："新开联和号：自设精匠制造洋装金银首饰，奇巧象牙、玳瑁、檀香、漆瓷要玩、器皿、各种丝发顾绣，屏幛巾帕及送洋人诸式品物，不能细缕。凡工商赐顾，货真价实，诚信无欺。特此布闻，在上洋大马路鸿仁里口。"

新开联和号这则广告，从 1884 年 3 月 20 日到 4 月 18 日，连续多日在《申报》发布。从联和洋货号在《申报》连续多日刊载的这个布告看,联和号成立时间在 1884 年 3 月。

1893 年《申报》3—5 月三份声明,再次证明联和号成立时间在 1884 年。联和号为在沪粤人联合成立股份公司。随着时间推移,合伙股东之间分歧越来越大。1893 年 3 月 2 日,创始人之一:旅沪粤人、华彰洋货号霍应潮首先退出联和洋货号。为此,英大马路联和洋货店特地在《申报》刊载公告。1893 年 5 月 1 日《申报》第 6 页再次出现联和号众股东退股声明。声明如下:

> 余等于光绪十年与李菊初等合股在上海英大马路开设联和号出口洋货生理。兹因意见不合,余等宁愿所占股份于癸巳年正月顶与李菊初等承受。此后,联和生意盈亏并所有揭借等情概归李菊初等自理,与余等无关涉。特此声明,以免后论。华彰号潘鹤琴、彭杰生,存义堂霍缉之,冯锡臣,霍琨山,霍应潮……同启。

此份声明开宗明义,交代了联和号开设时间:光绪十年即 1884 年。此外还点出联和号经营范围:出口洋货。联和号创始人,及合伙人退出理由、时间等。

1893 年 5 月 2 日,联和号又在《申报》刊载盘店声明。声明内容与 5 月 1 日声明内容大同小异:

> 李菊初、蓝守植,陆三善堂陆次颜等于光绪十年与霍缉之、华彰号、霍师俭堂、霍琨山、彭杰生、招允升、霍应潮、潘鹤琴、冯锡臣,存义堂内李玉书,刘合德堂等合股开创。今于光绪十九年正月,霍缉之等志图别业,皆愿将自己名下股份顶于李菊初等承受,其承顶银两已于三月十五日在广肇公所当众交易清楚,并无债折按当等情。自癸巳年正月初一日起,此后联和生意全归李菊初等

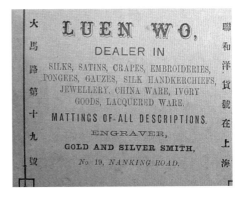

图一　1886 年联和号广告,地址在南京路 19 号

自理。所有盈亏与霍缉之等无涉,特此布闻。

以上几则材料表明,联和成立时间在 1884 年无疑。

关于联和号营业地址,长期以来也是困扰众多学者的一个难题。联和号成立后一直在南京路营业。但它在南京路具体营业地址,几经变迁。最初在南京路 19 号,直到 1894 年,联和号在报刊做广告时,它的地址,依然是南京路 19 号,亨达利对面。

但 1897 年时,联和号在南京路营业地址变为 41 号。联和号在南京路 41 号营业大概十年。1906 年时,联和号依旧在南京路 41 号。1910 年代,联和号曾在南京路 43 号、45 号。1920 年搬迁到南京路 489 号。在南京路 489 号,联和号从 1920 年营业到 1927 年结束,共 7 年。

图二 1912 年联和号广告,地址在南京路 43 号

图三 1920 年 8 月 12 日,联和号搬迁地址

1927 年 6 月 27 日，《申报》出现"南京路四百八十九号联和号无意营业，愿将生财店盘底出盘于江西景德镇瓷器公司"。当日双方交割清楚并声明："自受盘之后，联和未清手续，并无欠人等情，概与受益人无涉。"至此，在南京路存在近半个世纪的一爿广帮银楼，寿终正寝。

1927 年 7 月 1 日《申报》联和号启事："启者小号现办结束，顾客如有定造或修理器物未取回者，请于通告后一个月内取回，逾期不候。顾客如有欠小号账项者，亦请早日惠交。兹特委托本埠河南路 121 号时和号代为交收，此布。民国十六年七月一日，上海南京路联和号启。"

梳理上海联和号存续时间及营业地址变迁，对中国外销银器收藏及研究，具有一定参考价值。如原包装盒信息联和号地址在南京路 489 号，那么该银器应该是 1920 年后联和销售商品。原包装盒信息联和号地址在南京路 41 号，那盒内联和银器约为 1897—1906 年间制售。

二、联和号营销内容及方式

联和号 1884 年成立，1927 年结束，存续 43 年。在清末民初时代背景下，一个商号能存续近半个世纪，自有其过人之处。它的营销内容、营销方式值得探究。

近代中国外销银器研究者一致认可的广帮银楼联和号，其实不单是一个首饰店。同近代上海诸多广帮银楼一样，联和号刚成立时，是以洋货号名义出现于世人面前，它经营出口洋货生意。作为一家合伙股份公司，联和号主要合伙人是在上海经营出口洋货业的广东人。上海滩资深洋货号——华彰号潘鹤琴、彭杰生等均为联和号创始人。

联和号具体经销商品内容，丰富多样。1884 年开业广告中就曾提及：该号制造洋装金银首饰，奇巧象牙、玳瑁、檀香、漆瓷要玩、器皿，各种丝发顾绣，屏幛巾帕及送洋人诸式品物等。1886 年的一份广告再次透露，南京路 19 号联和号销售金银器、瓷器、象牙、漆器、首饰、丝绸、手帕、刺绣等。[①]

1890 年联和号在《行名录》中登记为丝绸经销商、首饰商、雕刻店、金银器

---

① 《上海小红本》(*The Ladies' Directory*)，字林洋行 1886 年出版，第 148 页。

图四　1897年联和号广告业务经营范围

店。1897年联和洋货号经营物品包括金银首饰、丝绸、刺绣、夏布、丝绸手帕、漆器、象牙及檀香木雕刻及各种广东新奇物品、新季糖姜。1906年联和号在《行名录》中登记为珠宝商、金银器铺；丝绸、刺绣、象牙物品，红木家具及各种新奇物品经销商。从上述材料看，联和号经销物品包罗万象，甚至还销售食品糖姜。

从物品体量看，联和号不仅经销小件物品，如金钢钻、宝石、戒指、手镯、别针，金银器，还经营家具等大件物品。1920年联和号曾通过宝和洋行拍卖过一批物品，包括广东上等红木嵌螺钿大座椅，红木雕花大椅，古董架、琴书架、雕花写字台，石面雕花茶几、方圆凳、雕花大插屏、挂屏、雕龙大椅……大银箱、金钢钻、宝石、戒指、手镯、别针……①实质上就是广东人后来经营的百货商店的雏形。

联和经营洋货一直到1920年代。直到1923年联和号在商业广告中依旧称自己为洋货号。如在一份商业广告中，联和号称：本号发售金银宝石珠翠及时下装饰或雕刻等事。沪上堪称本号为首创老店。倘驾临参观即知货真价实不负此行也。联和洋货号启，南京路489号。②

虽然联和号经销物品丰富多样，不过，金银器自始至终是其经营的重要物品。1884年联和号开业时就言明："自设精匠制造洋装金银首饰。"之后，联和所有广告及《行名录》登记中，几乎都提到该商号经营金银器（包括金银首饰及器皿）等。如1924年，《行名录》上联和号为珠宝商，金银器店，玉器、象牙制品与各种新奇物品经销商。

联和号经营银器品种有哪些？1922年12月圣诞前夕，联和号陈列在橱窗内的应时送礼家常银器，有茶具、咖啡壶、茶羹、刀叉、花插、花兜等项；还有"银

①《申报》1920年6月9日。
②《远东购物与娱乐指南》，上海贸达公司发行，1923年版，第149页。

仿古玩式之各种花瓶,小巧玲珑,苍然古劲,各尽其妙……"①1923 年圣诞节期间,南京路洋装银器店联和号橱窗陈列银器有:仿古花樽、新式茶具、西人餐具、儿童玩具、银制快炮……

　　岁月沧桑,联和号当年所售丝绸、木器、象牙雕刻、家具等已消失在岁月长河中。而联和银器实物,却陆续被发现。目前所见,联和号银器有茶具、咖啡具,梳妆具、银摆件等日用器皿及各类纪念品、奖品等。

　　联和银器实物,大多为西式造型,中式图案、纹饰,中西合璧海派风格明显。联和款西式茶具,多为西方式样,中国纹饰。现存长沙博物馆藏上海联和号菖蒲纹茶具一套。糖缸、奶缸均为西式造型,但茶具器身纹饰为菖蒲纹,把手以竹节纹饰装饰。② 上海历史博物馆藏联和款近代龙纹银茶具一套,包括茶壶、奶缸、糖缸,为西式茶饮器具,三件银器遍布中国传统盘龙纹饰。

图五　联和款银茶具

---

① 《申报》1922 年 12 月 12 日。
② 图五采自王立华编:《白银时代——中国外销银器特展》,湖南美术出版社 2017 年 2 月版,第 100 页。

　　托盘是中外都使用的餐饮用具。上海市历史博物馆藏联和款银托盘多件。上海联和号银质托盘中西合璧，海派特色鲜明。下图六托盘把手为竹节形，托盘主体为八曲造型。托盘边缘錾刻历史人物故事，托盘中央錾刻梅兰竹菊纹饰。该托盘造型与纹饰中国传统文化风味浓厚，但银器底款为中英文并用：Shanghai Luen Wo 安昌。1900 年外侨夫妇银婚纪念品银质托盘，由外而内分三个层面。最外围以竹节装饰，中间一层上下两侧装饰二龙戏珠图，左右两侧装饰人物故事纹。四角装饰有"梅、兰、竹、菊"纹饰。最里面一层装饰有梅竹双清、花开富贵、祥龙吐珠等中国传统吉祥纹饰。托盘中央是英文字母，表明盘子的用途为外侨银婚纪念礼品。1925 年上海英商好华洋行董事好华先生所得银质托盘，托盘中央主题装饰中国传统吉祥纹样：牡丹蝴蝶，祝福受赠者"富贵长寿"之意。盘子中央有英文铭文，记录了此款银盘的赠、受历史信息。

图六　近代联和款银质托盘
上海市历史博物馆藏

　　马克杯是英语 mug 中文译名，西方社会普遍使用的饮具。杯身一般为标准圆柱形或类圆柱形，并且杯身的一侧带有把手。西方人常用马克杯喝啤酒，以及牛奶、咖啡、茶类等热饮甚至喝菜汤。上海开埠后,马克杯也漂洋过海,来到上海。早在 1860 年代上海猎纸比赛奖品就是一只素纹马克杯。长沙博物馆现藏联和号马克杯,此杯造型明显为西方马克杯造型,但其手柄为龙,杯身饰中国故事及植物。

黄油碟为西餐使用器具。联和号出品几款黄油碟幸存至今。碟子上二龙戏珠图案依旧栩栩如生。上海联和款龙嘴咖啡壶 2020 年曾出现于美国某展厅。

窥一斑而见全豹。从联和号遗留至今的银器,可推测联和号制销其他商品,应具中西合璧风格。联和号中西合璧风格商品,契合晚清以来上海社会风尚。在竞争激烈的近代上海,联和号制销金银器之余,销售多种洋货,满足晚清民国时期上海中外消费者多样需求,不失为一种明智之举。

联和号现代化营销手段,对联和号的商品营销,起到了推波助澜作用。联和号对商品广告促销非常重视。成立伊始,联和号即在《申报》刊载广告多日。联和号,不仅在中文报刊广而告之,在各种外文报刊上,也常常能看到联和号广告。1886 年,上海外侨女眷购物旅游用《上海小红本》上,就刊载上海联和号广告。1890 年起的英文版上海《行名录》上,联和号广告插页时常出现。

联和号通过赞助公益事业,营造良好社会形象。成立当年,联和号就出现在上海著名慈善机构——栖流公所捐款清单中。① 直到 1917 年,联和号依然是沪北栖流公所赞助单位之一。1889 年外侨华北赈灾委员会感谢一些企业及个人参与该会组织的慈善活动,联和号为参与该会慈善活动单位之一。② 1907年上半年,徐、淮等水灾,联和洋装金银首饰号各友积极捐助。③ 联和不仅资助华人慈善事业,也资助外侨活动。1902 年,联和号曾为万国商团年度射击比赛提供奖杯;④1907 年,公共租界巡捕房某项体育比赛中,联和号曾提供银杯。⑤

联和号在产品设计、制造、包装中,善于博采众长,融汇中西。虽然联和号大多数金银首饰、器皿为该号"自设精匠制造",但在实际运作中,联和号常常借助外力。如 1891 年联和号为汉口俄侨定制赠送俄国亲王的一只银托盘时,请

---

① 《栖流公所捐款清单》,载于《申报》1884 年 12 月 28 日。
② *The North-China Herald and Supreme Court & Consular Gazette (1870–1941)*; Mar 15,1889.
③ 《申报》1907 年 4 月 27 日。
④ *The North-China Herald and Supreme Court & Consular Gazette (1870–1941)*; Oct 1,1902.
⑤ *The North-China Herald and Supreme Court & Consular Gazette (1870–1941)*; Oct 25,1907.

居住在上海的法国艺术家设计了托盘中央的菜单卡,请上海照相平板印刷公司进行平板印刷。① 再如,1894 年慈禧太后 60 寿辰时,中国女基督徒集资赠送她的礼物是放在银篮里的一本圣经。银篮为南京路联和号制作;②但篮子最精美的竹子图案,却是在广东设计出来的。③ 1910 年英国驻长江炮队赠送上海高尔夫总会的银盒,是联和公司制作,但此银盒装饰则为上海英商汇司公司装饰部提供。1920 年代联和号制售金银器皿,均有专师绘样监制。

联和号对消费心理及对商机的敏锐捕捉,值得回味。1923 年冬天联和号曾在《申报》刊载商场信息一则:

图七　1923 年 12 月联和号圣诞布置

联和之圣诞布置:"南京路联和洋装银器号,专造各种新式银器销售外国。今当西节冬至期,特将精工监制各件,陈列窗橱,以便挑选馈赠。其中以仿古花样,新式茶具,尤为夺目。西人餐具、儿童玩具亦多,并将出品砌成坚城一座,上架银制快炮二门,俨然具有商战独立之精神云。"

这则信息透露:一,联和号专为圣诞节推出应季商品,满足寓沪西人及慕西华人的圣诞购物需求;二,联和号在售各件礼品未必全部自制,可能是广东及其他银楼制作,联和在商品制售链顶端"监制";三,商品陈设有讲究:"将出品砌成坚城一座,上架银制快炮二门,俨然具有商战独立之精神"。其橱窗陈设既别出心裁,又迎合 1920 年代风起云涌的民族主义思潮,联和号营销智慧由此可见。

---

① *The North-China Herald and Supreme Court & Consular Gazette (1870－1941)*; Apr 17,1891.
② *The North-China Herald and Supreme Court & Consular Gazette (1870－1941)*; Nov 2,1894.
③ 同上。

三、联和号社会影响

联和号在群星璀璨的近代上海商海中只是沧海一粟。与近代上海四大百货公司等比较,联和之类小商号微不足道。但在近代上海经济发展洪流中,如联和号一样不胜枚举的中小企业不容忽视。联和虽然只是近代上海规模不大的私营商号,存续时间前后只有 43 年,但历史文献及近年来不断从国外回流的"联和"银器,为我们了解这爿商号的社会影响提供了珍贵素材。

笔者曾有幸见到过一张南京路联和号老照片。照片上,联和号占据独立二层建筑一幢,面阔 8 间左右。能在繁华的商业大街南京路占据这样的空间位置,某种程度上也证明了联和号的实力。

经营出口洋货生意的联和号,成立不久,就得到上海外侨关注。1886年,距离联和开业才两年,英商字林洋行出版《上海小红本》就出现联和广告。1890 年英文版《行名录》上联和号作为丝绸零售商、珠宝商、雕刻店及金银器店出现。到 1910 年前后,联和号已经在外侨圈子里小有名气。1906 年时,上海英文刊物《上海社交》,已将联和号称为上海著名银器店,并郑重介绍其最新银器产品。[1] 英文版上海指南类书籍或报刊页面中,联和号与新利、别发等洋行一起被列入南京路重要购物商店。如,1919 年,英文报《上海捷报》所载购物指南中,联和号占一席之地。[2]

图八　1900 年代上海英文刊物载联和号银器

① 《上海社交》(英文版)1906 年第 3 期,第 30 页。
② Shanghai Shopping with Dorothy, In: *The Shanghai Gazette*（*1919 - 1921*）; Nov 18,1919.

图九　1904 年联和款银杯

上海市历史博物馆藏

　　上海华人对联和号的认可，时间上似乎晚于洋人。1906 年上海华商会议会刊印《上海华商行名簿册》中，联和号尚无踪影。1909 年，清政府上海出品所第四次调查时，联和号才被列为五大银器店之一。1923 年联和号中英文商业广告出现于远东购物指南中。1918—1927 年，上海中文版《上海商业名录》及上海指南类书籍中，南京路联和号与英国新利等外国金银首饰店，同列上海外国首饰商业名录中。

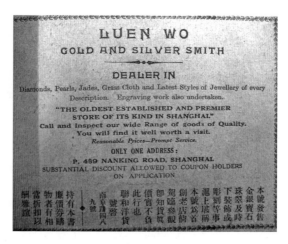

图十　1923 年中英文合璧联和号广告

联和号在近代上海社会中的商业地位及影响力,不仅有历史文献为证,近年来发现的众多联和号实物,也是佐证联和号地位及影响力的重要材料。

经历多年战乱、动乱,联和银器及其他商品在中国大陆所剩无几。近年从国外回流的联和号银器,是研究联和号银器社会影响的珍贵物证。

联和号商品,特别是银器,常被当作近代上海外侨体育比赛奖品。目前发现最早联和号银质体育奖品,是 1897 年上海猎纸(又称猎纸,跑纸等)比赛重量级银质奖杯。该奖杯为清末英侨"记洛克"在上海参加猎纸比赛时所得,2009 年被上海市历史博物馆收藏;同年进历史博物馆的还有 1898、1900、1901 年记洛克在猎纸比赛中所得联和底款银杯。该套银杯 2018 年 5 月曾在上海市南京西路 325 号展出。一起展出的还有 1930 年代上海猎纸会纪念册。奖杯以实物验证了该纪念册内记载记洛克获奖记录所言为实。

图十一　1898 年记洛克所获联和款银奖杯
上海市历史博物馆藏

图十二　1897—1901 年上海猎纸比赛银杯原主人记洛克(Keylock)漫画形象

联和号银质奖品还出现在外侨其他体育比赛项目中。1897 年上海高尔夫俱乐部赠汉口高尔夫俱乐部的奖品也是联和号定制的一件精美银器。银壶腹部錾刻作战场景，银壶把手、壶盖、支柱为5条神态各异的龙。壶钮独龙昂首向上，壶把二龙相对仰望，壶底二龙龙头相背，龙身舒张支撑壶身。底座分两部分，分别装饰人物故事纹及缠枝花卉纹。银壶整体制作精美，设计考究。当年汉口高尔夫比赛奖杯被带回英国，至今尚存国外。

1900年上海划船总会上，亨利洋行合伙人亨利赢得比赛，划船总会委员会请他作为获胜者去联和银器店，挑选一个价值2美元的物品，作为比赛奖品。[①] 1902年10月初，万国商团年度射击赛上，联和号曾提供秋季比赛奖杯一只。1904年，上海公共租界警务处组织的巡捕房自行车1英里障碍赛中，二等奖的银质奖杯，即为联和号出品，此奖杯近年从英国回流上海。[②] 1908年，上海国际竞走比赛奖品中，有联和号银质奖品。

联和号银器，还曾进入近代上海外侨政治经济活动领域。万国商团为上海公共租界的准军事化武装。上海公共租界万国商团举办的活动中，联和号银器屡屡作为纪念品或奖品颁发。在联和号众多遗物中，长沙博物馆现藏1894年联和号银盘特别引人注目。该银盘重924克，通高25厘米，通宽24.5厘米。银盘结构复杂，底座厚重，装饰花叶纹，中间五条葡萄藤枝繁叶茂，果实累累，如一喇叭向上舒张，稳稳托举竹叶边浅口盘。银盘制作精湛，寓意吉祥。从银器底部铭文看，该银器为1894年12月上海万国商团德国队从联和号定制的纪念品。[③]

图十三　1894年赠德国人的联和款银盘
现藏长沙博物馆

1919年9月15日，万国商团美国队

① N. M. W. Harris: "*Sampan Pidgin*" (*Being a History of the Shanghai Rowing Club*), the Mercantile Printing Co. 1938, P37.

② 上海市历史博物馆（上海革命历史博物馆）编：《海上银珠·厚德流光——上海市历史博物馆馆藏银器展览图录》光盘，上海教育音像出版社2018年版，第86页。

③ 王立华编：《白银时代——中国外销银器特展》，湖南美术出版社2017年2月版，第72页。

在靶子场举办年度比赛，比赛奖品为南京路 45 号联和号银器。

除出现在万国商团活动中，联和号银器还出现在其他盛会纪念、社交活动中。上海市历史博物馆 2018 年馆藏银器专题展览中曾特辟设联和号展项，展示该馆藏多只联和款银器。其中有联和款银篮一只。从银篮中央铭文看，该银篮为 1907 年上海德国邮政局举办某活动时纪念品。银篮底部铭联和英文款。1919 年外侨桑德思离开上海时获得"以德服人"银碗赠礼，为联和号出品。1920 年 8 月上海瑞士侨民社团赠某经理银盘一件以表敬意，该盘为联和产品。1925 年 12 月底上海英国好华洋行董事好华先生莅临上海时，得到好华洋行职员们赠送的纪念品——一规格为 64 厘米×36 厘米的银盘。银盘底部有联和英文款。此盘 2019 年从英国回流上海。

图十四 A　1907 年 9 月上海德国邮政局
活动用联和款银篮
上海市历史博物馆藏

图十四 B　1907 年 9 月上海德国邮政局
活动用联和款银篮
上海市历史博物馆藏

图十五　1925 年 12 月英商好华洋行董事获赠联和款银盘
上海市历史博物馆藏

图十六　1919 年联和款银碗
上海市历史博物馆藏

1900 年居沪外侨银婚贺礼银盘底部铭联和英文款。最晚在 1900 年,联和号银器已经被作为上海外侨婚庆礼品使用。

更多联和号银器,出现于日常生活。联和款银质餐具、茶具,联和款银质梳妆套件,它们从日用器物角度折射出近代上海中上层社会生活的精致与考究。如 2020 年 12 月宁波中国港口博物馆"白银芳华——从银器看晚清民初社会和商贸变迁"展展示清上海联和款花鸟人物龙纹餐桌银摆件,纹饰考究,制作精致、细腻。2022 年"绿色黄金——17—19 世纪中国茶叶的奇幻之旅"中展出的上海联和号茶具,2023 年上海市历史博物馆"海上银珠·璀璨华光"展览中的联和号镜、刷,历经百余年世事沧桑,依旧雍容华贵,沉稳大气。

图十七　近代上海联和号龙纹银茶具
上海市历史博物馆藏

小结

　　联和号，为广东旅沪商人 1884—1927 年在上海南京路合股开设的一爿广帮银楼/洋货店。该店成立伊始即采用广告宣传，资助公益等现代营销手段，经营包括金银器在内的多种物品，满足中外顾客多方需求；在产品设计、制造、营销方面，它海纳百川，汇聚中西智慧。在竞争激烈的近代上海商海，联和号商品，尤其是银器，广受中外人士青睐。近代陆续从外国回流联和银器，一定程度上反映出联和银器在近代上海外侨体育、政治经济及社会生活中的影响力，呈现出百余年前上海社会风尚和银器技师的匠心匠艺。

　　联和号，不仅是近代广帮银楼在上海发展的一个缩影和代表，也是近代上海众多中小企业的一个典型例证。梳理、研究联和号文献及实物信息，探讨它的生意经，也许可为今天众多企业发展提供历史借鉴。

第十二章　几款老银器个案研究

　　很多老银器就是一定历史时空坐标下的一个点。每件银器都穿越时空,向我们传达一定历史文化信息,值得研究。时间、精力有限,目前为止,笔者只对少数有铭文的若干银器做过稍微深入的研究。

　　教育背景所限,笔者对以下老银器的研究主要从历史文化角度切入,不当之处,敬请方家指正。

一、"式玉式金"银杯考释

　　几年前曾经在上海图书馆看到《海外珍藏:清代银器鉴赏》一书。这本书收录了长沙民间收藏家从国外收藏回来的几百款银器,其中有从日本收购回来的一款银制"提梁炉"。同市面上销售的诸多图录一样,该书包装精美、文笔流畅,图片清晰,估计花费不菲。但由于图录编撰者历史专业知识稍有欠缺,导致关于本款银器的阐释出现常识性错误。该图录在此银器下面的说明为"这是一只流落在日本一百多年的清代提梁炉,同治九年由上海、汉口东棉同人为了已裴先生升迁而制赠"。

　　该银器现存长沙博物馆。该炉重 1787 克,宽 37 厘米,高 20 厘米,炉口装饰兰草、流苏纹,牛角提梁,底款"元彰""祥",腹部铭文右题"庚午新春为贺已裴先生升迁",左题"上海、汉口东棉同人谨赠"。中间隶书"式玉式金"。其中"玉"字使用了异体字。这款银器是见证民国时期中日民间交往的一件珍贵文物。

　　银器腹部铭文"庚午新春",《海外珍藏:清代银器鉴赏》编者释读为"同治九年"(西历 1870 年),因此得出此款银器是"流落日本一百多年的清代提梁炉"的结论。实际上,"庚午新春"在这里不是"同治九年",而是民国十九年,即西历1930 年。因为 1870 年时"东棉洋行"尚未创立,更未进入中国,何来"同治九年上海、汉口东棉同人为了已裴先生升迁而制赠"?"庚午新春"的释读是了解此件银器历史价值的关键之一。除了这点,器物腹部铭文"上海、汉口东棉同人"、底款"元彰""祥"也是释读此银器的关键字眼。

　　器物表面的"东棉"全称"东洋棉花株式会社"或"东棉洋行"、"东洋棉花有限公司",英文名字 Toyo Menka Kaisha, ltd., 为日本棉业贸易行。其前身为三井物产棉业部,1920 年(大正九年)4 月继承三井物产棉花部的业务而成立。该公司主要经营棉花及附属产品(如棉纱、棉布、匹头等)进出口业务。总公司

图一 1930年"式玉式金"银杯，图片采自
《白银时代——中国外销银器特展》，
第36页。

设在日本东京，在大阪、长崎、名古屋和我国上海设有分行，青岛、天津、北京等大城市也有东棉支行。上海分行约在1922年左右设立，武汉支行1925年左右设立。在各重要产棉区，东棉还设立隶属于支行的收购站等。根据武汉东棉工作人员回忆，东棉收购我国棉花有一套周密计划。它首先派人到产棉区（如湖北沙市、天门、沔阳等地）了解当地种棉面积、气候变化、棉苗生长等具体情况，对当年产棉前景作出初步预测。待到棉花接近成熟期，再派员前往考察，得出比较准确的棉产数量，报送上海分行，再由上海分行汇报东京总公司，然后由总公司综合世界产棉概况（即美棉、印棉等产量情况），定出收购计划和收购策略（或缓收以俟跌价，或抢购以防涨价等），转发各支行按计划执行。东棉每年在我国收购棉花约5万担。1920—1940年代，"东棉"是中国棉花及附属产品进出口的垄断商贸企业之一，众多纺织公司需要仰其鼻息为生。上海棉纱、棉业市场交易中，无论是现货交易还是期货交易，"东棉"都是大户，常能左右上海棉花、棉纱市场。"东棉"购进棉花不仅供应日本的各大棉纺织厂，中国人经营的棉纺厂、纱厂等也时常从东棉购进棉纱。从"东棉"历史及其在中国上海、汉口历史看，此器物上的"庚午新春"，绝不应该是在同治九年（1870年），而是在1930年。

该器物底款，《海外珍藏：清代银器鉴赏》注明"彰元祥"有误。从长沙博物馆出版《白银时代——中国外销银器特展》图录看，底款有"祥"、"元彰"、YC。元彰号是民国年间设于上海的一爿洋装首饰店。YC应为该店英文缩写。"祥"应该是与元彰号合作的银器作坊。元彰号1924年上半年在山西路昼锦里264号开张。该号专办头等翡翠珍珠钻石，精制中外金银首饰……该号营业到1950年代才结束。2009年元彰首饰号创办时期合伙人之区免甫后裔区景云先生曾向上海历史博物馆捐赠制作首饰的工具一套。捐赠者口述元彰首饰号也是民国时期开办商号。因此底款为元彰的银器不可能是清代的。

　　同一款银器在《海外珍藏：清代银器鉴赏》与《白银时代——中国外销银器特展》图录中不同，前者定名为炉，后者定名为杯。二者各执一词。笔者更倾向于后者。同样器型的银器在民国期间有很多。有时称爵，如 1924 年上海两商会赠送法国驻沪总领事韦德礼银爵；有时称杯，如 1930 年 5 月 15 日《申报》载张学良赠送之大银杯三只；有时称爵杯，如 1927 年 12 月 31 日《申报》报道某舞会奖品，男宾第一纹银爵杯……

　　从上海、汉口"东棉"同人赠已裴先生银器作为礼物看，在东棉内部，中国人和日本领导之间日常相处并非水火不相容。"东棉"能在中国经营几十年，离不开公司内部的日本职员与中国雇员之间的合作、互助。据上海文史资料记载，抗日战争时期，"东棉"在上海闵行渡口设立收购站和加工厂……收购站有日籍职员 4 人，华籍职员 20 多人。武汉文史资料记载：东棉汉口支行在日本大班之下，"进口部负责人为上村，该部华人经手先后有唐玉珊、孙萝楼、汪继先等人。出口部负责人为平沼，该部华人经手为熊绍先。会计部负责人为黑岩，助理会计为华人王铁珊。另有华人熊品珊、萧炎甫、李明甫、姚英培、林鸿甫等分别负责各产棉区收购业务。周成之负责办理报关事宜"。器物上的铭文全部为中文，应该是上海、汉口的中国同人赠送的，而"已裴"是 1920—1930 年代在东棉工作的日籍管理人员。此物证明，旧时日资企业内部，日籍雇员和中国雇员之间相处也有温情的一面。所以在 1930 年已裴先生升迁时，中国同人才会特意定制一件银器赠给日本人"已裴"先生做临别礼物。

二、1939 年上海银碗释读

　　藏友龙先生最近从美国古董市场上购买到一款老上海银碗。腹部一侧刻有英文字：Presented to Mr. & Mrs. R. P. Newell with Best wishes of the Compradore Staff Natinal City Bank, Shanghai, March 1939. 银碗内部全体鎏金，外部浮雕梅花，底部铭刻"HUNGCHONG，合兴"。银碗浮雕逼真细腻，保存完好，让人爱不释手。

　　龙先生之所以在众多拍卖品当中选择了这款银器，主要是因为此银器腹部有"Shanghai"二字。但这款银器与上海究竟有什么关系呢？

　　其实龙先生收藏的这款银器属于老上海著名的外销银器。中国瓷器很早就销售国外，这是很多人都知道的史实。其实中国银器也是中国外销商品之一，这段历史近十年来才为国人关注。丝绸之路上，古代西方银器很早就流入中国，如国家博物馆藏青海西宁市出土西晋银壶，是公元 3 世纪时期，今叙利亚一带的罗马时期的制品。[①]

中国银器在古代也开始外销，但数量比较少。近代以来，中国外销银器逐渐增加。广州是近代银器对外销售最早最发达的地区。早在鸦片战争前，广州市的洋行街就有成片的外销银器作坊。不仅在广州的外国人喜欢到广州银器作坊购买银器，在广州的外国洋行还大批向广州银器作坊定做银器回国销售。关于广州银器外销情况，中外学者早有研究成果问世。广东省对近代广州外销银器的历史给予足够重视，在 2010 年广东省博物馆基本陈列中，已有专门单元展示广州外销银器。2017 年广州十三行博物馆开放，近代不少广州外销银器在该馆展出。2021 年《广东省博物馆芷品大系·杂项卷（一）铜胎珐琅器与外销银》出版。

上海是中国继广州之后的中国另外一个外销银器发达的地区。最初向外国人销售银器的是十九世纪中后期出现的"洋货号"。如"联和""鸿昌""长盛"等。这些洋货号多为北上的广东人在上海开设，销售多种物品，金银器只是其中之一。1900—1920 年代，向外国人销售金银器皿的这批洋货号多数演变为"西洋首饰店"或"外国首饰店"、"洋装首饰店"等，专门针对外国客户或喜欢西式生活的中国人制造、销售西式金银珠宝、器物。此外，上海中式银楼也开始把外国客户作为重点销售对象予以关注。

龙先生手中的这款银器底部所刻"HUNG CHONG，合兴"是指银碗的销售公司和制作作坊。"合兴"为银碗的制作作坊名字。"HUNG CHONG"是老上海著名的外销银器店"鸿昌"，该店原先为洋货号，后来改名为首饰号，

图二　1939 年花旗银行上海分行买办赠牛惠尔银碗

---

① http://www.chnmuseum.cn/zp/zpml/rgdjp/202111/t2021112_252126_wap.shtml.

为 1884 年前后广东人在上海南京路开设，主要销售洋装银器及珠宝首饰等。该店一直开设在南京路，经营半个多世纪，1941 年才关闭。上海"鸿昌"销售的银器，近年来在英、法、美、新加坡等屡屡出现。

　　银器腹部的英文名字，看起来简单，其实不然。National City Bank, Shanghai 不是字面上的"国立上海城市银行"，而是花旗银行上海分行。美国花旗银行早在 1902 年初就在上海设立分行，1926 年前花旗银行在上海的英文名字是 International Banking Corp. Shanghai。1927—1941 年，花旗银行在上海的英文名字改为"National City Bank of N. Y."。日常生活中，人们常把后面的"N. Y"省略。无论英文名字怎么变，花旗银行的中文名字没变。

图三　近代美商上海花旗银行钞票

图四　近代美商上海花旗银行钞票

　　银碗的受赠人为花旗银行上海分行的牛惠尔（即杯体上的 R. P. Newell）及其夫人。牛惠尔当时为花旗银行上海分行的财务。1939 年 3 月他奉调回美国花旗银行总部工作。银碗是他临行前在花旗银行任职的中国职员赠送给他的礼物。从他保存的另一只比赛银杯来看，牛惠尔 1929 年来到上海。1930 年代牛惠尔住在今天淮海路某一公寓内。因工作出色，1939 年牛惠尔离开上海到花旗银行纽约总部任职。为表示对牛惠尔的尊敬和纪念，1939 年 6 月，花旗银行专门设立"牛惠尔"杯乒乓球比赛项目，这一比赛项目是老上海有名的乒乓赛事之一。

　　为什么说是花旗银行的中国职员赠送给他的礼物呢？杯体上的"Compradore Staff"意思为"买办间职员"。"买办"这个名词，已有三百年的历史。英国在东印度公司借用了"买办"这个葡萄牙词汇，指为领事馆或商行所用当地籍的采买员或使用人的头目。鸦片战争后中国出现洋行，替洋行买卖货物取得佣金为酬，并交纳保证金的办事华人头目，就是俗称的买办，相当于今天外资企业华人经理。买办一般由熟悉当地情况、信誉好、活动能力强的当地人来担任。洋行在中国的买办一般都是中国人。花旗银行的买办也不例外。买办主要帮助不熟悉中国的外国洋行开展在华业务。买办业务繁忙。1930—1940年代花旗银行买办主要负责为银行在中国人中拉存款、对银行库存现金进行鉴别，在银行各种票据上盖章作证等。买办还会招聘十来个当地人协助他开展工作，设立买办间。此杯子上的"Compradore Staff"就是指花旗银行买办间职员。这个团队负责协助花旗银行上海分行在中国开展业务。

1939年3月上海花旗银行会计牛惠尔及其夫人带着该行买办间中国职员赠送的银器礼品和美好祝愿回到了美国。他们带回去的不仅是74年前上海的一件精美工艺品，还有中国人对美国友人的美好祝愿和真挚友情。

龙先生从美国带回来的这只1939年上海银碗，出自老上海著名的"鸿昌"店，工艺精湛、做工细腻，是1930年代上海老银器之佳作。该银器承载1930年代上海花旗银行中、美职员之间的一份情谊，花旗银行上海分行的一份历史记忆。无论从历史还是艺术角度而言，此银碗均具有一定收藏价值。

三、承载中美抗战友谊的一件银器

2013年上海拍卖行春季拍卖会上，一款底价21万元的纯银龙纹雪茄盒特别引人瞩目。该款银器长约25厘米，宽约19厘米，高约6厘米，银盒四面饰以飞龙，内衬木片，用来放置雪茄烟。银器正面中央刻汉字："富贵寿考"，右上角铭刻："高总领事荣升美国驻澳首任公使之喜"，左下角铭刻："美国驻沪总领事署全体华职员敬赠"。银器底部铭刻"zee wo"，表明此银器是上海著名的外销银器店之一——时和号的产品。这款银器不仅是做工考究的工艺美术品，而且承载着二次世界大战时期中美两国联合抗日的一段历史与中美特殊时期友谊。

银器上的高总领事是当时美国驻沪总领事馆总领事高斯（Clarence Edward Gauss，1887—1960）。高斯出生于华盛顿并在家乡接受法律高等教育，毕业后即投身美国政府机构。高斯进入职场之初担任远东问题专家邓裴的秘书。1907年邓裴调任驻沪总领事，高斯随其来到上海，自此开始与上海结缘。1913

图五　1940 年高斯获赠"富贵寿考"银盒

年高斯以美国驻上海副领事身份再次来华。此后,高斯屡任天津、沈阳、济南、上海等处领事或在北京美国使馆任职。1936 年 3 月,高斯以美国驻沪总领事署总领事身份再次来到上海。1936 年 3 月至 1940 年 2 月,高斯一直担任美国驻沪总领事署总领事。

图六　1936 年新任美国驻沪总领事高斯

1936—1940 年正是日本在华势力不断扩张的时期。身为美国驻沪总领事馆总领事的高斯为了维护美国在华利益、遏制日本在上海的侵略扩张,多次敦促美国政府拒绝日本无理要求,抗议日本在中国的侵略、扩张行径,客观上与抵制日本侵略的中国人站在同一战壕。1939 年上半年，日本狂妄地向英、美驻沪领事提出修改上海公共租界地皮章程，以便提高日本在上海公共租界政治地位。高斯向美国国务院提出日本在上海扩张的详细报告。美国国务院根据驻沪总领事高斯的报告，拒绝了日本的无理要求，并敦促日本归还淞沪抗战以来占领的上海苏州河以北租界管辖区域的管辖全权。1939 年 6 月中旬，日本向美国政府提出请第三国船舰离开福州、温州的通牒，高斯根据美国国务院训令严词拒绝。1939 年 7 月上旬，日本飞机轰炸重庆后，高斯受美国国务院命令，向日本在沪领事提出抗议。正因为如此，当时高斯被认为是同情和支持中国人民抗日的美国外交官。因其在中国任职时间长达 30 多年，交友广泛，熟悉远东事务，高斯在美国对华政策方面有一定影响。

1940 年 1 月，面对世界新形势，美国政府调整外交政策，宣布与澳大利亚建交并在澳大利亚设立公使馆。罗斯福总统任命驻沪美国总领事——高斯为美国驻澳大利亚第一任公使。消息传到上海，上海中外居民纷纷对高斯赴澳任职表示祝贺。1940 年 2 月至 3 月，上海市中外居民举办多场告别宴会，并赠送高斯临别礼物，对其升任澳大利亚公使表示祝贺。上海拍卖行的这一银制雪茄盒便是 1940 年 4 月 3 日前夕，高斯离开上海前收到的众多礼物之一。高斯之所以能收到这一礼物，与他 1936—1940 年在美国驻沪总领事馆任职期间的努力及对华友好态度不无关系。高斯离开上海前夕，美国驻沪总领事馆职员曾对记者称："高斯总领事，自中日战事爆发后，在远东已成为一重要之人物，日夜专心公务，几无暇晷、诚可钦佩……"

1940 年 4 月 4 日，《申报》以《在华三十三年　高斯昨日返美　美海军仪仗兵奏乐致敬　中外要人咸至埠头送别》为题报道了高斯离开上海的情景，并以"中国之老友"呼之。中国人对高斯的友好感情由此可见一斑。

高斯到澳大利亚赴任不到一年就又回到中国，他代表美国人民的利益与中国人民站在抗日的同一战线上，继续致力于抵抗日本侵略。1944 年因反对蒋介石打压中国共产党、破坏抗日统一战线，高斯与蒋介石政府发生冲突，才不得不离开中国。

美国驻沪总领事署全体华职员敬赠高斯的银盒子从大洋彼岸的美国回到它的产地上海，不但让我们欣赏到 1940 年初精美的上海银器工艺，更唤醒了我们对上个世纪中美并肩抗日的历史记忆。也许这就是美国驻沪总领事署全体华职员敬赠高斯雪茄烟盒引人瞩目的原因。

四、民国英文款竹节龙纹银盘

前几年，上海市历史博物馆从英国伦敦征购到一件英文款竹节龙纹银盘。此银盘圆形，直径 30 公分左右，除少数瑕疵外，该盘保存状况基本完好。银盘装饰为典型的中国风格：盘沿为竹节纹样，中央錾有飞龙盘旋。盘中心清晰錾刻英语铭文：PRESENTED TO W. S. WATSON, MANAGING DIRECTOR OF S. MOUTRIE & CO, LTD. ON HIS RETIREMENT, WITH ALL BEST WISHES FROM THE FIRM'S FOREIGN AND CHINESE STAFF, SHANGHAI MARCH 1936。盘底刻有 Yok Sang。

银盘英文款识看似简单，解读还需要一定功夫。大意为：此物为 1936 年 3 月份谋得利洋行中外员工赠送给该行退休总经理沃特森的一件礼物，并祝他万事如意。

银盘英文款中的大多数单词今天的小学生也能翻译出来。但铭文中 S. MOUTRIE & CO, LTD.、W. S. WATSON、Yok Sang 三组词的准确翻译，无疑需要有一定历史专业知识、尤其是上海历史专业知识背景。

S. MOUTRIE & CO, LTD. 是近代上海最著名的西洋乐器制作与销售商——谋得利。1903 年《申报》曾刊登谋得利洋行一则广告：

图七　1936 年谋得利洋行沃特森所获银盘

上海市历史博物馆藏

　　本行开设上海三十余年，专办英美德法各国名厂大小各样八音洋琴以及各国军营中所用之战鼓号筒、喇叭、笙箫乐器一应俱全。中国军营亦由本行购办者甚多。刻由英美名厂托本行经售头等新样唱戏留声机器，各式全备，声音之响亮、调曲之高雅，比众大不相同；而且不碎不坏，可称盖世无有也。承蒙仕宦绅商惠顾，祈至英大马路黄浦滩大洋房,批发零买均可。价廉物美,特此布闻。[1]

　　从以上广告来看,谋得利洋行 1870 年代就于上海开设。1900 年初,谋得利已经是上海规模宏大的乐器行,在黄浦滩大洋房有销售门店。1920 年代,谋得利是上海滩上影响很大的一家外资企业。1925 年左右,该公司资本 50 万美元,在公司工厂和营业部工作的职员有几百名,在上海黄金地段——南京路占据庞大地盘的谋得利是南京路著名的商店之一。1920 年代,谋得利洋行不仅是斯坦威、博兰斯勒、美森等国外著名品牌钢琴的远东独家代理,还是胜利唱机的分销商。外国演出公司到上海巡演时大多数选择"谋得利"做经纪。谋得利在上海北河南路设有工厂,生产与远东多变气候相适应的钢琴、管风琴等乐器。公司拥有最先进的生产设备,其生产制造的钢琴和管风琴等乐器是远东地区最好的。全中国及邻近地区传教士使用的可折叠式风琴,也大多数是谋得利产品。谋得利总部 1891—1941 年一直在南京路。[2] 总部内有展销厅、演出室、铜管乐队等。该行促销手段灵活多样。谋得利不仅在向中国引介西方乐器方面地位突出,而且为近现代中国培养出一批制造和修理西洋乐器的技师。

图八　1937 年谋得利洋行广告

　　铭文中的 W. S. WATSON 是谋得利洋行的总经理沃特森。沃特森自 1907 年起就到上海谋得利洋行工作。[3] 起初,他只是洋行总经理贝恩的一名秘

---

① 英商"谋得利"公司白,见《申报》1903 年 8 月 23 日。
② 上海市档案馆主编:《老上海行名录辞典 1880—1941》,第 300 页,上海古籍出版社 2005 年 12 月版。
③ 参考《行名录》,字林洋行 1908 年编辑出版。

书。贝恩退休后,沃特森升为总经理兼洋行董事会董事。到 1936 年,沃特森在上海谋得利工作接近 30 年。30 年的时间里,沃特森与洋行中外员工一起为谋得利事业的发展尽心尽力,促进了西洋乐器在中国的销售和西方音乐在中国的传播。谋得利洋行内工作的少数是外国人,大多数是中国人,尤其是宁波人。沃特森能在该行三十年,想必他与中外同事们相处比较融洽。所以 1936 年,沃特森退休回国时,谋得利洋行中外员工特意定制一只银盘赠送给他作为临别留念,并对他致以美好祝福。

　　银盘背面刻 Yok Sang 又是什么意思呢? 近现代上海银器,底款通常刻制造商、销售商的名字。Yok Sang 实际上是清末民初上海一家著名的外国首饰店,中文名字为朱煜生。[①] 作为外国人进入中国的门户,近、现代上海外侨多,来沪旅游的外国人也比较多。具有浓郁的中国特色、价值比较高的上海银器颇受外国人的青睐。中外社交礼仪中,银器常常被当作各种礼物赠送给外国人。为了迎合这一社会需求,19 世纪 80 年代上海虹口一带就出现了一些外销银器店。到 20 世纪二三十年代,上海外销银器生意更加兴隆。一些银器店、首饰店甚至专门标榜本店就是外国首饰、外国银器店。此银盘上刻 Yok Sang 即朱煜生就是百老汇路上的外销银器店之一。该店 1937 年前后歇业。

图九　民国时期朱煜生号广告

---

① 见《老上海行名录辞典 1880—1941》,第 508 页,上海古籍出版社 2005 年 12 月版。

近代来上海的外国侨民，除少数领事馆官员和传教士外，大多数人在上海实业界谋生、发展。外侨在工作中、生活中与中国人朝夕相处，佳话频传。此件英文款竹节龙纹银盘是民国年间谋得利洋行中外员工日常友谊的见证，也是二三十年代国际大都市——上海开放、包容的社会产物之一。随着社会经济的发展，今天的上海和上海人更加自信、开放。当年被沃特森先生带回英国的民国英文款竹节龙纹银盘再次回到上海。

五、1913年日本神户有志欢迎会赠孙中山银瓶

孙中山与日本民间友人关系密切。众多史书均有记载。在与日本友人的频繁接触、交往中，曾经有不少实物相随。这些实物留存至今，成为承载历史情感与记忆的珍贵文物。上海宋庆龄故居纪念馆藏1913年日本神户有志欢迎会赠孙中山银瓶就是这样一件历史文物。

图十　1913年日本友人赠孙中山银瓶，图片采自《上海孙中山宋庆龄文物图录》

1913年日本神户有志欢迎会赠孙中山银瓶通高37厘米，口径11.3厘米，底径12厘米。银瓶雕刻松树和仙鹤，寓意松鹤延年。该银瓶之所以被视为宋庆龄故居纪念馆重要藏品，并非由于银瓶是贵金属制作，也非因该银瓶装饰华美，主要是因为这件银瓶承载着一段特殊的历史情感与记忆。众所周知，辛亥革命领袖孙中山是一位心胸开阔、交游广泛的革命人物。无论是在辛亥革命前还是在辛亥革命后，孙中山与外国友人关系密切。他的朋友既有营救他逃离大清政府驻英国使馆控制的英国老师，也有为他出谋划策的美国军事顾问、铁道顾问、法律顾问，还有多次为他提供资助和庇护的日本友人。孙中山与外国友人应酬往来留下遗物不少，但银器不多。宋庆龄故居纪念馆所藏银瓶是1913年2—3月孙中山访问日本，开展对日外交的重

要历史文化遗产之一。

　　1911年辛亥革命推翻清政府后建立南京临时政府,孙中山当选临时大总统。不久,孙中山被迫辞去临时大总统职务,让位给袁世凯。卸任后,孙中山积极投身实业建设活动,致力于改善民生。袁世凯假惺惺地表示全力支持孙中山实业建设活动,任命孙中山为全国铁路督办,负责全国铁路建设。接受任命后,孙中山满腔热情,计划在10年内修建20万公里铁路,"使中国全境,四通八达"。为了筹集修建铁路资金,孙中山与国外银行家、企业家多次接触。《国父年谱》记载:"为实行铁路计划,有意觅取日本实业家之合作,涩泽荣一等并有筹组中日兴业公司拟议,孙先生决议赴日一行。"

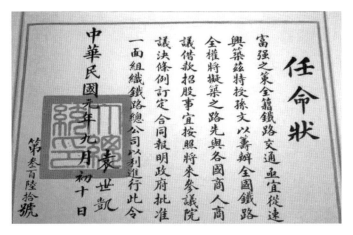

图十一　1912年袁世凯颁发给孙中山筹建全国铁路全权任命书
中共一大会址纪念馆藏

　　1913年2月11日,孙中山在马君武、戴继陶、宋嘉树等陪同下乘"山城丸"轮船,自上海启程赴日本考察。2月13日,孙中山到达日本长崎,开始他为期一个月的访日外交。在日本期间,孙中山先后访问了长崎、东京、横滨、横须贺、名古屋、京都、奈良、大阪、神户、广岛等城市,所到之处,受到日本政、商、学界及华人、华侨的热烈欢迎。参加众多宴会、聚会之余,孙中山参观了日本的港口、兵工厂、造船厂等企业,并与日本首相、外相、日本银行家等围绕贷款修路、成立铁路公司等议题进行了多次商谈,并拟定出《中国兴业公司计划草案》等。1913年3月12日孙中山致电北京政府,"告以在日本银行界借款已有允意"。3月13日上午孙中山到达神户。中山先生许多友人在神户。居住在神户的华人、

1913年3月23日上午，孙中山参观长崎三菱造船所，下午为宋教仁遇刺事乘船返国。图为当日孙中山参观长崎三菱造船所时留影。（上海孙中山故居纪念馆藏）

图十二　1913 年 3 月孙中山等在长崎三菱造船所参观时留影
上海孙中山故居纪念馆藏

华侨对中山先生敬慕已久。同其他城市相比，神户各界对孙中山一行的来访给予的款待更加热情、更加隆重。孙中山抵达当天下午，1500 名左右神户华侨全体就在中华会馆开欢迎会；晚上又开欢迎宴会。3 月 14 日，孙中山一行先是在日本友人陪同下参观川崎造船所，下午赴华侨吴锦堂欢迎宴会。

日方对孙中山一行的欢迎到 14 日晚上达到高潮。1913 年 3 月 14 日晚，孙中山等出席神户市长主持的欢迎宴会。"当夜正宾孙文先生并何天炯、马君武、袁华选、宋嘉树、戴天仇外数氏副宾，中日两国官绅及新闻记者等十余名。主席鹿岛神户市长、武藤山治、泷川辨三、川崎芳太郎以下八十余名列席，酒三行，鹿岛市长代表提倡者演述欢迎主旨，赠呈银制大花瓶，孙先生述谢词。至八时半主客尽欢退散。"[①]

《上海孙中山宋庆龄文物图录》文字注解此瓶为 1913 年 3 月 13 日孙中山抵达神户，"受到当地华侨和支持孙中山革命的部分日本政界人士的欢迎，欢迎会上鹿岛市长将此瓶赠送给孙中山"。物品证实了史料记载。

---

① 王耿雄：《孙中山史事详录 1911—1913》，天津人民出版社 1986 年版，第 555 页。

3月24日,孙中山一行乘轮船"天津丸"离开日本长崎回国。3月25日回到上海。因种种原因,孙中山与北京袁世凯政府的关系越走越远,孙中山到日本访问并拟与日本人签订的一些草案基本搁置。

孙中山1913年2—3月访问日本的种种,随着时间流逝,大多被世人遗忘。但他从日本带回来的银制大花瓶却一直保留下来。现在完好地摆放在上海宋庆龄故居纪念馆中。1913年孙中山访问日本是他革命生涯中沉重的一页。除了历史学者,很少有人会关注这段历史。宋庆龄故居纪念馆所藏"日本神户有志欢迎会赠孙中山银瓶"让1913年2—3月孙中山访问日本,开展对日外交的那段历史变得鲜活生动、触手可摸。也许在日本专门纪念中国伟人的纪念馆——神户孙中山纪念馆里,类似的文物还有不少吧!但愿中日两国民众能睹物思人,继承中山先生与日本友人的友谊,在新时代再续中日佳话!

第十三章 附录

附录 1 上海租界银楼名录(1906 年)

序号	银楼名字	所在区域	银楼店东	银楼司事	银楼地址
1	杨庆和	英租界	苏、邵、王	梁春潮	河南路 405 号
2	方九霞	英租界	方桂芬	方桂芬	南京路 24 号
3	裕记	英租界	费文元	费文元	南京路 70 号
4	杨庆和发记	英租界	王积庭	席云生	河南路 65 号
5	新宝成	英租界	盛莲卿	费兆和	河南路 123 号
6	虞永和	英租界	虞善卿	王森盈	福建路 723 - 724 号
7	北庆云	英租界	郭镜臣	李子佩	山东路 360 号
8	老凤祥	英租界	孙姓	朱荆泉	南京路 61 - 62 号
9	杨庆和久记	英租界	罗姓	沈问剑	南京路 82 - 83 号
10	裘天宝	英租界	裘姓	裘清甫	南京路 41 - 42 号
11	宝华	英租界	公股	卢德生	南京路 515 号
12	万生	英租界	曹芳荣	胡坤	南京路 417 - 418 号
13	永兴	英租界	陈聚良	潘芝香	广东路 336 号
14	乾泰	英租界	张珮记	毛志翔	广东路 514 - 515 号
15	祥茂	英租界	翁培卿		湖北路 3 号
16	凤华	英租界	钱启和	钱启和	福州路 308 号
17	义成	英租界	邵云卿		福建路 319 号
18	祥和	英租界	成瑞昌	王沛仁	广东路 450 - 451 号
19	德兴	英租界	王问樵	蔡立纲	广东路 547 - 548
20	永兴和记	英租界	陈如良	陈如良	广东路 460 号
21	大成	英租界	孔春记、陈锡记、葛五记	陈锡记	广东路 169 - 170 号
22	宝康	英租界	梁春潮	姚梅卿	福建路 422 - 423 号
23	景和	英租界	周毓桢	徐明水	福建路 706 号

(续表)

序号	银楼名字	所在区域	银楼店东	银楼司事	银楼地址
24	文升	英租界	徐让卿		福建路 328 号
25	德华	英租界	何、鲍、候	张济亨	福建路 739 - 740 号
26	庆元	英租界	孔春林	邵锦章	南京路 450 - 451 号
27	宝丰	英租界	裘姓	裘国荣	南京路 114 - 115 号
28	聚和	英租界	孔宝生		福建路 434 - 435 号
29	李祥盛	英租界	李松泉	启福	北海路 337 - 338 号
30	怡成	英租界	陈品三	裘宝林、朱礼万、郑回绳	浙江路 538 号
31	源成	英租界	陈惟馨	朱憬	南京路 248 - 249 号
32	泰和楼	英租界	吴子岩	沈雨舟	厦门路 99 - 100 号
33	福康	英租界	史忠庸		浙江路 281 - 282 号
34	公和	美租界	顾立方	顾立方	杨树浦 672 号
35	聚凤	美租界	周长生	周姓	杨树浦 677 号
36	永昌	美租界	葛莲舫	王鸿才、刁永金	东唐家弄 662 号
37	荣和	美租界	傅有泉	朱德昌	北福建路 84 号
38	万宝	美租界	费定勋	费云甫	北福建路 159 - 160 号
39	郑仁和	美租界	郑有成	郑有成	杨树浦路第 3070 号
40	庆祥	美租界	刘厚来	冯添兴	北四川路 1830 - 1831 号
41	天华	美租界	费逸樵	费逸樵	西华德路 403 号
42	三星楼	美租界	朱宝源、陶子兴	陶善昌	西华德路 316 - 317 号
43	宝盛	美租界	程菊生	程菊生	西华德路 181 - 182 号
44	允和	美租界	朱绍庚	朱绍庚	西华德路 2681 号
45	宝昌	美租界	陈雪奇	丁世福	北浙江路 107 号
46	春华	美租界	顾任来	徐长茂	天潼路 342 - 343 号
47	天生	美租界	唐志惠	唐瑞福	天潼路 141 号
48	宝元	美租界	刘爱金	方临甫	西华德路 726 - 727 号

（续表）

序号	银楼名字	所在区域	银楼店东	银楼司事	银楼地址
49	万兴	美租界	翁楚记	徐双金	汉璧礼路 1225－1226 号
50	吉祥	美租界	沈竺山	王宝	吴淞路 664 号
51	宝祥	美租界	王仁宝	王祖友	汉璧礼路 260 号
52	景云	美租界	孔春林	姚甫卿	北河南路 591－592 号
53	震丰	美租界	袁子琴	袁子琴	吴淞路 1565 号
54	宝凤	美租界	朱佑逊	毕连生	北河南路 612 号
55	荣华	美租界	于正全	于正全	北浙江路 298 号
56	沈庆隆	美租界	沈锦棠	沈锦棠	北浙江路 387－388 号
57	信和	美租界	王金生	王桂生	北浙江路 17 号
58	宝兴楼	美租界	丁锦文	丁锦文	西华德路 2666－2667 号
59	老物华	美租界	许得元	陈永福	北山西路 1481 号
60	锦泰	美租界	朱仁记	朱子刚、陈云江、张楚记	甘肃路 37 号
61	凤和	法租界	陈云亭	陈云亭	西城外路 35 号
62	鸿源	法租界	黄永康	黄永康	公馆马路 549 号
63	椿和	法租界	朱松寿	朱松寿	公馆马路 521 号
64	聚兴	法租界	孙炳昌	孙炳昌	公馆马路 353 号
65	景华	法租界	袁载新	袁载新	公馆马路 583 号
66	凤和	法租界	徐承煃	徐承煃	法界路 503 号
67	彩凤	法租界	孙增福	孙增福	公馆马路 513 号
68	庆云	法租界	单兴隆	单兴隆	菜市街 219 号
69	万源	法租界			公馆马路 488 号
70	于震和	法租界	于自周	李祥兴、罗敦五、吴金海、李梅堂、陆翰卿、方忠恒、陈舜卿、朱松鹤、周财宝	公馆马路 476－478 号

(续表)

序号	银楼名字	所在区域	银楼店东	银楼司事	银楼地址
71	义和仁记	法租界	于自周	邵逊亩、林景绥、周效连、林仁政、于越涛、邬汉宜、王仁亭、李锡林	公馆马路 160 - 162 号
72	德成	法租界	王静山	王静山	西城外路 12 号
73	升和	公共租界	施和清	施和清	新闸路 1437 号
74	杨义和	公共租界	杨少卿	杨少卿	新闸路 2060 号
75	德泰	公共租界	王正能		新闸路 1196 号
76	庆祥	公共租界	孙邦才		麦根路 9 号
77	宝源	公共租界	包友生	傅祥铭	新闸路 2031 号
78	锦华	公共租界	王道三	王瑾卿	新闸桥路 3 号
79	姚义泰	公共租界	姚秉发		新闸桥路 5 号
80	天成	公共租界	闻樑记		派克路 703 号
81	永康	公共租界	杨礼登		新闸路 1865 号
82	天和	公共租界		朱金龙	新闸路 235 号
83	聚成	公共租界		周宝生	新闸路 10 号

附录 1 资料出处：光绪三十二年（西历 1906 年）华商公议会刊印《上海华商行名簿册》租界银楼业部分。

附录 2A　1918 年上海银楼

序号	楼名	地址	店主或经理
1	方九霞成记	英租界南京路 24 号	
2	方九霞润记	英租界南京路 173 号，红庙弄口	
3	王彩凤	老北门内晏海路 18、19 号	陈仲华
4	永祥	新北门内陈市安桥堍 40、41 号	浦凤瑞
5	永丰	小门内长生桥西	

(续表)

序号	楼名	地址	店主或经理
6	五凤	南市王家码头 87 号	戚亭华
7	老凤祥裕记	英租界南京路 140 号(山西路即盆汤弄口)	费芸孙
8	老庆隆	美租界北浙江路 225—226 号	
9	老宝成振记	大东门内朝宗路 21 号(中华路西)	费汝明
10	老庆云甡记	小东门内宝带路 40 - 42(长生桥东)	徐禄生
11	品珍	英租界福州路(湖北路即大新街口)	
12	吴聚坤	美租界北河南路桃源坊 2 弄 120 号	
13	周万兴	大南门内大街 12 号	周耀珍
14	周万成	南市王家嘴角 125 - 127 号	周鼎卿
15	于震和	法租界公馆马路 478 号	罗敦五
16	于震泰	法租界公馆马路 352 号	于子承
17	恒孚	英租界南京路 82 - 83 号河南路即抛球场西	
18	洪天福富记	南市里马路 77 - 78 号(三角街相近)	马泳
19	库元兴	法租界公馆马路余庆里 1 号	
20	祥和恒记	新租界新闸路	潘世克
21	庄宝和	新北门内旧校场 137 号	庄一聘
22	费文元裕记	英租界南京路 69 - 71 号(山东路即望平街东)	张梅芳
23	景福元记	小东门内宝带路 6 号(民国路南)	徐萃生
24	杨庆和久记	英租界南京路 156 号(五福弄口)	
25	杨庆和福记	英租界河南路即抛球场 405 号(南京路口)	郑萃堂
26	杨庆和发记	英租界河南路即棋盘街 65 号	
27	裘天宝礼记	英租界南京路 151 号(红庙东)	
28	裘天宝德记	小东门口	
29	福康	英租界浙江路 252 号	

(续表)

序号	楼名	地址	店主或经理
30	福和仁记	法租界恺自尔路20号	徐屏周
31	新凤祥德记	英租界南京路237号(福建路西)	
32	源康德记	英租界广东路即宝善街169-170	和树堂
33	虞永和	英租界福建路724号	
34	义和仁记	法租界公馆马路162号	林金水
35	万年	西门外方斜路101号(万生桥相近)	
36	聚和	英租界福建路(天津路北)	
37	聚兴	法租界公馆马路355—357号	孙尔昌
38	聚成	新租界新闸路10—11号	周宝生
39	凤祥和记	小东门内	郑肃康
40	庆元春记	英租界浙江路583号584号	
41	庆云仁记	英租界山东路即麦加圈357号(广东路即宝善街口)	严志鋆
42	庆华	美租界北浙江路(新衙门北海宁路口)	
43	庆成	新租界大通路477号(新闸路相近)	赵珊伯
44	德和仁记	法租界公馆马路468号	李梅塘
45	乐祥云	美租界北河南路(天后宫北)	乐俊芳
46	锦华	闸北大统路	王瑾卿
47	宝丰义记	英租界南京路114号	陆宝瑾
48	宝成裕记	英租界南京路257号(浙江路东)	
49	宝成德记	英租界南京路392号(小菜场东)	
50	宝兴文记	美租界西华德路2666号	丁锦文
51	宝震	老北门内大街即晏海路32—33号	庄长春
52	永源	新北门内陈市安桥塊43、44号	周炳钦

附录 2B　1918 年上海外国首饰店

序号	店名	地址	经理
1	永盛(兼钟表)	美租界北四川路 1969 号(清云里口)	林宽庭
2	全昌	英租界西藏路 R263 号	刘冬生
3	诚昌电镀号	英租界福建路 412、413 号	沈成仁
4	利盛	英租界汉口路 50 号	林宽庭
5	和盛	英租界江西路 198 号	潘诚轩
6	和兴隆	美租界北四川路 81 号	李作岩
7	明华	英租界南京路 470 号	
8	珍光公司	英租界南京路 495 号	潘声甫
9	升发公司	英租界江西路 43 号	唐仪千
10	时和	英租界河南路 121 号	佘仲乔
11	祥和	英租界广东路 650 号	钟道生
12	梁天兴	美租界百老汇路 110 号	梁文谦
13	新利洋行	英租界南京路 35 号	G. M. Boyes
14	德祥公记 Tuck Chang & Co.	美租界百老汇路 1285、1286 号	邓志扬
15	兴和	英租界四川路 231 号	
16	兴昌	法租界公馆马路 20 号	李孝问
17	鸿昌	英租界南京路 B11 号,福利公司隔壁	沈麟生
18	联和	英租界南京路 43 号河南路口	江祝三
19	联生公司	英租界南京路 P61 号、62 号	沈麟生

附录 2 资料出处:上海商业名录编辑处编《上海商业名录》,商务印书馆 1918 年 5 月版,第 221—227 页。

附录 3A 1925 年上海银楼名录

序号	银楼名称	地址	经理
1	天和	新租界新闸路 235 号	周荫鹤
2	天华	美租界东西华德路 383 - 384 号	
3	文宝	新租界劳勃生路 1536 号、1537 号	李联芳
4	方九霞成记	英租界南京路 24 号	王增才
5	永源	闸北恒丰路 155 - 156 号	周炳钦
6	老九凤新记	南市大东门外大码头路	钱宝清
7	老文宝	新租界新闸路 1869 - 1870 号	史培荪
8	老萃和	美租界北西藏路 182 - 183 号	姚和生
9	老义泰	闸北恒丰路 3 - 4 号	姚和卿
10	老凤祥裕记	英租界南京路 140 号	费云荪
11	老凤宝	新租界大沽路 49 - 50 号	缪锦章
12	老庆华	美租界杨树浦路 2629 - 2630 号	
13	老庆隆	美租界北浙江路 225 - 226 号	沈樑才
14	老庆云甡记	小东门内宝带路	徐禄生
15	老宝成振记	大东门内肇嘉浜路 21 号	费汝明
16	老宝盛恒记	法租界白尔路 65 - 67 号	张静乐
17	老宝兴	美租界东西华德路 2652 - 2653 号	丁锦文
18	老麟凤	南市南仓街 196 - 197 号	
19	于震和	法租界敏体尼荫路 230 - 232	罗敦和
20	于震泰	法租界公馆马路 352 - 354	于子承
21	物华成记	美租界北山西路 1481 - 1482 号	
22	南凤祥	大东门内肇嘉浜路 804 号	孔兰舫、张永福
23	恒孚	英租界南京路 82 - 83 号	张清笙
24	祥和	新租界新闸路 336 号	潘书克
25	祥泰	新租界劳勃生路 1219 号、1220 号	陈树生

（续表）

序号	银楼名称	地址	经理
26	陆天宝	法租界敏体尼荫路 314‑316 号	陆鹤仁
27	景星	新租界白克路 941‑942 号	徐仁鑫
28	景福元记	小东门内宝带路 5 号	徐萃生
29	费文元裕记	英租界南京路 70 号	张梅舫
30	新凤祥德记	英租界南京路 237 号	裘懋如
31	新庆华	美租界杨树浦路(韬朋路口)	王瑞麟
32	杨庆和久记	英租界南京路 156 号	沈问鉴
33	杨庆和发记	英租界河南路即棋盘街 65 号	席云生
34	杨庆和福记	英租界河南路即抛球场 405 号	郑萃堂
35	源康	英租界广东路 169‑170 号	汪顺全
36	义和	法租界公馆马路 160‑162 号	林仁绍
37	义泰	闸北恒丰路 4‑5 号	
38	万年	西门外方斜路 91‑92 号	陈顺兴
39	万春	美租界天潼路 127‑128 号	罗元勋
40	虞永和	英租界福建路 723‑724 号	虞善卿
41	裘天宝德记	南市东中华路 47‑48 号	应贤三
42	裘天宝礼记	英租界南京路 246 号	姚国华
43	聚成	新租界新闸路 8‑9 号	周钦荣
44	聚和	英租界福建路 434‑435 号	孔芳水
45	聚兴正记	法租界公馆马路 355‑357 号	孙涌霖
46	凤宝	美租界东西华德路 293‑294 号	
47	德和	法租界白尔路 45‑47 号	
48	德和仁记	法租界恺自尔路 24‑26 号	李懋齐
49	庆成	新租界新闸路 476‑477 号	赵福生
50	庆和德记	闸北胡家桥路 69‑70 号	傅忠顺
51	庆华	美租界北浙江路 233‑235 号	汪心存
52	庆云仁记	美租界山东路 356‑357 号	严志銮

（续表）

序号	银楼名称	地址	经理
53	庆福星	美租界东西华德路 2669 号	傅声茂
54	乐祥云	美租界北河南路 653－654 号	乐俊芳
55	锦章	美租界海宁路 3011 号	冯正义
56	锦华	闸北大统路 85－86 号	王理卿
57	锦华	闸北恒丰路 100－101	王理卿
58	鸿翔	新租界新闸路 1204－1205 号	王茂卿
59	丽华	闸北恒丰路 344－345 号	王理卿
60	宝成裕记	英租界南京路 257 号	费芸荪
61	宝华	新租界爱文义路 102 号	王文记
62	宝庆吉记	闸北西宝兴路 6－7 号	张廷玉
63	宝兴	美租界东西华德路	
64	方九霞新记	法租界小东门大街 116 号	宋松龄
65	永庆	闸北恒丰路 420、421 号	薛玉润
66	庆华	美租界东西华德路 175 号	邬德宣

附录 3B　1925 年上海外国首饰店名录

序号	店名	地址	经理
1	上海电镀公司	美租界靶子路 130 号	郑希陶
2	大新	美租界东西华德路 284 号	严子敏
3	中华首饰公司	美租界百老汇路 B4 号	廖心存
4	元泰	英租界南京路 474 号	陈琴轩
5	元彰	英租界山西路即昼锦里 264 号	蒋煜庭
6	日新	美租界百老汇路 80 号	李善礎
7	永丰	小东门内方浜路 578 号	龚子范
8	全昌	英租界福州路 196 号	刘大奎

(续表)

序号	店名	地址	经理
9	朱煜生	美租界百老汇路 150 号	朱煜生
10	西比利亚首饰公司	英租界南京路 27 号	
11	和盛	英租界江西路 198 号	潘诚轩
12	和兴	美租界西华德路(福德路口)	
13	和兴隆	美租界四川路 81 号	
14	升大	英租界浙江路 586 号	
15	林焕记	美租界北河南路 650 号	林焕廷
16	美和公司	新租界新闸路鸿庆里 129 号	何天生
17	美记华珍公司	法租界公馆马路 50 号	李海生
18	美记华珍公司艺记	英租界南京路 P448 号	关赞庭
19	时和	英租界河南路 121 号	佘仲乔
20	时新首饰公司	英租界四川路 105 号	黎煜生
21	通用电镀公司	美租界西华德路 494 号	
22	新利洋行	英租界南京路 35 号	G. M. Boyes
23	福康首饰公司	英租界南京路 12 号 A	李孝问
24	诚昌电镀行	英租界福建路 412 - 413 号	
25	刘天成电镀厂	英租界牛庄路 51 号半	刘永铭
26	广利	美租界闵行路 15 号	Yee Wo ping
27	德祥公记	美租界百老汇路 67 号	邓志扬
28	琏璋	英租界河南路即抛球场 7 号	
29	联和	英租界南京路 479 号	江祝三
30	鸿昌	英租界南京路 43 号	霍雪侯
31	丽亨	英租界汉口路 333 号	袁子嶷
32	宝珍	法租界公馆马路 483 号	冯云乔
33	宝珍	美租界北四川路 295 号	严春生

附录 3 资料出处:林霞编辑《上海商业名录》,商务印书馆 1925 年 3 月版,第 325—331 页。

附录 4　1928 年上海外国首饰号

序号	店名	地址
1	上海电镀公司 Shanghai Electropainting Co.	美租界靶子路 130 号
2	中华首饰公司	百老汇路 B4 号,外摆渡桥旁
3	元泰	南京路 474 号
4	全昌(兼眼镜)	爱多利亚路 184 号
5	朱煜生 Yok Sang	百老汇路 A105 号
6	西比利亚首饰公司	南京路 27 号江西路转角
7	和兴隆 Wo Sing Lung	北四川路 81 号(靶子路口)
8	升大	浙江路 586 号
9	林焕记	北河南路 650 号
10	美和制造首饰表带厂	福建路 494－496 号
11	美记华珍公司	法租界公馆马路 50 号
12	美记华珍公司艺记	南京路 P448 号
13	倪全记首饰厂	新租界派克路酱园弄 200 号
14	时和	河南路即抛球场 121 号
15	时新首饰公司	四川路 105 号
16	通用电镀公司 The Universal Electroplating Co.	美租界西华德路 494 号
17	新利洋行 Boyes Bassett & Co.	南京路 35 号
18	福康首饰公司	南京路 12 号 A
19	诚昌电镀行	福建路 412－413 号
20	广利公司 Kwong Lee & Co.	美租界闵行路 15 号
21	刘天成电镀厂	英租界牛庄路 51 号半
22	德祥公记 Tuck Chang & Co.	美租界百老汇路 67 号
23	琏璋	河南路即抛球场 7 号
24	联和 Luen Wo & Co.	南京路 479 号
25	鸿昌 Hung Chong & Co.	南京路 43 号,河南路即抛球场东

（续表）

序号	店名	地址
26	宝珍	法租界公馆马路 483 号
27	宝珍	美租界北四川路 295 号篷路口
28	元彰	英租界山西路即昼锦里 264 号

附录 4 资料出处：林霞编纂《上海商业名录》，商务印书馆 1928 年 3 月版，第 327—328 页。

附录五　1931 年上海银楼及外国首饰店名录

分类	序号	店名
银楼	1	天宝成
银楼	2	方九霞新记
银楼	3	永丰金铺
银楼	4	同庆隆锦记
银楼	5	同丰永金铺
银楼	6	老九凤兴记
银楼	7	老天茂
银楼	8	老文宝
银楼	9	老义泰
银楼	10	老万年新记
银楼	11	老凤祥
银楼	12	老凤宝
银楼	13	老庆和德记
银楼	14	老庆华
银楼	15	老庆云
银楼	16	老庆隆锦记
银楼	17	老宝华
银楼	18	老宝盛
银楼	19	老宝凤
银楼	20	物华

(续表)

分类	序号	店名
银楼	21	恒孚
银楼	22	春华
银楼	23	祥和
银楼	24	景福
银楼	25	费文元裕记
银楼	26	新义和
银楼	27	新凤祥
银楼	28	杨庆和久记
银楼	29	杨庆和发记
银楼	30	杨庆和福记
银楼	31	源康德记
银楼	32	义成久记
银楼	33	义和久记
银楼	34	万年
银楼	35	万成
银楼	36	虞永和
银楼	37	裘天宝
银楼	38	聚兴
银楼	39	德和
银楼	40	庆云
银楼	41	庆华
银楼	42	庆福星
银楼	43	罗澄源
银楼	44	宝凤广记
银楼	45	宝庆
银楼	46	宝兴
银楼	47	裘天宝
银楼	48	德和

（续表）

分类	序号	店名
银楼	49	万年
外国首饰	1	三五公司
外国首饰	2	大华贸易公司
外国首饰	3	久大洋镶水钻号
外国首饰	4	中华首饰公司
外国首饰	5	元彰首饰号
外国首饰	6	毛锦记
外国首饰	7	永昌洋行
外国首饰	8	全昌公司
外国首饰	9	安康洋行
外国首饰	10	朱煜生首饰钟表号
外国首饰	11	百汇珠宝店
外国首饰	12	西比利亚首饰公司
外国首饰	13	利喊
外国首饰	14	恒新号
外国首饰	15	美美公司
外国首饰	16	美记华珍公司
外国首饰	17	倪全记
外国首饰	18	时和
外国首饰	19	时和协记工厂
外国首饰	20	康记洋行
外国首饰	21	慎记工场
外国首饰	22	德大昌义记号
外国首饰	23	德祥公记首饰公司
外国首饰	24	德华洋行
外国首饰	25	琏璋首饰号
外国首饰	26	宝昌首饰公司

附录5资料出处：中国商务广告公司编《上海商业名录》，商务印书馆1931年4月版，第658—659页。

附录6 上海市许可营业各银楼一览表(1947—1948年)

序号	牌号	营业所在地	主体人	经理人
1	方久霞永记	梵皇渡路五一七号	陈双林等	陈双林
2	方久霞新记	南京东路四七九号	徐瑞章等	桂瑞芝
3	老凤祥裕记	南京东路四三二号	费祖寿等	费祖寿
4	杨庆和发记	河南路一五四号	冯清庵等	冯清庵
5	裘天宝仁记	中华路五号	裘宗尧等	王震生
6	裘天宝礼记	南京东路五九二号	裘詠沧等	姚桂卿
7	裘天宝德记	南京东路三八三号	裘宗尧等	姚联芳
8	老宝庆德记	长宁路一五号	李靖荪	李靖荪
9	乐祥云	河南北路一二五号	乐秀伦等	乐秀伦
10	宝庆余记	金陵东路三八八号	李翼孙	李翼孙
11	老宝兴昌记	东长治路四五五号	丁昌泰	丁昌泰
12	老宝兴方记	西藏南路二六〇号	丁继昌	钱麟章
13	老天宝云记	中正中路四四三号	裘云艮	裘云艮
14	聚兴正记	金陵东路二六四一六号	孙湧福	孙湧福
15	老宝凤	长寿路三〇八号	姚廉卿	姚廉卿
16	景福元记	金陵中路五四号	郭理孙等	林晓渔
17	震和盈记	金陵中路二四号	陈行祺	陈行祺
18	物华新记	金陵东路四六〇号	陈德彰	陈德彰
19	庆华仁记	四川北路一四九二号	林邦达	林邦达
20	宝盛	西门路一七五号	张静乐等	张静乐
21	老庆云笙记	金陵东路四九〇号	裘宗尧等	徐伟材
22	陆天宝永记	中正中路三二五号	陆堃水等	孙国钧
23	裘宝成余记	制造局路六四号	冯润声	冯润声
24	方紫金来记	河南中路三八六号	郑雨祥等	郑雨祥

序号	牌号	营业所在地	主体人	经理人
25	陈天宝久记	临青路六七号	陈有淮	陈有淮
26	老宝华公记	北京西路三二八号	黄文纪	黄文纪
27	老源泰安记	库伦路三七七号	陈定安	陈定安
28	老九霞新记	新闸路七五五号	顾良智等	顾良智
29	杨庆福协记	露香园路三八号	李国栋等	李国栋
30	老源泰	南京西路一八八八号	陈伟等	陈伟
31	天凤翔和记	平凉路四五七号	林银水等	林银水
32	陆天宝发记	西藏南路三一六号	陆坤梁等	陆坤梁
33	宝凤翔	复兴东路一一六九号	王沐文等	王沐文
34	老宝华新记	大连路四八号	史文清	史文清
35	王庆华	杨树蒲路二〇三一号	王乃琛等	王乃琛
36	费文元裕记	南京东路三四二号	林莲福等	刘祖荣
37	天宝成永记	大连路四六六号	王永钏	王永钏
38	景华发记	西藏中路四八九号	胡吉钦	胡吉钦
39	美记庆宝成	南京东路五五七号	关赞庭等	关赞庭
40	老天宝正记	顺昌路三五二号	王燕甫等	王燕甫
41	庆和永记	南京西路一七一一号	俞九如	俞九如
42	天宝华裕记	四川北路八二四一六号	孙仁棠等	孙仁棠
43	老祥和	四川中路四六五号	潘炳臣等	施祥隆
44	老天宝成	长寿路五七二号	洪钦炎	洪钦炎
45	庆福鑫记	东长治路六八二号	乐俊成	乐俊成
46	天宝成祥记	江苏路三二三号	穆祥麟等	穆祥麟
47	方九华康记	中正南一路一三七号	高钜康	高钜康
48	新天宝发记	华山路七号	朱发生等	朱发生
49	老天宝泰记	东门路八五号	陈镇赓等	陈镇赓
50	陈天宝和记	盛泽路九五号	陈宝书	陈宝书

序号	牌号	营业所在地	主体人	经理人
51	浙江老天宝	金陵中路一六一号	沈瑞坤等	沈瑞坤
52	丹凤麟记	顺昌路二六二号	姚克麟	姚克麟
53	唐宝庆福记	新闸路九七七号	唐瑞福	唐瑞福
54	老天成	天潼路七六一号	葛元昌	葛元昌
55	永隆	山西北路一九七号	徐荣福	徐荣福
56	文昇	山西北路二二三号	徐逊安	徐逊安
57	老鸿宝	长阳路三八七一九号	李鸿声等	葛永卿
58	庆丰祥记	汉口路四○五号	吴炯光	吴炯光
59	方紫金仁记	东长治路六五九号	乐更生等	忻惠祥
60	新鸿祥林记	东长治路五九三号	林锡铨	林锡铨
61	老万宝	平凉路五○五号	金永祥等	童锡荣
62	龙凤祥仁记	徐家汇路四○七号	姚祥麟	姚祥麟
63	方九福新记	西藏中路六○号	潘瑞麟	方民华
64	老天宝金记	长寿路五○四号	邵纪泉	陈治明
65	新天宝志记	顺昌路六一七号	陈志成	陈志成
66	老天宝协记	归化路四二三号	朱开浩	朱开浩
67	新天宝礼记	威海卫路五四○号	裘为木	裘为木
68	老同庆昌记	威海卫路五○四号	费祖荫等	费祖荫
69	天丰恒裕记	浙江中路五三二号	孙振元	孙振元
70	金城	成都北路二三六号	洪士本	洪士本
71	新天宝润记	通北路七○号	任玉润	任玉润
72	老天宝茂记	西藏南路三一八号	王长春	王长春
73	天宝公记	新北门障川路七号	丁继昌等	徐祖兴
74	伍天宝新记	北京东路八三四号	杨树森	杨树森
75	裘宝成公记	顺昌路二六一号	顾鸿芳等	殷泉清
76	天宝永春记	杨树浦路一九四九号	郑江春等	郑江春

（续表）

序号	牌号	营业所在地	主体人	经理人
77	陈庆和宝记	陕西南路八一号	陈在陕	陈在陕
78	老天宝承记	北京西路九三号	汪振孚	汪振孚
79	方聚元永记	梵皇渡路二四号	陆永赓等	王忠赉
80	老天宝利记	凤阳路五三五号	李耀钧	鲁友生
81	新九霞新记	徐家汇路一二三号	杨树森等	许光亮
82	老庆和振记	通北路一八号	孙振声	孙振声
83	老凤宝元记	东长治路五六二号	周昌彬等	陈祥甫
84	星福庆仁记	东长治路四〇九号	陈子卿	陈子卿
85	虞庆福和记	江苏路五二五号	虞官良	虞官良
86	新文祥	巨鹿路一〇二——四号	史申泰	史申泰
87	老九霞公记	方滨中路四一号	顾荣昌	顾荣昌
88	宝成兴永记	常德路一五八号	叶诚仙等	冯挺生
89	老凤宝裕记	东长治路五〇二号	胡金标	胡金标
90	老景云公记	金陵东路三七六号	王振孚等	沈祖发
91	新凤祥德记	南京东路五八〇号	徐瑞章等	吕麟周
92	老九凤益记	新闸路三七五号	宋益生	宋益生
93	老九和	方斜路七〇号	史申泰 袁贤济	袁贤济
94	庆云仁记	南京路六八五号	郭廷敬等	胡丕成
95	宝成丰记	方浜东路一一六号	潘淑记等	吴彭年
96	杨庆和长记	南京路五一八号	孙亦芳等	葛俊卿
97	方九霞昌记	南京东路八一九号	金观贤等	倪祖光
98	老文宝	新闸路三二六号	董明柏	张昌龄
99	永丰文记	中正东路五〇七号	马文铭	马文铭
100	永丰余	南京东路三六〇号	汪燮堂	胡子佩
101	恒孚	南京东路三六八号	程德馨等	张清笙

（续表）

序号	牌号	营业所在地	主体人	经理人
102	宝成星发记	大统路三二六——八号	沈瑞坤等	吴品纲
103	凤祥和记	福建中路二二五号	赵志芳等	虞祖德
104	庆华恒记	浙江北路二三二号	陆鸿训	陆鸿训
105	虞永和裕记	福建中路一一一号	虞善卿等	王敬初
106	宝康发记	新闸路七〇二号	丁继昌等	邱朝彦
107	源康德记	广东路四〇二号	陈仲璋等	费声靖
108	庆福星天记	南京路四九三号	刘锦茂等	刘锦茂
109	唐宝庆德记	新闸路八二三号	唐子敬	唐子敬
110	老天宝德记	安福路一一一号	毕镇银等	毕镇钜
111	宝成新丰记	南京东路四二三号	施永伦等	施永伦
112	老万年荣记	嘉善路三四号	陈荣坤	陈荣坤
113	天宝凤余记	新闸路二八五号	孙凤祥	孙凤祥
114	老庆和福记	西门东路一五八号	夏善校等	夏善校
115	方九和裕记	金陵东路五一九号	王华金等	王星樵
116	老宝盛恒记	东西门路六五号	赵镁曾	赵镁曾
117	老天宝成记	平凉路四四四号	乐更生等	乐更生
118	天宝成仁记	金陵中路一二六号	戴荇塘等	戴荇塘
119	大丰恒合记	汉口路二六〇号	张园柏等	张园柏
120	恒利	金陵东路一六〇号	许麒声等	林梓荣
121	宝裕祥记	顺昌路四二〇——二二号	陈子卿等	陈子华
122	天宝裕德记	复兴东路一一六一号	谭保定等	谭保定
123	老万年公记	华山路一一六九号	陈荣坤等	陈全涛
124	万宝兴记	雁落路一号	赵桂□等	赵恩波
125	老天宝元记	林森中路三三八号	赵恩波等	赵恩波
126	老凤翔和记	迪化中路一八六号	罗孟芳等	罗文祥
127	新天华余记	宝山路一二七号	丁秋泉等	丁秋泉

（续表）

序号	牌号	营业所在地	主体人	经理人
128	新天宝余记	新闸路三九三号	丁都泉	丁都泉
129	老永祥	长宁路一九号	浦祖光	陈伯康
130	龙祥福记	浙江中路四六七号	潘遵福	潘遵福
131	老万年昶记	嘉善路二号	陈荣坤	陈荣坤
132	老凤翔介记	新闸路七二一号	孙介俊	孙介俊
133	老萃和懋记	肇周路四四号	蔡梅林	蔡梅林
134	聚丰裕记	四川北路一二八〇号	张再杨等	陈德宏
135	泰丰宝记	四川北路一五〇五号	顾宝荣	顾宝荣
136	宝祥荣记	金陵东路六一一号	朱延龄等	朱延龄
137	老同震	淮安路四九号	李智发	李智发
138	方九华泰记	中正北二路二〇三号	乌瑞菜等	乌瑞菜
139	老凤宝义记	金陵中路二六六号	戴荇塘等	戴荇塘
140	丽华	长寿路二六〇号	王传栋	王传栋
141	老景华礼记	四川北路一五四九号	任学礼	任学礼
142	老庆元	永康路八六号	郑庆元	郑庆元
143	宝成永公记	康定路一五一三号	王忠贲等	王忠贲
144	天丰甡记	华山路一三一五号	陈荣坤等	陈荣良
145	庆福兴裕记	新闸路四四号	唐文轩	唐文轩
146	天宝兴记	金陵东路三一〇号	包兆龙等	赵恩荣
147	老允和福记	临青路一七号	顾关煜	顾关煜
148	裘凤祥	方斜路一二五号	罗祥生	罗祥生
149	老宝天余记	斜徐路九五八号	郑竹棠	郑竹棠
150	老凤翔永记	金陵东路四一四号	金一萍	金一萍
151	宝成公记	金陵东路四五六号	刘光楣等	刘光楣
152	祥泰和记	长寿路二三一号	陈祥麟	陈祥麟
153	老九云	辽阳路二一七号	毛新发	毛新发

(续表)

序号	牌号	营业所在地	主体人	经理人
154	老天华兴记	四川北路九三二号	方晋康	方晋康
155	朱天宝利记	中华路一二八二号	朱官宝	朱官宝
156	永兴发记	广东路六五五号	汪福章	汪福章
157	老庆宝仁记	东长治路三八八号	朱子安	朱子安
158	老祥泰	长寿路二〇〇号	陈树声	陈树声
159	张景云	长寿路三〇三号	张应礼	张应礼
160	裘九福	金银西路九〇号	裘堃荣	裘堃荣
161	老万华	西藏南路二四九号	姚大衍等	姚大衍
162	老宝和	鸭绿江路五二号	林银水等	林银水
163	方九福成记	南车站路四号	方民华	方民华
164	宝成恒新记	顺昌路二七六号	王瑞赓	王瑞赓
165	老宝龙元记	自忠路二一五号	徐仰甫	徐仰甫
166	宝昌	新疆路二五号	朱锡森等	朱锡森
167	永丰裕	长宁路九八〇号	朱惠生	朱惠生
168	刘万祥	衡山路九六三号	刘永康	刘永康
169	老天福	西宝兴路三八七号	王亨铨等	王亨铨
170	老天盛	梵皇渡路一二六八号	陈安盛	陈安盛
171	老庆利	华山路一一七三A号	潘孝康等	潘孝康
172	宝源	顺昌路四六六号	陈梅生	陈梅生
173	天宝庆丰记	平凉路二六一二号	徐年康等	徐年康
174	宝华新	长宁路一八九九号	陈邦发	陈邦发
175	宝成德宗记	中华路一三六三号	李宗德	李宗德
176	老文元	长寿路三三三号	王传拽	王传拽
177	天宝仁新记	中华路一四三一号	毛建华	毛建华
178	徐大顺	大场镇守仁桥二七七号	徐根生	徐根生
179	宝成昌文记	通北路一一四号	赵伯良	赵伯良

(续表)

序号	牌号	营业所在地	主体人	经理人
180	裘天祥永记	宝山路四一号	王溢生等	王溢生
181	上海宝余	唐山路四四六号	朱鹏飞等	朱鹏飞
182	凤祥星	华山路二六九 N 号	陈崇年	陈崇年
183	潘宝成坤记	复兴东路七三六号	潘祝三	潘祝三
184	潘宝成林记	虬江路一三三八号	潘先林	潘先林
185	天宝盛润记	江浦路三四六号	张福生	张福生
186	天宝盛公记	长宁路一六八四号	沈锦鑫等	沈锦鑫
187	庆隆荣记	南仓街二一二	秦文达等	秦文达
		上海市未许可营业各银楼一览表		
188	老宝丰	南市香粉弄一八号	吴锡璋等	吴觉民
189	方九凤爵记	中山路口米家湾一四号	陈锡爵	陈锡爵
190	赵凤宝仁记	复兴东路七五四号	赵联芳	赵联芳
191	恒祥	河南北路五八号	徐明甫等	徐明甫
192	张天宝庆记	中央路一九〇九号	张寿庆	张寿庆
193	天宝翔	长阳路一〇八三号	钟蔚然	钟蔚然
194	天丰陆记	嘉善路二号	陈荣坤	陈荣良

附录 6 资料出处:袁文彰主编:《社会月刊》第 3 卷第 5 期;社会月刊社 1948 年 5 月版,第 25—33 页。

后记

　　说到上海物质文明，很多人会想起上海旗袍，上海石库门，上海月份牌……很少有人会想起上海银器。其实与旗袍、石库门、月份牌等比较，老上海银器历史更加厚重、久远，是阐释中华文明、上海文明连续性、创新性、统一性、包容性、和平性的物证。1980 年代上海考古人员就在青浦福泉山唐墓出土银钗，上海地区宋元古墓出土的金银器实物精美华丽。元、明、清三代，上海均有著名银器技师青史留名。近代以来，上海发达的经济实力，旺盛的社会需求推动了上海银楼首饰业的蓬勃发展。近代上海是中国乃至世界著名的银器消费与制、售中心。近代中国银楼首饰业最发达的是上海。1949 年 4 月山西太原银楼只有 15 家，而上海到 1949 年 6 月核准登记的银楼还有近 200 家。老上海银器是不同时代上海劳动人民心血与智慧的结晶，承载丰富多彩的上海历史记忆，是了解千百年来上海人物质文明、精神追求的珍贵文化遗产。2008 年上海黄浦区金银细工制作技艺列入国家级非物质文化遗产名录。

　　上海世博会前我开始接触老上海银器。十多年来，从银器历史文献与银器实物信息的相互佐证、相互结合中，我对老上海银器历史文化的认识经历了由浅到深，由点到面，由低到高，由物到人到精神的历程。在吸收借鉴前人研究成果基础上，2009 年我开始发表老上海银器研究文章，前后在上海市文管会主管《上海文博论丛》、国家文物局主管《文物天地》、北京文物局主管《收藏家》等文博刊物以及《复旦史学辑刊》《上海档案史料研究》等史学刊物上发表老上海银器研究成果十余篇。本书研究银器，有些是镀银器。

　　国家图书馆、上海图书馆等馆数字化工程为我搜集中外历史文献提供了很大便利。本单位及上海博物馆、上海工艺美术博物馆、复旦大学校史馆、上海体育博物馆、奉贤区博物馆、金山区博物馆、闵行区博物馆等馆展示银器为我研究提供了不少实物信息。老上海银器工艺师、上海民间银器收藏家、上海拍卖行师傅们的热情帮助，让我受益匪浅。

博物馆人征集、研究物品的最终目的是保护文物、传承文明。2018 年国际博物馆日中国主会场在上海开幕。上海市历史博物馆"海上银珠，厚德流光——上海市历史博物馆馆藏银器"展览作为主会场活动之一正式对外开放。在馆领导指导协调、同事们的支持下，我有幸承担此展文案执笔人，将十多年研究成果转化为展陈语言，将老银器中的上海记忆以雅俗共赏的方式呈现给市民。之后此展到广东、安徽、浙江、北京、海南等地巡展，广受好评。2023 年在单位领导和同事们支持、帮助下，我执笔文案的"海上银珠，璀璨华光——上海市历史博物馆馆藏银器"展览首次走出国门，到韩国首尔历史博物馆展出。该展荣获 2023 年上海市"银鸽奖"优胜奖·活动/案例、2023 年上海市"中华文化走出去"专项扶持资金入选项目-上海形象世界推广。

面向普罗大众的展陈，以实物形象化呈现为主，图文为辅，展版文字高度凝练。如展陈中，德祥号银器展示单元说明只有 20 字左右，相关史学论文近万字。为把在展陈中无法呈现的老上海银器研究成果与大家分享，我将十多年来研究成果整理、修正、补充成书。本书主要从历史文化角度对老上海银器进行深度研究，重在挖掘老上海银器背后的上海记忆、上海精神。抛砖引玉，希望本书的出版能引起更多学者对老上海银器历史文化的兴趣，能为上海社会经济发展贡献绵薄之力。

本书的出版，得到上海市文化遗产领域同行们大力支持。同济大学钱宗灏教授百忙之中特地为本书作序。上海市国家级非物质文化遗产国家级代表性传承人上海老凤祥有限公司张心一大师为本书提供了不少珍贵的老银器图片。第一届中国工美行业金属工艺品艺术大师、上海老凤祥珐琅艺术有限公司艺术总监余士渭先生，多年来一直关心支持我的研究。病休中余先生欣然为此书作序。上海民间收藏家彭学伟、黄振炳、牟健惟、徐恒皋、吕振欣等为本书提供不少银器实物图片。上海博物馆、上海市档案馆的几位老师也对我的研究给予不同程度的关心与支持。

上海三联书店责任编辑董毓玭、装帧设计徐徐、监制姚军、责任校对王凌霄为本书付出不少心血。谨此向他们一并表示衷心感谢。

　　本书撰写初心是想与社会分享多年来本人对老上海银器的阶段性研究成果。虽勤勉努力，但学识、能力、精力有限，书中难免有缺漏、讹误，敬请方家不吝赐教，以待日后继续完善。

胡宝芳　谨识于上海

图书在版编目(CIP)数据

银忆上海:老上海银器历史文化研究/胡宝芳著.
—上海:上海三联书店,2024.8
ISBN 978 - 7 - 5426 - 8208 - 6

Ⅰ.①银… Ⅱ.①胡… Ⅲ.①金银器(考古)－
研究－上海 Ⅳ.①K876.434

中国国家版本馆 CIP 数据核字(2023)第 161776 号

银忆上海:老上海银器历史文化研究

著　　者 / 胡宝芳

责任编辑 / 董毓玭
装帧设计 / 徐　徐
监　　制 / 姚　军
责任校对 / 王凌霄

出版发行 / 上海三联书店
　　　　　 (200041)中国上海市静安区威海路 755 号 30 楼
邮　　箱 / sdxsanlian@sina.com
联系电话 / 编辑部:021 - 22895517
　　　　　 发行部:021 - 22895559
印　　刷 / 上海颛辉印刷厂有限公司

版　　次 / 2024 年 8 月第 1 版
印　　次 / 2024 年 8 月第 1 次印刷
开　　本 / 710mm×1000mm　1/16
字　　数 / 290 千字
印　　张 / 18.75
书　　号 / ISBN 978 - 7 - 5426 - 8208 - 6/K·799
定　　价 / 88.00 元

敬启读者,如发现本书有印装质量问题,请与印刷厂联系 021 - 56152633